44,00 DM

Für Simon

Handbuch Führungspraxis Kirche

Entwickeln
Führen
Moderieren in zukunftsorientierten Gemeinden

Friederike &
Peter Höher

Gütersloher Verlagshaus

Die Deutsche Bibliothek – CIP-Einheitsaufnahme

Höher, Friederike:
Handbuch Führungspraxis Kirche: Entwickeln - Leiten - Moderieren
in zukunftsorientierten Gemeinden / Friederike und Peter Höher. –
Gütersloh: Gütersloher Verl.-Haus, 1999
ISBN 3-579-03098-1

ISBN 3-579-03098-1
© Gütersloher Verlagshaus, Gütersloh 1999

Das Werk einschließlich aller seiner Teile ist urheberrechtlich geschützt. Jede Verwertung außerhalb der engen Grenzen des Urheberrechtsgesetzes ist ohne Zustimmung des Verlages unzulässig und strafbar. Das gilt insbesondere für Vervielfältigungen, Übersetzungen, Mikroverfilmungen und die Einspeicherung und Verarbeitung in elektronischen Systemen.

Umschlaggestaltung: Linda Opgen-Rhein, Dortmund,
unter Verwendung einer Abbildung des Labyrinthes »Boughton Green«
Satz: Weserdruckerei Rolf Oesselmann GmbH, Stolzenau
Druck und Bindung: Těšínská tiskárna AG, Český Těšín
Gedruckt auf chlorfrei gebleichtem Werkdruckpapier
Printed in Czech Republic

Inhalt

Geleitwort 9

Einleitung 13

Danksagung 16

**Management und Leadership
als neue Herausforderungen an Führung in kirchlichen Systemen** 17
Einführung 17
Management und Leadership 19
Führung 21
Rollenverständnis kirchlicher Führungskräfte 23
Frauen und Führung 25
    Führungseigenschaften und -verhalten 25
    Kritische Einschätzung 28
Das Führen Ehrenamtlicher 29
    Typologie Ehrenamtlicher 30
    Besondere Anforderung an Führung 31

Führung als kommunikativer Prozeß 35
Einführung 35
Personalmarketing und Einarbeitung neuer Mitarbeiter und Mitarbeiterinnen 35
Führen durch Zielvereinbarung 37
    Visionen, Vorsätze und Ziele 38
Das Mitarbeitergespräch 43
    Gesprächsvorbereitung und Leitfaden 44
    Kontakt und Eröffnung 45
    Gesprächsgestaltung 46
    Feedback 47
    Informieren und Verstehen 48
    Überzeugen 50

Kritik	50
Beenden des Gesprächs	52
Das Entlaßgespräch	53
Trennungsphasen	54
Unterstützende Aspekte	54

Selbstmanagement: Führung der eigenen Person ... 57

Einführung	57
Umgang mit Belastungen und Streß	58
Burnout als besonderes Streßphänomen	59
Innere Kündigung als Reaktion	60
Auslöser und Folgen von Streß	62
Streßbewältigung	64
Techniken zur Streßreduktion	68
Zeitmanagement	70
Empfehlungen für eine bessere Selbstorganisation in der Zeit	71

Gremien und Sitzungen leiten ... 80

Einführung	80
Kommunikationsregeln	81
Gruppendynamische Aspekte	83
Sitzungen vorbereiten	85
Tagesordnung und Einladung	85
Sitzungen ziel- und teilnehmerorientiert durchführen	87
Strategien und Techniken in verschiedenen Sitzungsphasen	88
Führen durch Strukturieren und Fragen	91
Alternative Formen der Sitzungsgestaltung	93

Aktiv an Sitzungen teilnehmen ... 98

Einführung	98
Fair verhandeln	98
Argumentieren	103
Die Struktur eines Argumentes	103
Die Bedeutung eines Argumentes	105
Einwänden begegnen	106
Körpersprache	107

Moderation als Element partizipativer Führung ... 108

Einführung ... 108

Vor dem ersten Schritt: Person, Ausstattung und
Vorgehen in der Moderation ... 110
- Aufgaben und Rollen in der Moderation ... 110
- Technische Ausstattung und Visualisierungselemente ... 113

Fragetechniken in der Moderation ... 114

Vorbereitung einer Moderation ... 116

Spezielle Verfahren für die Durchführung ... 117
- Verfahren zum Einstieg in Gruppenarbeit ... 118
- Verfahren zum Sammeln und Strukturieren von Themen ... 121
- Verfahren zum Auswählen und Entscheiden ... 123
- Verfahren zum Bearbeiten von Themen und Problemen ... 125
- Planungsverfahren und Evaluation ... 126

Großgruppenmoderation ... 127

Wirksame Präsentation ... 130

Einführung ... 130

Vorbereitung einer Präsentation ... 131
- Visualisierungselemente ... 133
- Medienwahl: Folien, Flipchart oder Infoposter ... 135

Empfehlungen für den Ablauf der Präsentation ... 140
- Persönlicher Auftritt und Lampenfieber ... 141

Konflikte aktiv angehen ... 143

Einführung ... 143
- Definition ... 143
- Konflikte im kirchlichen Kontext ... 144

Konfliktanalyse ... 145
- Konfliktverläufe ... 148

Problem- und Konfliktbewältigung ... 152
- Probleme lösen ... 153
- Konflikte bearbeiten ... 157

Prävention ... 163

Führungskräfte als Mediatoren ... 166
- Das Mediationsgespräch ... 170

Leitbildentwicklung als Element der Organisationsentwicklung 173

Einführung 173

Die Begründung von Leitbildern 174
    Bedeutung 174
    Anlässe 175
    Ziele 176

Die inhaltliche Dimension 179

Zum Verfahren der Leitbildentwicklung 181
    Selbstdiagnose in kirchlichen Organisationen 182
    Anregungen zur Leitbildentwicklung in der Praxis 183
    Erfahrungen mit Leitbildprozessen 187
    Erfolgsvoraussetzungen für den Entwicklungsprozeß 188

Perspektive: PfarrerInnenleitbild 191

Ausblick: Perspektiven der Personalentwicklung 193

Schlagwortverzeichnis 198

Literatur 201

Die Autorin und der Autor 206

Geleitwort

**Günter Ebbrecht
Leiter des Instituts für Kirche und Gesellschaft
der Evangelischen Kirche von Westfalen**

Managementthemen boomen in der Kirche - und nicht nur da, dort aber kräftig und strittig. Das Allgemeine Deutsche Sonntagsblatt hat sich seit einigen Jahren dieses Themas angenommen und organisierte dazu einige große Kongresse. Zuvor machte das Stichwort von der »Kirche als Unternehmen« seine Runde. Der Wirtschaftsethiker und systematische Theologe Alfred Jäger hat vor mehr als 15 Jahren die Diskussion um Management und Kirche als Thema der Diakonie angestoßen. Sie ist, durch die starke Einbindung in die Mechanismen des Sozialstaates veranlaßt und angesichts steigender Konkurrenz von Dienstleistungen anderer Anbieter, Vorreiterin eines effektiveren Managements auch für die verfaßte Kirche geworden. Doch die Managementdiskussion in der Kirche ist nicht ganz so neu, wie es scheint, auch wenn ›Mutter Kirche‹ gerade zum gegenwärtigen Zeitpunkt zeitgemäße Kleider durch sie angepaßt werden sollen.
Ansätze der Gemeindeberatung aus den siebziger Jahren, die inzwischen weiter verfeinert worden sind, haben Kenntnisse in Organisations- und Personalentwicklung vermittelt. Kirchensoziologische Fragestellungen haben die eher resistente praktische Theologie erfaßt. Manche Landeskirchen haben pastoralsoziologische Institute zwecks Begleitung und Beratung aufgebaut. Die im zehnjährigen Rhythmus seit 1970 durchgeführten Mitgliedschaftsbefragungen der Ev. Kirche in Deutschland – inzwischen liegen drei vor – haben zu einem besseren Verständnis der Erwartungen und des Bindungsverhaltens der Mitglieder der Kirche beigetragen. Sie haben damit schon früh die Perspektive auf »Kundennähe« und »Kundenfreundlichkeit« gelenkt und die Diskussion über das »Leitbild« von Kirche angestoßen.
Dieses nur angedeutete historische Umfeld sollte erinnert werden, wenn Friederike und Peter Höher, beide ausgewiesene Kenner der Beratungsarbeit und des Managementtrainings in Theorie und Praxis und zugleich Liebhaber einer lebendigen und lernfähigen Kirche, dankenswerter Weise ihr praxisbezogenes »Handbuch Führungspraxis Kirche« hiermit vorlegen. Sie greifen ein wichtiges Thema auf und stellen es facetten- und methodenreich dar. Sie geben einen umfassenden Überblick über Managementmethoden für kirchliches Führungshandeln. Sie thematisieren vor allem eine zentrale Aufgabenstellung, nämlich »Führung« in der und für die Kirche, die angesichts des durch den Nationalsozialismus mißbrauchten »Führerbegriff« im deutschen Sprachraum schwierig scheint. Können wir noch unbedarft von »Führung« sprechen? Haben es die englischsprechenden Menschen mit »Leadership« leichter? Helfen uns die englischen Begriff von »Management« und »Leadership« aus der Klemme? Der Ansatz bei der Wiederentdeckung und Wiederbelebung von

»Führung« in der Kirche und Kirchengemeinde ist berechtigt, zumal dann, wenn die Handlungsimpulse aus dem Untertitel mitgedacht werden: entwickeln, leiten, moderieren.

Es geht in der Kirche als einem mit personalen und beziehungsbezogenen Sachverhalten umgehenden Unternehmen, mit einer auf Glauben als Vertrauen, auf Gottesbeziehung und Nächstenliebe bezogenen Aufgabenstellung immer auch und zumeist vorrangig um Personalität vor Struktur und Organisation. Darin ist Kirche vergleichbar mit Schule bzw. Bildungsarbeit generell, aber auch mit dem Gesundheitswesen, der Beziehung zwischen Arzt und Patient bzw. Therapeut und Klient. Das »Produkt« bzw. die »Dienstleistung« der Kirche kann nicht entstehen ohne Einstellung und Einsatz derer, die als Personen Träger und Vermittler dieses Produktes sind. Die Predigerin mit ihrer Person ist nicht ablösbar von der Predigt. Die Sozialarbeiterin ist nicht isolierbar von der Hilfeleistung.

Der Kirchenreformer und Ökumeniker Ernst Lange spricht mit Recht von der »Kommunikation des Evangeliums«. Die Theologie ist mit Recht eine hermeneutische Wissenschaft und daher im Sinne des Theologen Friedrich Ernst Schleiermacher eine »Kunstlehre«, vergleichbar mit Pädagogik und Medizin. Friederike und Peter Höher entfalten in diesem Handbuch eine »Kunstlehre der Führung in der und für die Kirche«. Das Schwergewicht des Buches ruht deshalb auf der »Beziehungsebene«, den personalen oder subjektiven Faktoren in der Führungspraxis, ohne die notwendige »Sachebene«, Strukturen und Prozeßorganisation, zu vernachlässigen und ohne die Aufgabenstellung, beides auseinanderzuhalten und stets zu verbinden, zu vergessen.

Das Selbst- und Rollenverständnis des Führungspersonals in der Kirche, ob nun PfarrerIn oder Priester, ob PastoralreferentIn oder Gemeindepädagoge/in, ob SozialarbeiterIn oder Diakon ist grundlegend und zentral. »Führung« ist ein kommunikativer Prozeß. Sie gelingt nur im und durch den Dialog. Sie bedarf der Verständigung und Vereinbarung. Dabei weisen die Verfasser mit Recht auf Klarheit und Verbindlichkeit von Absprachen hin. Gemeindearbeit erschöpft sich aber nicht im Gespräch. Die Gefahren von »Sitzungsmarathons« werden erkannt und methodisch gebannt. Zielorientiert und ergebnisbezogen Sitzungen zu führen, sie einfühlsam und stringent zu leiten, sie intensiv vorzubereiten und einen gemeinsamen Informationsstand herzustellen, ist eine hohe Kunst, die Führungspersönlichkeiten lernen und entwickeln müssen. Neben die Moderation tritt zunehmend stärker die »Mediation«. Die Vermittlung von und in Konflikten aber auch das Fällen von Entscheidungen in aller Vorläufigkeit und mit der Möglichkeit von Revision sind unverzichtbare Aufgaben für kirchliches Leitungspersonal, wohl wissend, daß sie in einer komplexen Organisation leiten und entscheiden müssen. Kirchentreue und Kirchenferne zusammenzubringen und haupt- und ehrenamtliche Mitarbeitende zusammenzuführen zu gemeinsamen Erleben und gemeinsamer Arbeit, ist eine große Führungsaufgabe.

Aus diesem Grund wird die schwierige, aber unverzichtbare Aufgabe der »Leitbildentwicklung« als Element der Organisations- wie der Personalentwicklung von Friederike und Peter Höher nicht vernachlässigt. »Leitbildprozesse« müssen konkrete Führungsaufgaben ständig begleiten, sie steuern, sich aber auch von ihnen verändern lassen. Leitbildprozesse verlaufen also zirkulär und können so immer konkreter werden. Doch Kirchengemeinden und die Kirche insgesamt brauchen ihre grundlegenden Leitbilder - im Unterschied zu Wirtschaftsunternehmen - nicht neu zu erfinden. Sie können sie in Bibel und Tradition auffinden, entdecken, freilegen, aktivieren und aktualisierend interpretieren. Kirche wird nicht neu erfunden, weil sie letztlich nicht von Menschen gemacht werden kann. Das bedeutet für das Führungspersonal eine große Entlastung, über der die Notwendigkeit konzeptioneller Arbeit für die Kirche aber nicht aus dem Blick geraten darf.

Kirche ist »Geschöpf des Wortes Gottes«, geschaffen für die lebendige Weitergabe und Verleiblichung des Evangeliums. Kirche ist vor aller Organisation eine »Institution«, eine »Setzung« Gottes, mit dem einen Ziel, die »Menschenfreundlichkeit Gottes« allen Menschen, dem ganzen Erdkreis, weltweit und global, bekannt und bewußt zu machen und dadurch lebendig werden zu lassen. Darin äußert sich ihre »missionarische« Aufgabe, nämlich die, teilzuhaben und teilzugeben an der umfassenden »Missio Dei«, an der Sendung Gottes in diese Welt. Der biblische Impuls dazu lautet: Gott will bei und unter den Menschen wohnen. Gott will, daß allen Menschen geholfen wird und sie in die Wahrheit ihrer eigenen Existenz, zu ihrem Lebenssinn, zu ihrer »Geschöpflichkeit« finden. Gottes Führung geschieht nach christlichem Glauben kommunikativ, dialogisch, partnerschaftlich. Ein altes Weihnachtslied formuliert das für uns provokatorisch so: »Gott wird ein Knecht und ich ein Herr, das mag ein Wechsel sein...«.

Damit wird aus biblisch-theologischer Sicht »Führung« neu bestimmt, die Gefahr des Machtmißbrauchs benannt und hoffentlich gebannt. In der Situation des Nationalsozialismus und der Irrlehre der Deutschen Christen, die das »Führerprinzip« in der Kirche einführen wollten, hat die Bekennende Kirche in ihrer Barmer theologischen Erklärung das »Führerprinzip« für die Kirche verworfen. In der Kirche darf es keine mit besonderen Herrschaftsbefugnissen ausgestatteten Führer geben. Hingegen sollen die verschiedenen Ämter bzw. Personen in der Kirche »die Ausübung des der ganzen Gemeinde anvertrauten und befohlenen Dienstes sein.« (Barmer theologische Erklärung, Artikel IV).

»Führung« in der Kirche geschieht »demokratisch« oder, kirchlich gesprochen, »laizistisch«, ausgehend vom ganzen Volk Gottes, hinführend zum Volk Gottes, getragen vom Volk Gottes. Dies ist eine Erkenntnis, die vor allem das zweite Vatikanische Konzil neu hervorgehoben hat. Das heißt nicht, daß es keine »Führung«, kein Management und Leadership in der Kirche geben dürfe und könne. Es muß sie geben. Entscheidend ist nur: in welchem Sinne, in wessen Geist und in welcher Verantwortung. Die vierte Barmer These verweist dazu auf ein hochpolitisches Gespräch Jesu im Kreis seiner Jünger, seiner »Führungsriege« also. Es lohnt sich, diese Teambesprechung Jesu, deren Kurzskript in Markus 10,35-45 vorliegt, genau zu studieren und im Sinne des vorliegenden Handbuches gewissermaßen bibliodramatisch zu buchstabieren. In dieser Jesusgeschichte zum »Rangstreit der Jünger« - einer klassischen Führungsaufgabe - stellt Jesus sein Führungsverständnis und seine Führungspraxis dar. Die Bibel zeigt hier, wie Jesus ein Mitarbeitergespräch führt und welche Führungsleitsätze er verfolgt.

Dieses Gespräch ist Teil dessen, was in den Evangelien »Nachfolge und Jüngerschaft Jesu« genannt wird. Jünger und Jüngerinnen sind Lernende (griechisch mathetäs). Gemeinde Jesu bzw. Kirche ist »Lerngemeinschaft«, wie die östlichen evangelischen Landeskirchen in DDR-Zeiten hervorgehoben haben. Kirche soll eine »lernende Organisation« sein. Wenn sie es noch nicht ist, muß sie es werden, um der reformatorischen Einsicht gerecht zu werden: »ecclesia semper reformanda«, Kirche muß sich stets verändern. Sie bedarf ständiger Erneuerung. Wie das Alltagspraxis werden kann und was kirchliche Mitarbeitende dafür von Managementtheorien und -praxis lernen und übernehmen können, beschreiben Friederike und Peter Höher in diesem »Handbuch Führungspraxis Kirche« praktisch mit zahlreichen Hinweisen, methodischen Hilfestellungen und Lösungsvorschlägen für den Alltag.

Sie konkretisieren im Rahmen neuerer Managementansätze, was das paulinische Bild von der Kirche als »Leib Christi«, übersetzt als »Kommunikationsgemeinschaft«, metaphorisch entfaltet. So wie ein organismisches System wechselseitiger Bezüge unterschiedlicher Organe, Funktionskreise und Subsysteme durch das Band des »Geistes«, einer gemeinsamen Leitidee, einer von allen geteilten Einstellung und einer verbindenden Energie zusammengehalten und geführt wird, so soll die Führungspraxis in der Kirche geschehen. Die Profis sollen dem Wirken des Geistes Gottes nicht im Wege stehen, sondern vielmehr in vorbildlicher Weise Wege öffnen und Strukturen schaffen, damit der Geist, der spiritus sanctus, in der Kirche wirksam werden kann. Diese unverzichtbare Dimension der »Führungspraxis« wird von den VerfasserInnen nur indirekt und behutsam angedeutet: Führung durch die Entwicklung gemeinsamer Spiritualität.

Hier schließt sich der Kreis zum rechten Verständnis von »Führung« in der Kirche. Nur wer sich vom »Wort Gottes«, von der Menschenfreundlichkeit Gottes führen lassen kann, vermag zu führen. Er oder sie wird alles daransetzen, mit Hilfe von Managementtheorie, Training, Supervision und zugleich im Gebet, in Meditation und durch theologische Arbeit menschen- und mitarbeiterfreundliche Führungsqualitäten zu entwickeln. Das vorliegende »Handbuch Führungspraxis Kirche« von Friederike und Peter Höher leistet dazu einen sachkundigen Beitrag. Ich wünsche ihm eine weite Verbreitung, lernbereite Leserinnen und Leser, vor allem nicht nur LeserInnen allein, sondern TäterInnen.

Kirchengemeinden und Kirche können durch eine Erneuerung ihrer Führungspraxis Ausstrahlung wiedergewinnen und die menschenfreundliche Führung Gottes durch menschenfreundliche Führung von »Gottes Bodenpersonal« anschaulich und glaubwürdig werden lassen. Dann hat sich das Gespräch mit Managementtheorie und -praxis gelohnt. Dann erfüllt sich, was Jesus von Nazareth in einem anstößigen Gleichnis vom »ungerechten Haushalter« hervorhebt: »Die Kinder dieser Welt sind klüger im Umgang mit ihresgleichen als die Söhne des Lichtes.« (Lukas 16,8). Beweisen wir, daß wir nicht dümmer sind und daß wir keine »Manager im Talar« werden müssen, um gut zu sein, wie es auf den letzten Seiten dieses Buches heiter ironisch zitiert wird!

Einleitung

Mit der Zukunft in Kontakt sein[1] – das ist für Kirchen in der Zeitenwende (Huber) und ihre Gemeinden die gegenwärtige Aufgabe. Die eigene Tradition pauschal über Bord zu werfen, ist damit allerdings nicht gemeint, im Gegenteil: Es geht letztlich um das Sich-Besinnen auf die eigenen Stärken, das unverwechselbare Profil einer Institution, die Orte des Dialogs und Zeichen der geistigen Orientierung in dieser Gesellschaft schaffen will, die sich auf eigene Wurzeln ebenso besinnt, wie sie sich für die Zukunft öffnet. Dies beinhaltet nicht nur, gesellschaftliche Veränderungen aufmerksam zur Kenntnis zu nehmen und in die eigene Orientierung einzubeziehen, sondern auch innere organisatorische Reformen in Gang zu setzen. Hier ist vor allem die Ausrichtung kirchlicher Strukturen und Arbeitsprozesse, Leitideen und Überzeugungen ihrer Amtsträger, Mitarbeiter und Mitarbeiterinnen am Konzept einer lernenden Organisation (Senge) gemeint. Dieser Ansatz ist mit christlichem und humanistischem Denken auf eine sehr inspirierende Weise vereinbar, auch wenn er besonders im Kontext wirtschaftlicher Organisationen rezipiert wird. Die nötige Neuorientierung erfordert eine offene Auseinandersetzung mit Prozessen des organisationalen Wandels, die Initiierung von Veränderungsprozessen, von »Change Management« in kirchlichen Arbeitsbereichen und Strukturen. Damit einher geht ebenfalls ein Wandelprozeß im Denken, im Bewußtsein vom Wirken, Wert und Nutzen der eigenen Arbeit und der Bedeutung der eigenen Leistung im Zusammenspiel mit den Anstrengungen anderer. Wir denken unter dem Stichwort Kooperation an Teams von Haupt- und Ehrenamtlichen in der Gemeinde sowie in kirchlichen Einrichtungen. Wir denken darüber hinaus an Vernetzungen der Gemeinde mit anderen Organisationen im kommunalen Umfeld und mit benachbarten Gemeinden und an die Zusammenarbeit der Kirchen in der Ökumene und mit anderen Glaubensgemeinschaften als Zukunftsaufgabe.

Im »mental change«, im Neu- und Querdenken anderer Lösungsideen als Antwort auf die Krisen der Kirche liegt die Chance für eine moderne Organisation, die durch das christliche Engagement, den Erfindungsreichtum, die Aufgeschlossenheit und die hervorragenden Leistungen der in ihr beschäftigten Menschen lebt und die diesen Menschen zugleich eine Möglichkeit zur Entwicklung ihrer Fähigkeiten und zum Lernen gibt.

Führung und Management sind Kernprozesse dieses erforderlichen organisationalen Wandels – zwei im kirchlichen Kontext äußerst problematische Begriffe, der eine vor dem Hintergrund unserer deutschen Geschichte, der andere im Assoziationsfeld von seelenloser Betriebswirtschaft und »unchristlichen« und »ausbeuterischen« Verhältnissen in der neoliberalen Marktwirtschaft, zu denen Kirche als Gemeinschaft einen Gegenentwurf darstellen möchte. Ins Blickfeld gelangen nun Themen, die bislang allein vor einem unternehmerisch geprägten Hintergrund diskutierbar schienen: Leitbildentwick-

---

1. Joseph Jaworski 1999: »Mit der Zukunft in Kontakt sein« – Führung in Zeiten des Wandels, in: DGFP 2/99: Personalführung, S. 18-21

lung, Organisationswandel, Managementhandeln, Personalentwicklung, Kundenorientierung, Qualitätsmanagement, Kirchenmarketing, Sponsoring, Fundraising ... Jedem/r PfarrerIn, der/m die Verkündigung der Botschaft des Evangeliums in Wort und zeichenhaftem Handeln als den zentralen Auftrag in seiner Arbeit versteht und jeder/m Ehrenamtlichen, denen es um nichts weiter als um den Dienst am Nächsten geht, klingeln dabei die Ohren. Sie fühlen sich zu Recht überfordert. Und dennoch: Gerade die Führungskräfte der Organisation Kirche müssen sich engagiert und gestaltend auf den ungewohnten und verunsichernden Weg des organisationalen Wandels ihrer Kirche machen, auch die Leitungsgremien. Es gilt, vorbildhaft das Neue, also auch das Risiko zu wagen und Steuerung von Arbeitsprozessen in einer Weise mitzugestalten, daß Lernen in allen Teilen des Systems unterstützt wird: als Entwickeln eigener Fähigkeiten, als Potentialförderung der Mitarbeiter und Mitarbeiterinnen, auch der Ehrenamtlichen, als Teamentwicklung und – lernen, als Optimierung von Arbeitsprozessen und Professionalisierung kirchlichen Handelns. Das ist ein aufregender, gleichwohl auch von Rückschlägen und Enttäuschungen begleiteter Prozeß, sofern kirchliche Strukturen und die (Denk)Gewohnheiten der Handelnden selbst dem noch Widerstand entgegensetzen. Das Ergebnis wird eine fortschreitende Entwicklung von Bewußtheit des eigenen Handelns und Könnens sein, Selbst-Bewußtsein als Prozeß in einer kompetenten und selbstbewußten Kirche.

Wir möchten mit diesem Buch den Wandel der Kirche zu einer lernenden Organisation unterstützen, indem wir für alle Beteiligten, die ihn initiieren und realisieren, Grundlagen und Handlungswissen zur Verfügung stellen. Das zielt selbstverständlich auf Führungsverantwortliche ab, aber genauso auf die haupt- und ehrenamtlichen Beschäftigten und Leitungskräfte, die zur Verbesserung ihrer Arbeit und Zusammenarbeit methodisches Know-how benötigen und neue Wege gehen wollen. Weil Führungskräfte und damit Pfarrer und Pfarrerinnen in einer besonderen Verantwortung stehen, thematisiert das Buch gerade auch ihre Anliegen. Darüber hinaus bezieht es aber alle ein, die selbstverantwortlich an ihrem Arbeitsplatz zum Wandel ihrer Organisation Kirche beitragen bzw. ihre eigene Professionalität und Arbeitszufriedenheit – auch das ist ein entscheidendes Kriterium in diesem Zusammenhang – verbessern wollen.

Im ersten Kapitel erläutern wir, was unter Führung im System einer lernenden Organisation zu verstehen ist. Führung gilt uns als ein Netz universeller Zusammenhänge. Demnach bedeutet zu führen, ein System zu kreieren, das Führungsfähigkeiten und Fertigkeiten wie z.B. kommunikative Kompetenz, Selbstverantwortung, Engagement und Zielorientierung in jedem und jeder Beteiligten entwickelt. Führung heißt, die Kapazität zur Gestaltung von Zielsetzungen in der Institution Kirche zu entwickeln und die Kapazität dafür zu fördern, neue Bedingungen zu schaffen.

Wir wollen im ersten Teil zu einem sachlichen und vorurteilsfreien Umgang mit den Begriffen Management und Leadership ermutigen sowie Einsicht in die daraus abzuleitenden Aspekte des Führungshandelns in kirchlichen Systemen wecken. Wir gehen dabei auf kirchliche Besonderheiten ein wie z.B. die Rolle der Leitungsgremien, die Rolle von Pfarrerinnen und Pfarrern und das Führen Ehrenamtlicher. Die Ergebnisse der geschlechtsspezifischen Führungsforschung nicht in kritischer Weise anzuerkennen, bedeutet eine Ignoranz gegenüber dem Engagement von Frauen in der Kirche mit dem Ziel einer größeren Chancengerechtigkeit.

In den folgenden Kapiteln entfalten und konkretisieren wir einige relevante Aspekte des Führungshandelns, indem wir sie bis auf eine methodische Ebene herunterbrechen. Es geht dabei um präzise Hinweise und auch technische Anregungen, wie das entsprechende Handeln im kirchlichen Kontext umzusetzen sei. Wir möchten keine allgemeingültigen Rezepte liefern, sondern Anregungen dafür geben, wie Sie in Ihrem konkreten Aufgabenbereich und insbesondere als Führungskraft Ihr berufliches Alltagshandeln verbessern können. Daher sind alle Empfehlungen kritisch zu lesen und jeweils auf ihre Brauchbarkeit für Ihre Arbeitssituationen zu überprüfen. Der größte Gewinn ist dann erreicht, wenn Sie selbst unter Einbeziehung Ihrer eigenen Erfahrungen, anderer Hinweise und Empfehlungen Ihr eigenes und für Sie passendes Vorgehen und methodisches Repertoire entwickelt haben und weiterentwickeln, wenn Sie aus diesem Buch nichts mehr lernen können.

Die Architektur in einer lernenden Organisation macht flexible Strukturen erforderlich, z.B. im Projektmanagement, und innere Orientierungen (vgl. Leitbilderentwicklung). Doch Kommunikation ist das Leben der lernenden Organisation. Dabei geht es hier zuerst um eine zielführende Kommunikation zwischen Führungskräften und Mitarbeitern und Mitarbeiterinnen (vgl. Führung als kommunikativer Prozeß). Dann steht die Verbesserung der Kommunikation in Sitzungen und Gremien im Mittelpunkt – ein nicht nur im kirchlichen Kontext oft sehr unbefriedigendes Geschehen (Gremien und Sitzungen leiten). Wir unterstellen dabei, daß eine gute Sitzungskultur nicht nur Sache der Leitung ist, die selbstverständlich professionell handeln können soll, sondern auch in der Verantwortung der Teilnehmenden liegt (Kapitel Aktiv an Sitzungen teilnehmen).

Immer da, wo es um das Erzielen von Gruppenergebnissen und -entscheidungen geht, spielt die Moderationsmethode in Change-Prozessen eine unverzichtbare Rolle. Sie ist zugleich eine Erleichterung in vielen professionellen Feldern, angefangen von persönlicher Arbeitstechnik über Bildungsarbeit bis hin zum Leiten von Gruppen und Sitzungen. Probleme können da auftreten, wo die vorausgesetzte neutrale Grundhaltung im Widerspruch steht mit einer Überzeugung, als Leitungsperson selbst das Richtige zu wissen und die Gesprächsteilnehmenden überzeugen zu wollen. In dieser Rolle sehen sich Pfarrer und Pfarrerinnen jedoch häufig. Anliegen vor einer Gruppe wirkungsvoll vorzubringen und überzeugendes Auftreten sind Schwerpunkte des Kapitels über Präsentation.

Kein organisationaler Wandel ohne Konflikte, ja Konflikte sind eine treibende Kraft auf dem Weg der Veränderung, und sie bieten eine enorme Lernchance für die Beteiligten. Allerdings ist der offene und offensive Umgang mit Konflikten in einer Organisationskultur, die sich am Ideal der Gemeinschaft von Schwestern und Brüdern, von Männern und Frauen orientiert, nicht selbstverständlich und muß besonders gelernt werden. Konfliktmanagement wird für die Führungskräfte der Kirche eine permanente Anforderung sein, wobei ihnen nicht nur die vermittelnde Rolle der Moderatorin und des Mediators zukommt, sondern auch die Aufgabe transparenter und eindeutiger Entscheidungen in der Vorgesetztenfunktion.

Nicht zuletzt geht es um die persönlichen Belastungen, gerade dann, wenn die zusätzliche Anforderung Change Management noch zu erfüllen ist, wenn man sich über

Feedbacks auf einen Verunsicherungsprozeß einlassen muß, ohne den kein Lernen möglich wäre. Wie kann man sich dann besser organisieren, sein Leben und Arbeiten an dem Wesentlichen ausrichten und mit den Belastungen im Streß gelassener umgehen? Auch dazu erhalten Sie Hinweise (vgl. Selbstmanagement).
Am Ende berühren wir, sozusagen als Schlußfolgerung aus allem Vorherigen, Perspektiven für eine Personalentwicklung in der Kirche. Dieser Förder- und Forderaufgabe haben sich primär die Führungskräfte in der Kirche zu stellen. Als »Agenten des Wandels« entdecken sie die Potentiale der mit ihnen Arbeitenden. Sie beginnen, an vielen Stellen in Deutschland dieses Potential durch Personalentwicklungsvorhaben einzubeziehen. Dabei treffen wir auf das Dilemma, daß zahlreiche dieser Führungspersonen das Handwerk des mitarbeiterorientierten Führens weder professionell erlernt haben, noch moderne Methoden des Personalmarketings in der Rekrutierung der Mitarbeiter oder der Personalentwicklung beherrschen. Gerade hierin liegt der Ansatzpunkt für ein Gelingen des Wandels in Richtung einer lernenden Organisation Kirche, der allerdings eine eigene Betrachtung lohnt und den Rahmen dieses Buches sprengen würde.
Führung als Funktion eines Systems betrachtet, macht deutlich, daß sie für verwandte Bereiche ebenfalls zu thematisieren ist. Viele Aspekte, die in diesem Buch angesprochen werden, machen erst im Rahmen einer das Gesamtsystem Kirche umfassenden Herangehensweise Sinn. Zielvereinbarungen mit einzelnen sollen sich zum Beispiel beziehen können auf die Ziele der Organisation. Qualität kann zwar vor Ort in Gemeinden oder Einrichtungen entwickelt werden, dennoch soll sie mit einem Qualitätsverständnis der Gesamtorganisation verbunden sein. Die Strukturen der Kirche erfordern, jeweils präzise zu bestimmen, in welchem Kontext die vorgeschlagenen Kriterien, Ziele, Leitlinien und Grundsätze Gültigkeit haben sollen. Daß sie nicht schon im Gesamtsystem bekannt, entwickelt oder realisiert und deshalb viele Widerstände zu erwarten sind, soll kein Argument dafür sein, erst darauf zu warten, bis andere Vorgaben machen oder der Druck der Verhältnisse zu überstürztem Handeln zwingt. Es lohnt sich immer, vor Ort zu beginnen: in der Ortsgemeinde, in der Arbeitsgruppe, in einem bestimmten Leitungsgremium, bei sich selbst.

Danksagung

Wir danken allen, die uns bei der Fertigstellung dieses Buches unterstützt haben, insbesondere Karsten Kimmel und Mechthild Schindler für grafische Arbeiten.

Management und Leadership als neue Herausforderungen an die Führung in kirchlichen Systemen

Einführung

Professionelles Managementhandeln – analog zur Wirtschaft – auf kirchliche, soziale, karitative und diakonische Arbeitsfelder und -einrichtungen zu übertragen, stößt vielfach auf Widerstand, vor allem bei den dortigen Führungsverantwortlichen, aber auch bei Mitarbeitern. Denn kirchliche Einrichtungen sind traditionell als Non-Profit-Organisationen nicht primär auf wertschöpfende Prozesse ausgerichtet, sondern widmen sich theologischen und sozialen Aufträgen. Die Organisationsziele – soweit sie überhaupt konkret definiert sind – beziehen sich z.B. auf die Verkündigung des Evangeliums in Wort und Tat, auf die Pflege alter und kranker Menschen, auf die Verwirklichung von Gerechtigkeit oder die Bildung junger Menschen oder Erwachsener, auf Ethik, Theologie oder auch Politik als Begründungszusammenhänge.

Führung im kirchlichen Kontext gegenüber haupt- und ehrenamtlich Beschäftigten vollzieht sich innerhalb eines komplexen Bezugssystems. Es ist durch ein historisch gewachsenes und spannungsreiches Mit- und Gegeneinander sich widerstrebender Kräfte und Strömungen determiniert. Ebenso finden sich hier miteinander konkurrierende Welt- und Leitbilder und Werte. Die Entscheidungsstrukturen der Kirche sind sowohl bottom-up als auch top-down angelegt. Bottom-up meint das protestantische basisdemokratische Verständnis von Kirche, das sich an der urchristlichen »geschwisterlichen Gemeinschaft von Brüdern und Schwestern« orientiert, »in der es weder Macht noch offene Hierarchie, weder Überordnung noch Unterordnung geben sollte – alles formale Elemente einer notwendigen Führungs- und Leitungsstruktur« (Müller-Weißner 1997, 185). Andererseits ist die Zentrale (Landeskirchenamt) die vorgesetzte Behörde für die Beschäftigten mit Anweisungs- und Kontrollfunktion, aus der sich Dienstaufsichtsregelungen, Stellenbeschreibungen und Sanktionsmechanismen ergeben, und darin kommt ein ungebrochenes top-down-Prinzip zur Geltung.

Führung in kirchlichen Organisationen ist von drei konkurrierenden Wertesystemen bestimmt:

- einem theologisch-politischen System, das sich an urchristlichen Leitbildern mit Prinzipien wie Demokratie, Teilhabe der Schwachen und Partizipation orientiert;
- einem legislativ-exekutiven System, welches das Integrieren aller in den politischen und in Gesetzesform dokumentierten Willen der Gesamtkörperschaft verlangt und

- einem dienst- und arbeitsrechtlichen System, das Über- und Unterordnungsverhältnisse im Spannungsfeld der Interessen zwischen Arbeitgeber- und Arbeitnehmerseite definiert.

Im kirchlichen Kontext müssen wir daher von einem spezifischen, komplexen Leitungssystem ausgehen. An ihm sind beteiligt:
- verantwortliche Amtsträger (als vorgesetzte Einzelperson oder als Funktionsträger)
- untereinander gleichberechtigte Arbeitsgruppen (Kollegien)
- gewählte repräsentative Gremien (Kirchenvorstand, Gemeinderat, Presbyterium)
- die Gesamtheit der Mitgliederbasis (etwa in einer Gemeindeversammlung)

In diesem unklaren Kontext ist es schwer, Führungs- und Leitungsverantwortung souverän wahrzunehmen.

Wir unterscheiden (Schwarz, 1992, 33) zwischen operativem, strategischem und normativem Management.
- Aus den grundsätzlichen Unternehmenszielen (normative Ebene) ergeben sich die allgemeinen Handlungsorientierungen.
- Das strategische Programm legt fest, mit welchen Produkten und Kernkompetenzen ein Unternehmen für eine bestimmte Zielgruppe aktiv sein will.
- Das operative Management intendiert, eine unter Beachtung strategischer Ziele konkrete Orientierung für das tagtägliche Handeln zu gewinnen (Steinmann / Schreyögg 1993, 145ff.).

Leitung ist – im Idealfall – von den operativen Alltagsgeschäften einer Organisation entlastet, um sich ganz den notwendigen Managementfunktionen der Analyse, strategischen Planung, Zielsetzung und der Steuerung und Kontrolle des Erreichten zuzuwenden. Dies war bislang in sozialen Organisationen selten der Fall. Führungskräfte in kirchlichen Organisationen, Pfarrer und Pfarrerinnen bleiben weiter auf der operativen Ebene aktiv: Sie führen Gottesdienste, Jugendfreizeiten und Besuche durch und sind als Seelsorger der Gemeinde vom Anspruch her nahezu 365 Tage im Jahr »rund um die Uhr« im Einsatz. Einerseits ist die zeitliche Leistungsbandbreite begrüßenswert, da die Leitung auf diese Weise durch den Praxisbezug die Bodenhaftung behält. Andererseits hat diese Integration von Leitungsaufgaben in ein buntes Feld von Aktivitäten auch ihren Preis:
- »Leitung wird vielerorts ungekonnt ausgeübt.
- Sie hat eine relativ geringe Reputation (»kann doch jeder!«) – und dementsprechend wird keine zusätzliche Qualifizierung erwartet bzw. ermöglicht.
- Soziale Organisationen sind schwach profiliert, hecheln gesellschaftlichen Anforderungen hinterher und kommen nicht dazu, ihr Handeln strategisch auszurichten« (Schmidt / Berg 1995, 125).

Wir sprechen von »fragmentarischer Führung« (Lindner, o.J. 8-2.2, 7). Führung in Kirche und Gemeinde wird nicht konsequent, kontinuierlich und nach einer aus Leitlinien abgeleiteten verbindlichen Führungsagenda ausgeübt. Es kommt zu irritierenden Brüchen, Verunsicherungen nach allen Seiten, zu unklaren Anforderungen, zu wechselhaften Zielvorgaben. Das hat zur Folge, daß weite Teile der Gemeinde nicht konsequent weiterentwickelt und nicht mit einem Gesamtzusammenhang (z.B. gemeinsame Aufgaben-, Anforderungs- oder Kompetenzfeldern) verknüpft werden, vor allem diejenigen, die unauffällig funktionieren. Ein »muddling through«, ein »Durchwurschteln« ist die Folge. So verpuffen wertvolle Energien von hauptamtlichen und ehrenamtlichen Mitarbeitern und Mitarbeiterinnen. Motivationen werden nicht genügend genutzt, ebenso wenig Kompetenzen, Fähigkeiten und Fertigkeiten.

In der Kirche ist Theologie die Schlüsselprofession. Andere, z.B. Erzieher, Beraterinnen, Pädagogen usw., haben Arbeitsbereiche übernommen, für die der Pfarrer zwar generelle Zuständigkeit reklamiert, denen er sich aber nicht mehr intensiv und kompetent widmen kann (vgl. Lindner 8.2.3, 25). Diese anderen Professionellen verstehen sich, wie es einige Gemeindeberater sehen, als »freischaffende Künstler« in der Kirche, deren Loyalität in erster Linie ihrem Klientel gilt. Sie insistieren darauf, daß ihre Organisation ihnen möglichst viel Freiheit gibt und ihnen niemand in ihre Arbeit hineinredet. Doch auch Pfarrer und Pfarrerinnen sind weder durch die Organisationsverfassung noch durch die Strukturierung ihrer professionellen Aufgaben zur Kooperation gezwungen (Schmidt / Berg 1995, 131f.). Ihre Leistungen sind schwer überprüfbar. Noch weniger ist festzustellen, mit welcher Einstellung sie ihre Arbeit leisten. Wegen der fehlenden Notwendigkeit zur Kooperation ist Teamarbeit kaum entwickelt, und es ergeben sich eine Fülle von Koordinationsproblemen. Die Folgen für die einzelnen sind Individualisierung und Flucht in Überlastung oder alternativ das Ausweichen in Nischen, zu Lieblingsthemen ohne geklärten Bezug zur gemeindlichen Realität (Lindner 8-2.3, 33).

Dies sind Belege dafür, die Kirche als »professionelle Bürokratie« zu bezeichnen (Schmidt/Berg 1995, 134). Andere sprechen von »organisierter Anarchie«, typisch für Organisationen mit ungeklärten und inkonsistenten Präferenzen, wenig verstandenen Arbeitsmethoden und wechselnder Entscheidungsbeteiligung (Scholl 1993, 428).

Management und Leadership

Uns geht es hier um die Frage, inwieweit Führung zu selbstverantwortlichem, den Zielen der Organisation verpflichtetem Handeln in allen Teilen des Systems und bezogen auf jede in ihr agierende Person fähig machen kann (kollaboratives Management der Kultur einer Organisation).[1]

Um eine Brücke zwischen betriebswirtschaftlichem Denken und theologischen und sozialen Arbeitsfeldern der Kirche zu schlagen, stellen wir hier einen Ansatz vor, der Führung (*leadership*) und Management gleichwertig nebeneinander als soft facts (Leadership) und hard facts (Management) beschreibt (vgl. Louis & Miles, Dubs 1994, Höher/Rolff 1996). Wir glauben, daß dieser Ansatz in der Organisation Kirche eher

---

1. Kollaborativ meint im Sinne der Gestaltung der Arbeits- und Betriebskultur das partizipative Gestalten dieser Kultur durch Kommunikation und Interaktion und das Erarbeiten einer verbindlichen Sinn-Basis.

akzeptiert werden kann als ein ausschließlich an betriebswirtschaftlichem Denken orientierter, der Führung dem Management eines Unternehmens subsumiert. Gutes Management muß vor allem versuchen, Komplexität in einer Organisation zu reduzieren. Dagegen ist Leadership – Führung im eigentlichen Sinne – mit dem Gedanken des Wandels verbunden und muß sich bemühen, Veränderungen durchzusetzen. Leadership soll Management ergänzen, es aber nicht ersetzen (vgl. Kotter o.J.).

Die Differenz zwischen Führung und Management kann auf die Formel gebracht werden: Manager machen die Dinge richtig (analysieren, planen, Ziele setzen, controllen etc.), Führende machen die richtigen Dinge (initiieren, motivieren, coachen etc.).

»Managen bedeutet bewirken, herbeiführen, die Leitung oder Verantwortung übernehmen. Führen heißt beeinflussen, die Richtung und den Kurs bestimmen, Handlungen und Meinungen steuern« (Bennis / Nanus 1992, 28f.).

Wir sehen allerdings, wie unscharf die begriffliche Unterscheidung ist, zumal das englische »lead« sowohl mit »führen« als auch mit »leiten« übersetzt werden kann.[2] Führung und Management lassen sich in komplementärer Weise beschreiben:

Management	Führung
☐ Ressourcen zuteilen ☐ Strukturen, Ordnung und Berechenbarkeit schaffen	☐ Vision, Mission, Glaube, Intuition ☐ Werte ☐ Leitbild entwickeln
☐ Budget erstellen und überwachen ☐ Kosten- und Risikomanagement	☐ Unternehmergeist ☐ Richtung festlegen und bekanntgeben ☐ Ertragsorientierung
☐ Analysieren, planen, operationalisieren, organisieren ☐ Prozesse und Personal koordinieren und kontrollieren	☐ Innovation ☐ Strategien und Prozesse für den Wandel einleiten ☐ investieren
☐ Mitarbeiter einsetzen ☐ Verantwortung delegieren	☐ Mitarbeiter auf eine Linie bringen ☐ Kommunizieren, motivieren, inspirieren
☐ Aktionspläne entwickeln ☐ Einfluß nehmen ☐ Überzeugen, befehlen, anordnen	☐ Emotionen zeigen und dazu stehen

(aus: Schiercks, Management Development und Führung, Göttingen: Hofgrebe 1993, 54)

---

2. Im Deutschen ist »Lotse« mit »leiten« verwandt, ebenso »leiden«, das früher »fahren, gehen, reisen« meinte, dann die Bedeutung von »erfahren, durchmachen« erhielt. »Führen« meint ursprünglich »in Bewegung setzen, Fahrt machen« und drückt eher einen proaktiven Aspekt aus. Das Wort »managen« hat keine Entsprechung im Deutschen und wird mit »handhaben« übersetzt, mit »führen und leiten« und drückt in der angelsächsischen Literatur gerade den proaktiven Aspekt aus. Wir sind uns der historischen Problematik beim Gebrauch des Wortes »führen« oder gar »Führer« und »Geführte« im Deutschen bewußt und sprechen da, wo in der anglo-amerikanischen Literatur von »leader« die Rede ist von Führungskraft.

Leadership ist mehr als Management: »Es geht hier vielmehr um Anregungen zu effektiver Zielerreichung, Motivation, Kommunikation, Koordination von Teamarbeit, Steuerung und selbstverständlich auch um Entscheidungen in wichtigen Angelegenheiten zur richtigen Zeit. Voraussetzung für eine gute Leadership sind Visionen; Sensibilität sowie Überzeugungskraft gepaart mit Durchsetzungsvermögen im entscheidenden Augenblick« (Dubs 1994, 21).

»Gemeindemanagement« ist bisher ein noch wenig theoretisch fundierter und kein präzise definierter Begriff und läßt deshalb Interpretationsmöglichkeiten von z.B. Teamarbeit oder Personalentwicklung bis zur Gesamtheit aller Aktivitäten zu, die Organisationsentwicklungsprozesse initiieren und unterstützen. Wir setzen voraus, daß die Führungsdimension in einem solchen Konzept große Bedeutung hat, ob im Rahmen eines integrativen Managementverständnisses oder als gleichwertige, auf Management bezogene Dimension.

Führung

Jede Organisation braucht nicht nur Führung, sondern hat sie auch. Führung ist eine Funktion in Organisationen, die an verschiedenen Stellen und von unterschiedlichen Personen wahrgenommen werden kann (vgl. Wimmer 1996). Obwohl es etliche, stark differierende Definitionen von Führung gibt, stimmen die meisten in einem überein: Führung gilt als zielbezogene Einflußnahme.[3] »Geführte« sollen – im Sinne von Personalführung – dazu befähigt und angeleitet werden, bestimmte Ziele zu erreichen, die sich aus den Zielen der Organisation ableiten lassen. Die Wege der Einflußnahme lassen sich als *Führung durch Strukturen* (z.B. Organigramme, Stellenbeschreibungen, Anreizsysteme) und *Führung durch Personen* (z.B. Kommunikation zwischen Vorgesetzten und Mitarbeitern, Feedbackgespräche, Beurteilungen u.a.) kennzeichnen. Führung durch Menschen ist als zielbezogene Beeinflussung mit Hilfe der Kommunikationsmittel zu definieren (vgl. Rosenstiel 1995, 5). Dies könnte aber auch mit einem eher mechanistischen Ziel-Wirkungsverständnis verglichen werden. Doch diese »zielbezogene Einflußnahme«, die Führung in komplexen Systemen ausmacht, läuft nicht linear von »A« nach »B« ab. Führung ist viel diffiziler, spielt sich auf den unterschiedlichsten Ebenen, durch Einsatz unterschiedlicher Ressourcen und im Wechselverhältnis der Beteiligten ab.

Führung entfaltet sich in und durch Interaktion. *Symbolische Führung* hebt nicht die funktionale Seite des Managements hervor, wie z.B. Ziele zu präzisieren, arbeitsteiliges Handeln zu koordinieren und Ergebnisse zu kontrollieren. Entscheidend ist vielmehr, *wer es wie tut* (vgl. Pfeffer 1981 a und b). Führung ist hier eingebettet in das Konzept einer Unternehmenskultur (Schein 1995), das weit über ein Verständnis als reine Personalführung hinausgeht bzw. diese letztlich ersetzt.
Symbolische Führung ist Führung, die sich auf die Kategorie Sinn beruft und stützt. Dieser Sinn ist gegenständlich und erfahrbar in Symbolen. Symbolische Führung nutzt

---

3. Eine Ausnahme stellt ein gruppendynamischer Ansatz dar, nach dem der Führer eher einen Gruppenwunsch repräsentiert, als die Gruppe zu beeinflussen (vgl. Neuberger 1994, S. 131).

den Sinn, der in Fakten geronnen ist, die vorgefunden oder geschaffen werden (z.B. Stellenbeschreibungen, Architektur der Gebäude, Ausstattung mit Technik, aber auch Rituale, Sprache, Geschichten usw). Solche Fakten werden von den Organisationsmitgliedern entziffert, interpretiert und mit Sinn versehen (vgl. Neuberger 1994, 246ff.). Jeder Handelnde in einer Organisation ist von einem so verstandenen »Führungs-Ersatz« umgeben, weil in den organisatorischen Tat-Sachen Führung geronnen (*symbolisiert*) ist« (Neuberger 1994, S. 250). Zu bedenken ist hierbei, daß der Sinn vom Empfänger gemacht wird, also von den Organisationsmitgliedern (den Beschäftigten), die den Sinn dekodieren und in ihr Handeln einfließen lassen. Beispiele: Signalisiert die anspruchsvolle Ausstattung des Büros eines Angestellten Macht – oder Anmaßung / Kompetenzüberschreitung? Bringt der Verzicht auf einen Dienstwagen christliche Tugenden zum Ausdruck – oder Unfähigkeit im Verhandeln um Ressourcen bzw. Mißachtung des entsprechenden Arbeitsbereiches? Wie interpretieren die Mitarbeiter einer Einrichtung die schmuddelige und schlechte Kleidung ihres Vorgesetzten, als Weigerung die Führungsrolle wahrzunehmen – oder als Versuch, sie neu zu gestalten? Je nachdem, welchen Sinn sie den Fakten geben, werden sie ihr Handeln anders ausrichten.

Führung ist ein komplexer rückbezüglicher Prozeß, der immer Personen voraussetzt, die sich führen lassen, und in dem Situationen und Strukturen das Führungs- (bzw. »Geführten«-)verhalten aller Beteiligten beeinflussen und umgekehrt. Führung ist Bestandteil der Unternehmenskultur. Sie verwirklicht sich in Führungsgrundsätzen und -verhalten. Ohne »Geführte« kann es keine Führung geben. Dieses Verständnis warnt vor der Vorstellung, daß mit Hilfe einiger Sozialtechniken oder durch das Operieren an einigen strukturellen oder kulturellen »Ursachen« Führung beherrschbar, ein komplexes System steuerbar sei.

Die psychologisch orientierte Führungsforschung folgt übereinstimmend der Annahme, daß es nicht »die« optimalen Führungseigenschaften gibt, auch nicht »den« besten Führungsstil oder »das« ideale Führungsverhalten, sondern daß der Führungsstil situationsabhängig ist (Fiedler; Reddin; House; Vroom/Yetton, dargestellt in Neuberger 1994). Diese Ansätze kombinieren die Person mit der jeweiligen Situation (Schwierigkeitsgrad der Aufgabe, Bildungsniveau der Mitarbeiter und Mitarbeiterinnen, zu ergänzen: Grad der Dezentralisierung und Autonomie im System) und werden als »Kontingenzansätze« bezeichnet. Die empirische Forschung bestätigt: Effektive Organisationen folgen nicht einem einzigen oder bestimmten Führungsstil, sondern je nach Situation den verschiedenen Ansätzen, oft auch in Kombination (Bolman/Deal 1991).

Zahlreiche Forschungsarbeiten haben versucht, beobachtbares Führungsverhalten von Vorgesetzten zu beschreiben, zu messen und in seiner Wirkung zu analysieren. Nahezu alle Untersuchungen bestätigen zwei Dimensionen von Führungsverhalten, wie sie bereits in den sog. Ohio-Studien (vgl. Fleishman 1973) herausgearbeitet wurden:

- *Consideration* (d.h. praktische Besorgtheit, Mitarbeiterorientierung) und
- *Initiating structure* (d.h. Aufgaben- oder Leistungsstrukturierung),

die unabhängig voneinander sind. Untersuchungen im deutschsprachigen Raum (Fittkau-Garthe 1971) brachten eine dritte wichtige Dimension hervor: Neben der Mitarbeiter- und Aufgabenorientierung zeigte sich als bedeutsam

☐ die *Mitwirkungs- und Partizipationsdimension*.
Eine Voraussetzung ist allerdings, daß die Mitarbeiter und Mitarbeiterinnen sich die Sache einer Organisation, z.B. Gemeinde, zu eigen gemacht haben, sich mit den Aufgaben, Zielen und der Philosophie ihrer Organisation identifizieren. Eine Gemeinde kann sich dann zu einer organisationalen Lerngemeinschaft entwickeln, in der nicht »belehrt« wird, sondern die Führungskräfte, Pfarrer und Pfarrerinnen, Kirchenvorstand selbst Lernende sind, ebenso wie sie es von den haupt-, neben-, und ehrenamtlichen Mitarbeitern und Mitarbeiterinnen erwarten. In diesen Prozeß sind auch die Adressaten der Leistungen, die Gemeindeglieder, z.B. durch Evaluation und Einladung zur Mitgestaltung (Planungszellen, vgl.: Dienel 1992, Zukunftswerkstätten, vgl. Jungk / Müllert 1989, Arbeitsgruppen), einbezogen.

Führung ist in einer Gemeinde als lernender Organisation eine der Grundvoraussetzungen.[4] Vom Verständnis her unterstützt sie Menschen, sich in der Arbeit zu entfalten. Sie ist Hilfe zur Persönlichkeitsentwicklung unter der Voraussetzung selbstmotivierter Tätigkeit in der Gemeinde. Führung ist hier Dienstleistung für die Mitarbeiter und Mitarbeiterinnen. Sie sucht dezentrale Selbststeuerungskräfte zu stärken. Daß solche Kräfte in Kirchengemeinden vorhanden sind, wird z.B. immer dann deutlich, wenn Vakanzen entstehen, weil eine Pfarrstelle nicht besetzt ist.

Was von Führenden, insbesondere Pfarrer und Pfarrerinnen in diesem Veränderungs- und Lernprozeß der Gemeinde erwartet wird, sind neben den originären theologisch-fachlichen Kompetenzen zunehmend Könnerschaft in Moderation (speziell Konfliktmoderation), Management (bes. auch Projektmanagement) und Kommunikation, insbesondere die Fähigkeit, soziale Netze knüpfen und Beziehungen aufbauen zu können. Hinzu kommen Teamfähigkeit, Problemlösungskompetenzen und analytische Kompetenzen. Auch die sogenannte Kundenorientierung gegenüber Haupt- und Ehrenamtlichen und Gemeindegliedern ist unabdingbar.

Rollenverständnis kirchlicher Führungskräfte

Hier steht an, daß Pfarrer und Pfarrerinnen ihr eigenes Rollenverständnis reflektieren: Sind sie theologische Experten, Profis in ihrem Job? Oder sind sie »professionelle Laien«, die zwar ihren theologischen Heimathafen haben, aber ebenso als Psychologen, Gesprächstherapeuten, Lehrer, Berater/Gemeindeberater, Sozialpädagogen, Erwachsenenbildner, Gerontologen u.v.m. gefordert sind und damit ihren Grad der Inkompetenz erreichen und ihre Rollen – mehr schlecht als recht – auszufüllen versuchen bis zur Überforderung?

Zu den schwierigsten Aufgaben der Leitung zählt die Personalführung. In der Kirche kommt erschwerend hinzu, daß sowohl ein akademisch ausgebildetes, auf Individua-

---

4. Nach Hendriks (1996) sind folgende fünf Faktoren für die Vitalisierung einer Gemeinde von Bedeutung: Klima, Leitung, Struktur, Ziele/Aufgaben und das Identitätskonzept.

lität bestehendes Personal als auch ehrenamtliche Mitarbeiter und Mitarbeiterinnen zu führen sind. Die Personalentwicklung ist hier eingebettet in besondere Bedingungen, da nicht der Pfarrer/die Pfarrerin in der Gemeinde die Personal einstellende Instanz ist, sondern das Presbyterium. Führung eines Gemeindepfarramtes beinhaltet immer auch die Leitung eines Mitarbeiterstabes von Kirchengemeinde, Kindergarten, Sozialstation, Altenheim und Rentamt, Küster, Organist, ehrenamtliche Mitarbeiter usw. Partiell nehmen mehr oder weniger alle Pfarrer, auch die auf Zweit- oder Drittstellen, Leitungsverantwortung in den von ihnen vertretenen Arbeitsbereichen wahr. Dies betrifft z.B. ehrenamtliche Mitarbeiterinnen und Mitarbeiter, während die Führung der Hauptamtlichen gemäß den geltenden Kirchenordnungen fast immer den mit der Geschäftsführung betrauten Pfarrern und Pfarrerinnen obliegt. Das bedeutet aber, daß Pfarrer und Pfarrerinnen eine Aufgabe wahrnehmen, für die sie eigentlich nicht ausgebildet sind, denn »Führung von Mitarbeitern und Mitarbeiterinnen« hat bisher keinen Platz in fachspezifischen Ausbildungen. Coaching und Feedback, Mitarbeiter-, Zielvereinbarungs- und regelmäßige Beurteilungsgespräche z.B. sind Führungsinstrumente, die auch in Weiterbildungen für Theologen einfließen müssen. Kirchliche Führungskräfte sollten das breite Führungsrepertoire meistern können.

Pfarrer und Pfarrerinnen sind einerseits Verkünderinnen und Seelsorger; sie sind zusätzlich verantwortlich für Organisation und Verwaltung. Sie leiten eine Organisation von bis zu 40 haupt- und ehrenamtlichen Mitarbeitern und Mitarbeiterinnen. Gerade diese Rollenmischung macht ein klares Führungsverhalten so schwer und bietet andererseits immer wieder die Möglichkeit, sich nicht festzulegen, sich bei schwierigen Entscheidungen unangreifbar zu halten:

»Ist der Chef gefragt, weil eine Entscheidung ansteht, taucht plötzlich ein Mensch auf, der nach freundschaftlicher Nähe sucht. Drückt ein persönliches Problem, schlägt der Dienstvorgesetzte durch, der Personalakten führt und Versetzungen mit beeinflußt. Erwarte ich den Theologen, kommt der Verwaltungsfachmann an die Oberfläche. Müssen Termine vereinbart und Entscheidungen getroffen werden, begegnen (mir) Predigten und theologische Exkurse ...« (Lindner 8-2.3, 35).

Pfarrer und Pfarrerinnen müssen ein Bewußtsein dafür entwickeln, daß an sie ein Bündel unterschiedlicher Erwartungen herangetragen wird, die sie in den unterschiedlichen o.g. Berufsrollen durch differenziertes Rollenhandeln ausagieren. Zunächst geht es darum, zu differenzieren, bevor ein Verständnis dafür entwickelt werden kann, wie sich die Rollen ergänzen können.

Das Rollenspektrum ist groß. Durch den daraus resultierenden Problemdruck im beruflichen wie privaten Bereich, und zwar in quantitativer wie qualitativer Hinsicht, unterscheiden sich die Belastungen für Führungskräfte im Verhältnis zu anderen Arbeitnehmern. In einem Wechselspiel von Reagieren und Agieren üben sie in einer Person im Beruf permanent zugleich die Rolle des Mitarbeiters, des Kollegen, des Vorgesetzten aus. Von allen Rollen gilt die Vorgesetztenrolle bei den Betroffenen selbst als die unsympathischste. Weibliche Führungskräfte erleben das noch stärker als männliche. Diese Problematik verlängert sich bis in den Privatbereich, weil Führungskräfte die Erwartungen ihrer Familie und ihres Lebenspartners als konflikthaft

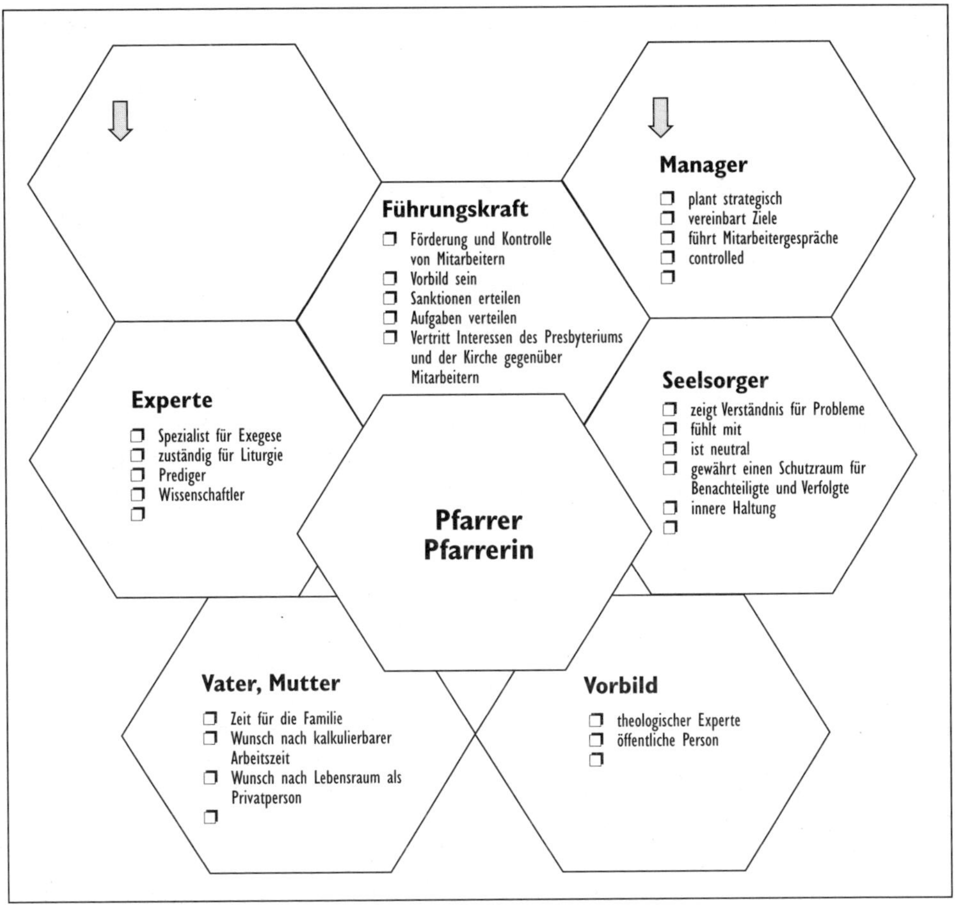

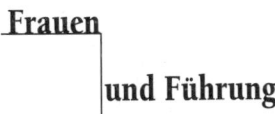

Abbildung 1: Rollenanforderungen an Pfarrer und Pfarrerinnen
⇨ = neue Rollen

erleben (Streich 1995). Hieraus ergeben sich Rollendilemmata, die – wenn die Betroffenen keine Veränderungsspielräume sehen – sich zu einem bedrohlichen inneren Konflikt ausweiten können.

Frauen und Führung

Führungseigenschaften und -verhalten

Veröffentlichungen zum Thema Frauen und Führung beziehen sich zu einem großen Teil auf den sog. Eigenschaftsansatz der Führung, der aber in der Führungsforschung inzwischen als überholt gilt (Neuberger 1994, 63ff.). Die Eigenschaftstheorie der Führung gilt als Sammelbezeichnung für alle Ansätze, die der Persönlichkeit der Führungskraft ausschlaggebende Bedeutung beimessen. Meist ist mitgedacht, daß bestimmte Eigenschaften diese Person befähigen, wirkungsvollen Einfluß auf ihre soziale Umwelt auszuüben.

An Versuchen, speziell diejenigen Eigenschaften zu identifizieren, die eine erfolgreiche Führungskraft ausmachen, hat es bisher nicht gefehlt. Hierbei wird stereotyp »das Wörterbuch der sozial erwünschten Eigenschaften« heruntergebetet, »geleitet durch das Stichwort Männlichkeit« (Neuberger 1994, 64). Als Beispiele gelten u.a.: Ausdauer, Charakterfestigkeit, Durchsetzungsfähigkeit, Dynamik, Energie, Entscheidungsfähigkeit, Fairneß, Gespür, Intelligenz, Initiative, Kontaktfähigkeit, Mut, Risikobereitschaft, Selbstbeherrschung, Sicherheit, Urteilsvermögen, Verantwortungsgefühl, Willensstärke, Zuverlässigkeit ... Dennoch schneiden Managerinnen erstaunlich gut in Assessment Centers[5] ab, obwohl »weibliche« Merkmale wie Klimaorientierung, Mitarbeiterförderung und Offenheit eher als Randerscheinungen eines männlichen Konzeptes von Führung gelten (Neubauer 1990, S. 30).

An komplementären Eigenschaften, die Frauen besonders für Führungsaufgaben prädestinieren, fehlt es in der neueren, der beruflichen Gleichstellung von Frauen verpflichteten Literatur ebenfalls nicht, hier ein typisches Beispiel: Anita Roddick, die Gründerin von »The Body Shop« erklärt:

»Ich leite meine Firma nach weiblichen Prinzipien (...): Verantwortungsgefühl für andere, die Fähigkeit zu intuitiven Entscheidungen, die Unabhängigkeit von Hierarchien (...), die Vorstellung, daß die Arbeit ins Leben integriert sein und mit Engagement verrichtet sein sollte; eine verantwortliche Nutzung der erzielten Gewinne; die Erkenntnis, daß die Bilanz zuletzt kommt« (zit. in: Helgesen 1992, 19).

Die den Frauen zugeschriebenen und von ihnen, sofern sie zu Erfolg führen, reproduzierten Eigenschaften orientieren sich an dem sog. weiblichen Sozialcharakter, der die Geschlechterpolarität nicht in Frage stellt. Es werden Eigenschaften zitiert, die Frauen entweder qua Natur oder aber durch Erziehung oder Sozialisation in Familie und Haushalt erworben haben sollen.

Eine Untersuchung über den Nutzen sogenannter Familienkompetenzen in der Arbeitswelt (Bayerisches Staatsministerium 1997) belegt aber, daß die für Führung erforderlichen Anforderungsdimensionen von den befragten Familienfrauen unterschiedlich repräsentiert werden. Insbesondere die für Führungskräfte geltenden Dimensionen »unternehmensbezogenes Denken und Handeln«, »Planung«, »Koordination und Kontrolle«, »Integration/Konfliktverhalten« sowie »Delegation« und »Führung« sind bei den Befragten eher unterrepräsentiert.

Frauen streben in Gruppen eine Verhinderung von Macht- und Statusunterschieden an, wodurch jede Stimme dasselbe Gewicht im Gruppenprozeß bekommt (Assig/Beck 1996, 113). Sie bevorzugen »multiple Gesprächsebenen«, eine Stimmung, die

---

5. Das Assessment Center ist ein ein- oder mehrtägiges Verfahren und dient sowohl der Auswahl künftiger Mitarbeiter als auch als organisatorisches Beurteilungs- und Förderinstrument. Es ist gekennzeichnet durch die Kombination von eignungsdiagnostischen Verfahren, Interviews, Selbsttests und Rollenübungen etc., die relevant sind für eine erfolgreiche Berufsausübung (vgl. Jochmann 1999).

durch überlappende Gesprächsbeiträge, Lachen und Witzeleien charakterisierbar ist (Tannen 1995, 324).

Frauen als zusätzliche Bereicherung in den Chefetagen – wohlgemerkt: nicht als Ersatz für Männer – das haben die Vertreter des Change Managements[6] bereits erkannt:

»Wo immer Frauen sind, wird das Klima offener, die Diskussion lebendiger, in komplexen Problemsituationen kommt man schneller zum Kern der Sache – was nicht immer angenehm ist, aber effizient (...). Ob Frauen im Durchschnitt auch mutiger sind und mehr Zivilcourage haben als Männer, ist umstritten – in der Praxis entsteht jedenfalls häufiger der Eindruck« (Doppler/Lauterburg 1995, 35).

Auch Unternehmensberaterinnen formulieren eine neue Chance für Frauen:

»Für die Durchsetzung von Veränderungsprozessen sind Frauen deutlich besser geeignet. Sie sind zur Selbstreflexion bereit, wagen und denken Neues und handeln jenseits von Hierarchie und Status« (Assig/Beck 1996, S. 105). Belege hierfür liefern Untersuchungen über weibliche Führungskräfte mit dem Ergebnis, daß bei Frauen die für Change Management erforderlichen Dimensionen des Führungshandelns stärker ausgeprägt sind als bei Männern. Ihre Vorgesetzten bewerten ihre Leistungen auf den folgenden Dimensionen etwas höher als die von männlichen Führungskräften: Vertrauen erwecken, Delegation von Verantwortung, Förderung von Teamarbeit, Kommunikation, Zugänglichkeit, Beurteilen und Coaching. Die Mitarbeiter und Mitarbeiterinnen attestieren ihnen etwas bessere Leistungen beim Planen und Beurteilen, Erleichtern von Veränderungen, beim Treffen von Entscheidungen, Anerkennen der Beiträge anderer, in Kommunikation und Einfallsreichtum (Beck/Assig 1996, 164).

Andere Untersuchungen unterstützen diesen Eindruck: Weibliche Führungskräfte bewerten nach Selbsteinschätzung die Anforderungen »Verantwortung an Mitarbeiter abgeben«, »teamorientiert denken und handeln« und »Zielvereinbarungen mit dem Team treffen« höher als Männer. Unternehmerinnen bevorzugen einen »transformalen Führungsstil«, d.h. sie bringen ihre Mitarbeiter und Mitarbeiterinnen dazu, persönliche Interessen in Gruppeninteressen zu verwandeln. Männliche Führungskräfte dagegen führen eher »transaktional«, sie begreifen ihre Arbeit als eine Serie von Transaktionen mit untergeordneten Mitarbeitern, belohnen und bestrafen und nutzen ihre Macht, um persönliche Ziele zu erreichen (vgl. Westerholt 1998, 26ff., auch Helgesen 1992). Frauen sind dagegen eher bereit, Mitarbeiter zu fördern, wobei sie immer auf die persönlichen Bedürfnisse dieser Mitarbeiter Rücksicht nehmen (Lapczuk 1991, 18). Daraus wird die Konsequenz gezogen:

»Es gibt ihn also, den weiblichen Führungsstil (...). Er entspricht den Anforderungen moderner Unternehmen besser als das überkommene männliche Führungsmodell« (Westerholt 1998, 29).

---

6. Unter Change Management versteht man die Planung, Gestaltung und Durchführung von Veränderungsprozessen mit Menschen in Organisationen, Organisationsentwicklung.

Kritische Einschätzung

Doch Vorsicht! In den Aussagen interviewter weiblicher Führungskräfte ist nie die Rede davon, daß ihre besonderen, angeblich weiblichen Fähigkeiten geschätzt oder anerkannt wären (Rastetter 1996, 50ff.). Je höher die Position, so scheint es, desto härter ist der Konkurrenzkampf und um so dysfunktionaler erweisen sich weiche, beziehungsorientierte Eigenschaften, die sog. soft skills. Frauen haben diese im übrigen unter den Bedingungen des Ausschlusses von Macht und Einfluß entwickelt, und bis heute sind sie eher in den typischen Frauenberufen und -arbeitsfeldern im Dienstleistungsbereich gefragt, wenn auch nicht entsprechend honoriert (Stiegler 1992, 1994), z.B. in der ehrenamtlichen Arbeit von Frauen in der Kirche. Die Rede von den »soft skills« bewirkt eine rhetorische Integration bei faktischem Ausschluß der Frauen von Führungspositionen.

Es stellt sich uns daher die Frage, ob der Diskurs um einen weiblichen Führungsstil den Frauen tatsächlich nützt. Es gibt auch die Auffassung, daß sich in diesem Diskurs eher der Wandel eines Führungsverständnisses im Hinblick auf die männliche Führungsrolle zeigt, der Abschied vom sog. Cowboymanagement, aber nicht wirklich ein Interesse an der Integration von Frauen ins Management. Die Fakten, die immer wieder einen Ausschluß von Frauen dokumentieren, sind zu erdrückend, das belegt jede Statistik über den Anteil von Frauen an Führungspositionen und gilt ebenso für die Privatwirtschaft wie für den öffentlichen Sektor, also auch für die Kirche. Die Ursachenanalyse umfaßt Belege über die Benachteiligungen von Frauen beim Zugang zu relevanten Aufstiegsfortbildungen über reale Diskriminierungserfahrungen, über Abwehrverhalten von Männern (Assig/Beck 1996, 160ff., Friedel-Howe 1995, 520ff.) bis hin zur Analyse des Organisationsmodells als Männerbund (Weber 1993; Rastetter 1996) und der Unterdrückung des Wissens von Frauen in Organisationen (kirchliche und theologische Betrachtung bei Schmidt/Berg 1995, 409ff.).

Darüber hinaus ist das Konstrukt eines weiblichen Führungsstils generell strittig. Die meisten Studien, die sich mit dem konkreten Verhalten von Managerinnen beschäftigen, ergeben keinen signifikanten Unterschied zwischen Männern und Frauen: Frauen und Männer führen, bezogen auf die Aufgaben- und die Mitarbeiterorientierung, gleich effizient und erfolgreich (Friedel-Howe 1990). Es finden sich auch keine besonders auffälligen Unterschiede, weder in den Werthaltungen, Einstellungen und Motiven noch im Hinblick auf Führungseigenschaften (Wunderer/Dick 1997). Da, wo aber doch eine gewisse Differenz festzustellen war – und dies überwiegend in der Einschätzung der weibliche Führungskräfte selbst und von Personalfachleuten – gehen sie in Richtung Geschlechtsrollenstereotype. Weibliche Führungskräfte (nicht Frauen generell oder Familienfrauen) haben in den entsprechenden Dimensionen eher ein höheres Führungspotential, männlichen Führungskräften dagegen wird durchweg eine höhere Risikobereitschaft bescheinigt.

Aus diesen Gründen warnen wir vor einer Glorifizierung des Verhältnisses von Frauen und Führung und plädieren für eine differenzierte systemische Analyse des Führungskontextes in Organisationen. Wir stellen deshalb bei den folgenden Empfehlungen zum Führungsverhalten besondere geschlechtsspezifische Aspekte nicht in den

Vordergrund. Wir laden allerdings dazu ein, die von uns vorgestellten Tips und Instrumente mit der »Hermeneutik des Verdachts« (Schmidt / Berg 1995, 127) zu lesen bzw. auszuprobieren. Dieses Vorgehen ist feministischen Theologinnen bekannt, indem sie fragen, was in den jeweiligen (biblischen) Texten über Frauen verfälscht wiedergegeben oder vergessen ist, wo Frauen verdrängt und marginalisiert wurden oder was auf irgendeine Weise zum Nachteil der Frauen ausgelegt worden ist.

Unser Tip: Wenn Sie eine geschlechtsspezifische Organisationsanalyse vornehmen wollen, empfehlen wir als Anregung die »patriarchatskritischen Fragen« von Schmidt/Berg (1995, 128ff.) und eine enge Kooperation mit den Frauenreferentinnen oder Frauenbeauftragten in Ihrem Kirchenkreis oder bei der Landeskirche. Wir geben jedoch zu bedenken, daß Statistiken über Frauenbenachteiligungen in der Kirche nur ein oberflächlicher Aspekt sind. Entscheidend sind die subjektiven Deutungen von Männern und Frauen in dieser Organisation über die Verteilung von Macht, Einfluß, Geld und Ansehen und die damit verbundenen Ängste und Befürchtungen, Hoffnungen und Erwartungen. Diese »inneren Landkarten« müssen zur Sprache gebracht, mitgeteilt und in einem permanenten Lernprozeß miteinander verbunden, verstanden und wenn nötig verändert werden.

Das Führen Ehrenamtlicher

Gerade eine geschlechtsspezifische Analyse kirchlicher Arbeitsformen und -felder kommt an der ehrenamtlichen Arbeit nicht vorbei. Sie gilt als besonderes »Markenzeichen«, als »Schatz« der Kirche und als überwiegend unentgeltliche Arbeitsleistung. Das gleichberechtigte Miteinander von Haupt-, Neben- und Ehrenamtlichen soll die Identität einer lebendigen Volkskirche bilden. Daraus ergäbe sich der Ausschluß jeder Form von Herrschaft, von Über- oder Unterordnung der verschiedenen Arbeitsformen. Besonders die ehrenamtliche Arbeit steht unter der Prämisse, eine Kirche lebendig zu halten, ja sie gilt als besonderer Ausdruck des Christseins.

Doch trotz der hohen verbalen Wertschätzung ehrenamtlicher Arbeit sind Ehrenamtliche eine weitgehend unbekannte Zahl. Sicher gibt es kaum Arbeitsbereiche in der Kirche, in denen keine Ehrenamtlichen arbeiten, doch der Wert dieser Arbeit kommt in der kirchlichen Diskussion, so sehen es etwa die Frauenreferentinnen, nicht genügend zur Sprache. Sie sehen darin eine Form der Mißachtung von Frauenarbeit, denn ca. 70 Prozent der ehrenamtlichen Arbeit in der Kirche wird von Frauen geleistet. Die Arbeitsfelder umfassen z.B. Kinderarbeit, Kinderkirche, Jugendarbeit, Friedensarbeit, Chor und Instrumentalkreise, Gemeindebücherei, Gesprächskreise, Besuchsdienste, Arbeit in Ehe- und Familienberatungsstellen, Telefonseelsorge, Krankenhaushilfe u.a. Im Gegensatz zu diesen Aufgabenfeldern werden die ehrenamtlichen Leitungsfunktionen zum überwiegenden Teil noch von Männern wahrgenommen: Im EKD-Bereich ist lediglich ein gutes Drittel der Kirchenvorstandsmitglieder weiblich. Schon die Beschlußvorlage für die EKD-Synode 1989 (»Gemeinschaft von Frauen und

Männern in der Kirche«) konstatierte für Frauen eine besondere Nähe zur Kirche, ein überdurchschnittliches Engagement und eine hohe Motivation. Viele Frauen assoziieren Kirche mit Gemeinschaft, Wärme und Nächstenliebe. In Interviews kam zum Ausdruck, daß die Frauen sich in kirchlicher Mitarbeit ein Bedürfnis erfüllen, mit anderen Menschen zusammenzusein. Außerdem rufen die traditionellen ehrenamtlichen Arbeitsfelder in der Kirche Fähigkeiten ab, die Frauen als »weibliches Arbeitsvermögen« gelernt haben und die außerhalb ihrer Familie in der innerkirchlichen Öffentlichkeit nun Anerkennung erfahren und das Selbstwertgefühl der Frauen stärken können.

Motive ehrenamtlicher Mitarbeiterinnen für die Gemeinde (Evangelisch-Lutherische Kirche in Bayern) sind:

1. angesprochen worden zu sein
2. gebraucht zu werden
3. sich berufen zu fühlen
4. mit anderen etwas zu tun
5. Freizeit nützlich auszufüllen
6. in der Familie üblich

(Reihs 1995, 156).

Allerdings zementiert die Verteilung der ehrenamtlichen Arbeit in der Kirche das bestehende Geschlechterverhältnis und unterläuft damit Bemühungen zu einer gleichwertigen Teilhabe von Männern und Frauen an bezahlter und unbezahlter Arbeit. Vielleicht ist deshalb auch die Rede von Ärger und Nichtbeachtung, von Erfahrungen der Diskriminierung gegenüber den Hauptamtlichen.

Die Frage der gezielten Qualifizierung von Ehrenamtlichen gewinnt in Zeiten knapper Kirchenkassen einen besonderen Stellenwert. Sie wird überall dort diskutiert, wo als Folge rückläufigen Kirchensteueraufkommens, aber bei steigender Dienstleistungs- und Serviceorientierung, z.B. eines Kreiskirchenamtes, in ehrenamtlicher Arbeit die Chance einer zielgerichteten und qualitativ hochwertigen personellen Unterstützung gesehen wird. Da die Personaldecke der fest angestellten MitarbeiterInnen in den meisten Kirchenkreisen landauf und landab brüchig wird und eher an die Entlassung und Umsetzung von MitarbeiterInnen gedacht wird als an eine Rekrutierung, gewinnt die Variante »hochqualifizierter Ehrenamtlicher« stärker an Bedeutung. Dies gilt vor allem dann, wenn es sich um eine unter ökonomischen Gesichtspunkten für kirchliche Einrichtungen »lohnende« Überlegung handelt; denn unter dem Strich bleiben schwarze Zahlen stehen: Die (künftige) Gewinn- und Verlustrechnung hält sich die Waage, wenn bedacht wird, daß sich die Personalentwicklungskosten für eine Qualifizierung der Ehrenamtlichen mit Lohn- und Lohnnebenkosten bei Festangestellten bei weitem nicht vergleichen lassen; sie bleiben deutlich geringer.

Typologie Ehrenamtlicher

Die Erfahrung in Kirchengemeinden lehrt, daß Frauen ab 50 Jahren einen verhältnismäßig großen Anteil an den Ehrenamtlichen stellen. Andererseits läßt sich aus religionssoziologischen Daten interpretieren, daß aus allen sozialen Schichten, in allen Altersgruppen und aus unterschiedlichen Familienkonstellationen kommende Frauen ehrenamtlich mitarbeiten (Lukatis zit. in Reihs 1992, 8). Die ehrenamtliche Arbeit ist eine besondere Form der Kirchenbindung. Es wird vermutet, daß vor allem die beruflich bereits stark eingespannten Personen erst dann kommen, wenn sie sich wirklich gebraucht fühlen und aktiv werden können (Lindner 8-2.3, 50).

Nach Selbsteinschätzung der betroffenen Frauen macht der wöchentliche Zeitaufwand bei den meisten ehrenamtlich Tätigen zwischen zwei und zehn Stunden aus. Dieser hohe Zeitaufwand rechtfertigt sich vor dem Hintergrund einer sinnhaften Tätigkeit, in der die Ehrenamtlichen Anerkennung und Selbstverwirklichung erfahren können. Man kann damit rechnen, daß unbezahlt und freiwillig noch einmal so viele Stunden in der Kirche geleistet werden wie durch hauptberufliche Mitarbeiter und Mitarbeiterinnen (Lindner 8-2.3. S. 48).

Doch gerade im Hinblick auf Partizipation und Entscheidungsfindung gibt es schmerzhafte Erfahrungen. In einer hannoverschen Untersuchung äußern nur 60 Prozent der Befragten ausschließlich positive Erfahrungen, was ihre Beteiligung an Informationen und Diskussion, an Entscheidungsprozessen, die den eigenen Arbeitsbereich betreffen, sowie die Zusammenarbeit mit anderen, insbesondere mit Pastorinnen und Pastoren und anderen Hauptamtlichen, angeht. Die anderen äußern sich so, daß sie sich oft übergangen fühlen. Sie glauben sich oft nur als Hilfskräfte akzeptiert, die von anderen festgelegte Aufgaben nur noch auszuführen haben. »Gefragt sind Helferinnen, Zubringer, nicht eigenständiges Engagement« (Reihs 1992, S. 11).

Die sozialwissenschaftliche Literatur spricht von einer »neuen Ehrenamtlichkeit«, der inzwischen auch ausgebildete Pofessionelle nachgehen, z.B. in der Hoffnung, hierdurch eine Brücke in eine bezahlte Arbeit zu finden (Müller / Rauschenbach 1988). An dieser Zielgruppe wird deutlich, was schon längst im Anspruch an gleiche Teilhabe und Partizipation für die »alten Ehrenamtlichen« hätte realisiert sein müssen: daß sie auf besondere Weise gefördert und gewürdigt werden sollen. Zur Ausdifferenzierung des Bildes der ehrenamtlich Tätigen trägt die folgende Typologie von Lindner bei (8-2.3, 53). Sie zeigt, daß Personalführung und Personalmarketing dieser Beschäftigtengruppe individuelle und zielgruppenspezifische Bedingungen berücksichtigen muß (siehe S. 32).

Besondere Anforderungen an Führung

Führung ehrenamtlicher Mitarbeiterinnen und Mitarbeiter hat zwar einen anderen Kontext als die von Hauptamtlichen, beinhaltet aber grundsätzlich die gleichen Dimensionen und Aufgaben.

Ehrenamtliche unterstehen keiner Dienstpflicht, ihr Aufgabenfeld sollte dennoch klar definiert und in präzise Ziele eingebettet sein. Die Tatsache, daß es in der Regel keine Vereinbarungen über die Dauer der Tätigkeit gibt, weder über die anfallenden Stunden noch über die Zeit der Ausübung, läßt sie u.U. beliebig erscheinen. Vertretungsregelungen sind weitgehend unbekannt, auch das erweckt den Eindruck, als sei die Arbeit nicht so wichtig. Andererseits ermöglicht der Freiraum der ehrenamtlichen Arbeit, Fähigkeiten und Neigungen jenseits einer formalen Qualifikation einzubeziehen.

Typologie nicht bezahlter Mitarbeiter/innen

Slogan	Zeitaufwand, Motivation	Verhältnis zum/ zur Pfarrer/in	Versuchung vs. psych. Gewinn
Typ 1: Hilfsdienste leisten			
Wenn Sie mich brauchen, bin ich da. Ich opfere mich gern auf!	Immer im Dienst; ein Ende ist kaum denkbar. Natürlich komme ich auch in den Gottesdienst!	Hohe Personenbindung / Bindung an das Amt.	Ausnutzen vs. Herrschen durch Dienen.
Typ 2: Selbsthilfe organisieren			
Ich nehme mein Schicksal selbst in die Hand. Gebt mir die Möglichkeit, mir selbst zu helfen!	Hoher Zeitaufwand, solange es brennt. Beendet, wenn das Problem gemildert ist. Motivation nur problembezogen.	Spannungsreiche Beziehung: Willst du mir wirklich helfen?/ Nützt du uns nur aus?	Tauschgeschäfte und Kuhhandel vs. »Mir wird geholfen«.
Typ 3: Selbstentfaltung ermöglichen			
Es steckt noch mehr in mir! Bei euch kann ich mich entfalten. Ich habe Lust mitzuarbeiten.	Hoher Zeitaufwand, solange es etwas bringt. Andere Angebote müssen »passen«. Ende, wenn sich etwas Festes (Bezahltes) woanders ergibt.	Beziehung stark von Sympathie/ Antipathie geprägt.	Mißverständnis über die Motive vs. Gewinn beider.
Typ 4: Diese Gemeinde verändern / die Kirche verändern			
Es muß anders werden bei uns! Wir müssen anfangen, sonst tut sich nichts.	Hoher Zeitaufwand, solange die Möglichkeit der Einwirkung gegeben ist. Gefahr der Frustration und des Abbruchs der Mitarbeit. Hohe Identifikation.	Intensiv, aber ambivalent, je nachdem, auf welcher Seite sie/er steht.	»Mein bester Freund – mein erbitterter Gegner« vs. »Sind wir uns nur im NEIN oder auch im JA einig?«
Typ 5: Besondere Fähigkeiten auf Zeit in den Dienst stellen			
Wenn Sie mich unbedingt brauchen!	Knapper, begrenzter Aufwand, ständig von Beendigung bedroht.	Pfarrer/in wirbt, Mitarbeiter/in bleibt häufig Umworbene/r. Abhängigkeit, Respekt.	»Sie sind doch der Fachmann/die Fachfrau!« vs. Anerkennung.

Quelle: Lindner, 8-2.3, 53, in: Unternehmen Kirche, Organisationshandbuch für Pfarrer und Gemeinde, Kognos Verlag, Augsburg.

Ehrenamtliche Arbeit ist frei vereinbarte Tätigkeit, ohne die die Kirche längst nicht mehr bestehen könnte.
Um so wichtiger ist es, diese auf reiner Freiwilligkeit und hoher Eigenmotivation basierende Arbeit in das Ganze der Gemeinde zu integrieren. Ebenso wichtig ist es, die Chancen, die in diesem Engagement liegen und auch die Probleme und Konflikte, die mit diesem Arbeitsfeld verbunden sind, zu kommunizieren und an einer Lösung gemeinsam zu arbeiten. Feedback-Prozesse sind nötig, die auch den Ehrenamtlichen Lernen und Selbstreflexion ermöglichen und ihnen eine selbstbewußte Verortung im Geschehen der Gemeinde anbieten. Dies kann am besten durch die Entwicklung einer sogenannten »Feedbackkultur« oder »Vertrauenskultur« erfolgen. Darüber hinaus spielen Fortbildungen (fachliche und theologische) eine Rolle. Eine Gemeinde kann z.B. einmal im Jahr einen Grundkurs für Mitarbeiter und Mitarbeiterinnen durchführen, in dem alles vermittelt wird, was für das Arbeiten in der Gemeinde von Bedeutung ist (Lindner 8-2.3, 58). Dies sollte durch personenbezogene Begleitung (Coaching) ergänzt werden. Das Mitarbeitergespräch ist selbstverständlich auch für die Ehrenamtlichen ein Bestandteil der Personalführung.

Wir meinen darüber hinausgehend, daß für die professionelle oder semi-professionelle Ausübung des Ehrenamtes eine Personalqualifizierung auf Basis einer Ist-Analyse notwendig erscheint, ebenso wie wir es für Hauptamtliche vorschlagen wollen. In ihr werden die Kompetenzen (Fähigkeiten und Fertigkeiten, ethische Einstellungen, Motive, Normen- und Werthaltung, Kundenorientierung intern/extern etc.), die Fachebene, Verhaltensebene (Beziehungsmanagement etc.) und die Persönlichkeitsebene beleuchtet. Letztlich ermöglicht dieses Portfolio, nicht nur die eigenen Stärken (Wo bin ich richtig gut?) kennenzulernen, sondern auch die Entwicklungsbereiche (Worin und wie kann ich mich gezielt qualifizieren?). Eine passende Personalentwicklung kann hierauf aufgebaut werden. Die Verbindlichkeit der gemeinsamen Ziel- und Wertorientierung sollte für fest angestellte Mitarbeiter/innen und Ehrenamtliche durch eine Leitbildentwicklung mit daraus abgeleiteter Führungsagenda und Personalentwicklung erfolgen. Um ihnen eine angemessene Beteiligung an der Kommunikation in der Gemeinde zu geben, muß im »Berufsbild« der Ehrenamtlichen wie auch in der konkreten Ausgestaltung der Arbeitszeiten Zeit bleiben, sich am Ganzen beteiligen und mitwirken zu können.

Wir schlagen folgendes vor:

Checkliste

	bis wann beginnen?	wann erledigt?	verant-wortlich?	welche Infos fehlen?
☐ Schließen Sie mit Ehrenamtlichen wie mit Hauptamtlichen aussagekräftige Arbeitsverträge über Inhalt und Dauer ihrer Mitarbeit. Mit Ehrenamtlichen sollten immer nur befristete Verträge geschlossen werden!				
☐ Kosten für ehrenamtliche Arbeit, z.B. Fahrt- und Materialkosten, Telefon- und Fortbildungskosten werden übernommen, und hierfür muß ein entsprechender Etat bereitgestellt werden.				
☐ Führen Sie Ehrenamtliche in ihr Amt öffentlich, z.B. im Gottesdienst ein.				
☐ Gewähren Sie Ehrenamtlichen ein Recht auf Fortbildung. Beziehen Sie die Ehrenamtlichen in die Personalentwicklung ein.				
☐ Führen Sie Mitarbeitergespräche mit den Ehrenamtlichen zur Auswertung ihrer Arbeit.				
☐ Sorgen Sie für Vetretungsregeln.				
☐ Beziehen Sie Ehrenamtliche in gemeinsame Mitarbeiterbesprechungen mit den Hauptamtlichen oder Honorarkräften ein.				

(in Anlehnung an Schmidt/Berg 1995, 220; Schmidt 1997, 137)

Diese Aspekte sind deshalb besonders wichtig, weil die Kirche keine Aussicht auf andere Gratifikationen zusagen kann als z.B. auf öffentliche Anerkennung, Förderung der Beteiligung und der Qualifikation. Dies aber dürften zusätzliche Anreize sein, die die gegebene hohe intrinsische Motivation ehrenamtlicher Mitarbeiterinnen bestätigen und aufwerten. Sie sind eng mit der Aufgabe und Tätigkeit selbst verbunden und beziehen sich nicht auf Aspekte, die außerhalb der eigentlichen Arbeit liegen wie z.B. Bezahlung oder sog. Incentives [7]. Die Grenzen solcher Anreize zur Motivierung der Mitarbeiter und Mitarbeiterinnen sind längst bekannt (Sprenger 1992).

---

7. Es handelt sich hier um zusätzlich zum Gehalt gewährte Leistungen, z.B. Dienstwagen, private Reisen, herausragende Betriebsausflüge o.ä.

Führung als kommunikativer Prozeß

Einführung

Das »Hauptgeschäft« von Führungskräften ist die Kommunikation, sei es zwischenmenschliche, in Sitzungen, schriftlich, elektronisch, telefonisch, non-verbal usw. Führungskräfte verbringen die meiste Zeit ihrer Arbeit damit. Durch Kommunikation realisieren sie ihre Ziele, intervenieren bei Problemen und Konflikten, finden zu Entscheidungen bzw. bereiten sie vor und unterstützen, informieren oder kritisieren Mitarbeiterinnen und Mitarbeiter sowie die eigenen Vorgesetzten, andere Entscheidungsträger oder die Öffentlichkeit und verschaffen sich selbst Informationen durch Lesen, Fragen und Zuhören. Professionell zu kommunizieren ist daher ein wesentliches Kriterium erfolgreicher Führung.

Kommunikation ist das absichtsvolle Mitteilen von Informationen, das Miteinander-Teilen von Inhalten, die von den Subjekten als bedeutsam eingeschätzt werden[1] (vgl. die Nähe zum Wort »Kommunion«). Sie bezieht sich als zwischenmenschlicher Prozeß auf sachliche und fachliche Aspekte wie auch auf das Miteinander der kommunizierenden Personen, die Beziehungsebene. Auf beiden Ebenen gut kommunizieren zu können, entspricht den Führungsdimensionen Aufgaben- und Mitarbeiterorientierung, der jede Führungskraft gerecht werden muß.

Im Folgenden konzentrieren wir uns auf die zwischenmenschliche Kommunikation im Kontext der Personalführung und orientieren uns an dem Zyklus des Eintritts von Mitarbeiterinnen und Mitarbeitern in die Organisation bis zu ihrem Austritt. Die verschiedenen Phasen der Zusammenarbeit sind Anlässe für unterschiedliche Anforderungen an die Kommunikation.

Personalmarketing und Einarbeitung neuer Mitarbeiter und Mitarbeiterinnen

Bis vor wenigen Jahren hielten sich Angebot und Nachfrage von Bewerberinnen gegenüber Stellen auf dem kirchlichen Arbeitsmarkt weitestgehend die Waage. Inzwischen findet sich vielfach ein Überhang von Bewerbern gegenüber festen Arbeitsstellen. Kirchenkreise und Gemeinden müssen aus betriebswirtschaftlichen Erwägungen

---

1. Eingeschlossen in diese Definition ist das Mitteilen von nicht-sprachlichen Informationen.

sogar betriebsbedingte Kündigungen vornehmen. Vor diesem Hintergrund ist in letzter Zeit Bewegung in ein heute immer stärker professionell zu gestaltendes Personalmarketing gekommen, das z.B. die Auswahl, Qualifizierung und Nachfolgeregelungen vorsieht. Hierfür stehen eine Reihe von Instrumenten der Personalentwicklung zur Verfügung, nicht nur Einstellungsinterviews, sondern auch sog. Management Audits (tiefenpsychologische Interviews, kombiniert z.B. mit Fragen zur Gestaltung des Arbeitsplatzes etc.) oder Assessment Centers bzw. Orientation Centers. Ziel ist es jeweils, die bestmögliche Potentialpassung zwischen Bewerberin und Anforderung an die Stelle zu gewährleisten. Diese Instrumente können im kirchlichen Kontext auch genutzt werden, um im Rahmen des Abbaus eines »theologischen Überhangs« für die abgelehnten Bewerber den Einstieg in ein professionelles Karriereretraining auf der Basis von Potentialentwicklung zu finden, damit sie nicht in Perspektivlosigkeit entlassen, sondern auf außerkirchliche Arbeitsfelder vorbereitet werden.[2]

Der Eintritt in ein kirchliches Beschäftigungsverhältnis oder eine ehrenamtliche Tätigkeit wird selten bewußt gestaltet – einmal abgesehen von der feierlichen Ordination oder Einführung von Pastorinnen und Pastoren. Oft gibt es ein erstes Mitarbeitergespräch, in dem den Betroffenen ein Überblick über die Aufgaben und erwarteten Leistungen gegeben wird. Je nachdem, wie intensiv der Pfarrer sich mit dem Arbeitsgebiet auskennt, handelt es sich hierbei auch nur um ein Antrittsgespräch. Die Einarbeitung wird oft stillschweigend den anderen Mitarbeitern und Mitarbeiterinnen des Arbeitsbereiches überlassen. In manchen Fällen gibt es Antrittsbesuche bei anderen kirchlichen Stellen und Personen (Gemeindebüro, Presbyterium). Und es gibt eine Ankündigung im Gemeindebrief sowie eine Information im Gottesdienst. Das scheint alles zu sein.

Der neu eingestellte Mitarbeiter/die neue Mitarbeiterin ist weitgehend sich selbst überlassen. Die Unübersichtlichkeit kirchlicher Leitungsstrukturen, die schwach entwickelte Kooperation und die daher hohe Bedeutung noch unbekannter persönlicher Beziehungen in kirchlichen Arbeitsfeldern verunsichern die neu Eingestellten. Es besteht ein enger Zusammenhang zwischen der Qualität der Einarbeitung und der Beschäftigungsdauer von Menschen in Unternehmen. Ziel einer sinnvoll gestalteten Arbeitsphase soll es daher sein, die neu Eingestellten zügig und systematisch zu qualifizierter Mitarbeit zu befähigen und sie in die bestehende Kultur der Organisation zu integrieren. Dies gelingt um so erfolgreicher, wenn neue Mitarbeiter und Mitarbeiterinnen die Stelle und ihre Aufgaben, eingebettet in den Gesamtzusammenhang und das Ziel der Organisation, kennen, wenn sie noch bestehende Defizite in Kenntnissen und Fähigkeiten ausgleichen können und wenn sie sich in der Organisation wohl fühlen.

Neben Einführungstagen für neue Mitarbeiter und Mitarbeiterinnen regen wir den Einsatz von Mentoren und Mentorinnen an. Sie haben die Aufgaben

☐ die fachliche Einarbeitung, soweit sie nicht von Dienstvorgesetzten erfolgt, zu übernehmen

---

2. An der Universität Heidelberg wird z.B. ein Projekt zur Ausbildung von Theologen als Konfliktberater für mittelständische Unternehmen eingeführt.

- ☐ Orientierungshilfen beim Hineinfinden in die Kultur der Organisation zu geben, Ortskenntnisse zu vermitteln, in das Beziehungsgeflecht einer Gemeinde einzuführen
- ☐ Hilfen bei der Orientierung in praktischen Fragen, bezogen auf den Arbeitsplatz, zu geben.

Im Gegensatz dazu haben Dienstvorgesetzte die Aufgabe der Begrüßung am ersten Tag
- ☐ die Tätigkeiten, die im Zusammenhang mit dem ersten Arbeitstag stehen, zu erläutern
- ☐ eine erste Einweisung in die Aufgaben zu geben
- ☐ die Führungsgrundsätze zu erläutern
- ☐ auf Mitarbeitergespräche hinzuweisen und Auswertungsgespräche (z.B. nach der ersten Woche, nach einem Monat, vor Beendigung der Probezeit ...) zu vereinbaren
- ☐ den Mentor bzw. die Mentorin bekannt zu machen, die Kollegen und Kolleginnen und den eventuell direkten Vorgesetzten vorzustellen
- ☐ nach Möglichkeit Begleitung zum Arbeitsplatz.

Führen durch Zielvereinbarung

Dieses Konzept ist vor mehreren Jahrzehnten unter der Bezeichnung *MBO* (Management by Objectives) aus den USA nach Europa gekommen, und inzwischen gehört es zum Standard der Führung in modernen Unternehmen. Auch öffentliche Arbeitgeber orientieren sich daran, und in kirchlichen Einrichtungen, die systematische Personalentwicklung betreiben, hat es Einzug gehalten. Es ist eng verbunden mit der Voraussetzung eigenverantwortlicher Mitarbeiter und Mitarbeiterinnen, die in dezentralen, teilautonomen Strukturen selbstverantwortlich handeln und sich den Zielen der Organisation verbunden fühlen. Eine weitere Voraussetzung ist, daß die Leitungsperson sich ihrer Vorgesetztenrolle bewußt ist, Ziele der Gesamtorganisation repräsentieren kann, Ziele vorgeben bzw. vereinbaren kann und fähig zum Feedback und zu offener, konstruktiver Kritik ist ebenso wie zur Motivation. Wo solche Voraussetzungen noch nicht vollends gegeben sind, ist bei der Einführung dieses Konzeptes mit Schwierigkeiten zu rechnen. Führen durch Zielvereinbarung sollte eingebettet sein in einen ganzheitlichen Organisationsentwicklungsprozeß, in dem gemeinsame Leitbilder verbindlich und Strukturen geschaffen werden, die kompatibel sind mit den Herausforderungen einer lernenden Organisation.

Grundannahme des MBO-Ansatzes ist die Einsicht, daß es ein wesentlicher Bestandteil von Arbeitszufriedenheit ist, den Sinn und Nutzen der eigenen Arbeit zu kennen und zu erfahren. Dies ist die größte Quelle der (Selbst)Motivation. Nur wer den größeren Rahmen erkennt, in den seine Arbeit sinnvoll eingebettet ist, wer weiß, wie die eigene Arbeitsleistung mit der anderer Kollegen verbunden zum Erfolg der Gesamtorganisation, der Gemeinde oder Kirche beiträgt, ebenso dem individuellen Erfolg Rechnung trägt, ist auf Dauer motiviert und engagiert. Die

Orientierung an Zielen ist eine Grundvoraussetzung der Selbststeuerung und Selbstorganisation (Doppler/Lauterburg 1995, 214).

Visionen, Vorsätze und Ziele

Wenn wir im kirchlichen Kontext fragen: »Welches Ziel will Ihre Organisation mittel- oder langfristig erreichen?« treffen wir nicht selten auf Antworten wie: »Perspektive Gerechtigkeit in der Gesellschaft realisieren« oder »eine Gemeinschaft zwischen Männern und Frauen herstellen« oder »das Evangelium verkünden in Wort und Tat«. Dies sind keine Ziele, sondern Visionen, die allerdings einiges mit Zielen zu tun haben. Denn am Anfang jeder Organisation, der Begründung einzelner Arbeitsfelder und der authentischen Handlung jedes Menschen steht eine Vision, eine zentrale Leitidee, eine Utopie im Blochschen Sinne (vgl. Senge 1996, 253ff.). Die Visionen bewegen sich im Spannungsfeld der drei Dimensionen aus der themenzentrierten Interaktion: Ich – Es – Wir, eingebettet in das Ganze (globe). Bitte überlegen Sie:

Übung

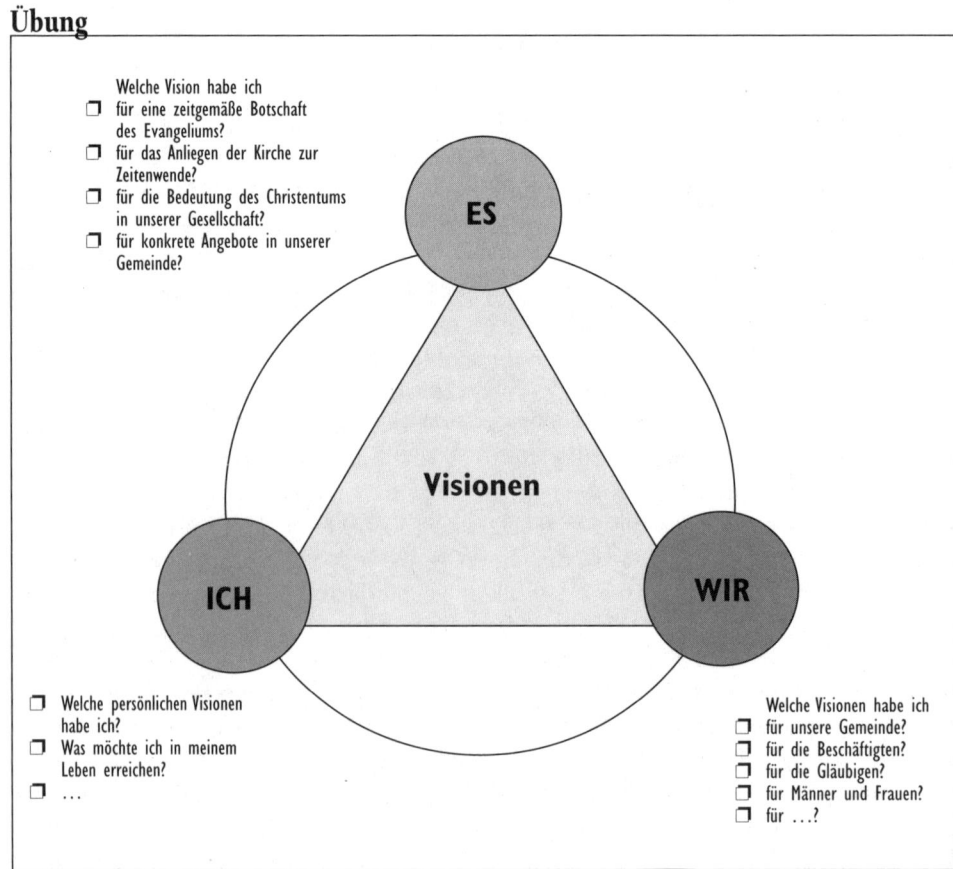

Abbildung 2

Im Rahmen von Leitbildentwicklungsprozessen müssen solche Visionen einander mitgeteilt und aufeinander abgestimmt werden, damit die Menschen einen von allen geteilten Sinn in ihrer Organisation finden und ein gemeinsames Ziel entwickeln können.

Visionen wie gute Vorsätze bleiben unverbindlich, wenn sie nicht in Ziele münden. Wir nähern uns der Definition von Zielen mit der Frage: »Woran merken wir, wenn unsere Vision (z.B. »Gemeinschaft von Frauen und Männern in der Kirche«) Wirklichkeit wird? Die Antworten führen uns bald zu einer Beschreibung von Zielzuständen, und je nachdem, ob bei diesem Beispiel Männer oder Frauen, Junge oder Alte die Antworten liefern, werden die Vorstellungen anders ausfallen. D. h. auch diese Ziele müssen in einer Organisation wieder – vertikal wie horizontal – aufeinander abgestimmt werden, damit sich die Entwicklung miteinander in eine Richtung bewegen kann. Je konkreter die Zielbeschreibungen sind, z.B. wenn sie Meßgrößen qualitativer oder quantitativer Art, aktionaler oder finaler Art enthalten[3], desto besser ist die Zielerreichung nachprüfbar. Das Überprüfen der Zielerreichung (Controlling) ist wesentlicher Bestandteil des Führens durch Zielvereinbarung.

Richtig formulierte Ziele erkennt man also daran, daß
- eindeutig und unmißverständlich formuliert ist, was (und nicht wie ein Ziel) erreicht werden soll
- das Erreichte meß- und beobachtbar, überprüfbar ist
- ein Termin genannt ist, bis wann das Ziel erreicht sein soll, wann Zwischenergebnisse vorliegen sollen
- eine verantwortliche Person genannt ist
- evtl. Randbedingungen angesprochen sind, z.B. maximale Investitionen, Zeitaufwand, zu vermeidende negative Konsequenzen, Ressourcen.

Ziele sollen für die Mitarbeitenden akzeptabel, hochgesteckt und realistisch sein. Wenn sie unerreichbar erscheinen, erzeugen sie Frust und Resignation. Unterfordern sie die Menschen, verfehlen sie ebenfalls ihre motivierende Wirkung. Die Kunst der Zielvereinbarung ist es, das Ziel genau so zu formulieren, daß es entsprechend den Qualifikationen der Betroffenen und den zur Verfügung stehenden Ressourcen gerade noch zu schaffen ist. Verheerend ist es, wenn die Ziele im nachhinein nach unten korrigiert werden müssen. Die Organisation macht sich damit gegenüber ihren Organisationsmitgliedern unglaubwürdig.

Ziele sind nicht zu verwechseln mit Stellen- oder Funktionsbeschreibungen oder Aufgaben- oder Tätigkeitsbeschreibungen. Diese beschreiben nicht, was erreicht werden soll, sondern ein Feld operativer Aktionen und Bedingungen zu ihrer Erfüllung. Hausbesuche z.B. sind kein Ziel, sondern eine Tätigkeit.

Führen durch Zielvereinbarung orientiert sich dagegen am gewünschten Ergebnis der Tätigkeit und überläßt die Art der Aufgabenerfüllung, das »Wie« soweit wie möglich den Mitarbeitern und Mitarbeiterinnen selbst. Allerdings müssen die für die Zielerreichung nötigen Ressourcen zur Verfügung gestellt werden, so z.B.: Finanzmittel, Personal bzw. Arbeitszeit, Räume, Medien, Kontakte, Kooperationspartner usw.

---

3. Wir veranschaulichen die Begriffe am Beispiel: Zielvorgabe quantitativer Art: 20 neue Mitglieder für die Kirche werben; aktional: durch persönliche Ansprache; qualitativ: auf der Basis von Kriterien aus Trainings zur Gesprächsführung; final: bis zum Datum (konkreten Termin nennen).

Wir wollen das an einem Beispiel verdeutlichen: Konkret könnte die Zielvorgabe für einen Mitarbeiter in der Jugendarbeit vereinbart werden, neue Zielgruppen zu erschließen. Hier muß genau benannt werden, an welche Zielgruppe gedacht wird, z.B.: Auszubildende oder Berufsschüler oder Arbeitslose. Und was soll »erschließen« heißen? Anschreiben oder Ansprechen über Medien? Oder Veranstaltungen mit diesen Jugendlichen? Oder Gewinnen ehrenamtlicher Mitarbeiter und Mitarbeiterinnen aus dieser Zielgruppe? In welcher Größenordnung? Bis wann soll das Ziel erreicht sein? Nachdem die Ziele präzisiert und geklärt sind, entscheidet der/die MitarbeiterIn in diesem Beispiel selbst, wie er/sie die Zielerreichung angeht und mit wem, ohne daß ihm/ihr der/die PfarrerIn hier Vorschriften macht. Nicht erst nach Ablauf des vereinbarten Zeitraums, z.B. von einem Jahr, überprüfen Vorgesetzte und Mitarbeiter gemeinsam, ob bzw. wie weit das Ziel erreicht wurde, was Ursachen für Erfolg oder Mißerfolg waren, welche Verbesserungsvorschläge es gibt usw. Eine Zielvereinbarung treffen heißt, frühzeitig und öfter zu controllen – in einem persönlichen Mitarbeitergespräch –, inwieweit die Ziele erreicht wurden und was zu tun bleibt, die verbleibenden Ziele anzugehen. Denn was nützen die besten Zielvereinbarungen, wenn sie nicht kontrolliert werden und dadurch unverbindlich bleiben wie so viele Absprachen in der Kirche? Es ist deshalb jeweils genau festzulegen, bis wann das Ergebnis erzielt sein soll (Datum nennen!).

Wie kann man nun mit unvorhergesehenen Entwicklungen umgehen? Es geht nur durch eine konsequente Prozeßorientierung. Hierzu ist es erforderlich, ein Frühwarnsystem einzubauen, wenn Probleme auftreten, die die Zielerreichung erschweren oder unmöglich werden lassen. So können wir z.B. mit den betreffenden Mitarbeitern und Mitarbeiterinnen verbindlich vereinbaren, daß sie von sich aus die Initiative ergreifen und alle anderen Beteiligten, insbesondere die Führungskraft, die die Zielerreichung kontrolliert, über Schwierigkeiten, unvorhergesehene Ereignisse und Probleme informieren, wenn sie nicht selbständig die Probleme lösen und das Vorgehen korrigieren können. In jedem Fall sollte man »Meilensteine« einplanen, Zeitpunkte, an denen gemeinsam Bilanz gezogen wird.

Wir unterscheiden z.B. zwischen qualitativen und quantitativen Zielen:
Quantitative Ziele können sich z.B. beziehen auf
Steigerung der Zahl der Gottesdienstbesucher
- ☐ Verringerung der Zahl der Kirchenaustritte, Gewinnen neuer Gemeindeglieder
- ☐ Steigerung der Zahl ehrenamtlicher Mitarbeiterinnen und Mitarbeiter
- ☐ Reduzierung der Sachkosten
- ☐ Reduzierung der Personalkosten
- ☐ Erhöhung des Spendenaufkommens
- ☐ etc.

Qualitative Ziele können sich z.B. beziehen auf
- ☐ Entwickeln neuer Gottesdienstformen
- ☐ Lösung eines Konfliktes, z.B. zwischen Haupt- und Ehrenamtlichen oder im Presbyterium
- ☐ Einführung von Zielvereinbarungsgesprächen in bestimmten/allen Arbeitsfeldern der Gemeinde

- ☐ Steigerung der Arbeitszufriedenheit, z.B. im Kindergarten
- ☐ Entwickeln eines neuen Gemeindebriefes
- ☐ Entwickeln eines Leitbildes für die Gemeinde / Akzeptanz des Leitbildes und Unterstützung bei allen Beschäftigten
- ☐ etc.

Qualitative Ziele an sich sind schwer meßbar. Deswegen müssen sie zusätzlich entweder quantifiziert oder die Zielerreichung muß terminiert sein, oder es müssen Beurteilungkriterien existieren (Woher wissen wir, daß wir das Ziel »Mitarbeiterzufriedenheit« erreicht haben?).
Im Bereich der Personalführung lassen sich dabei die folgenden Kategorien unterscheiden:

- ☐ Arbeitsziele, die das laufende Geschäft betreffen (z.B. etwas besser zu machen)
- ☐ Arbeitsziele, die über den gewohnten Rahmen hinausgehen und sich in Sonderaufträgen oder Projekten niederschlagen können (z.B. Kampagne mit Jugendlichen »Ohne uns sieht eure Kirche alt aus«)
- ☐ Entwicklungs- und Veränderungsziele, bezogen auf Gruppen und Organisationseinheiten (z.B. Verbesserung der Zusammenarbeit zwischen PfarrerIn und GottesdienstelferInnen, Qualifizierung der Ehrenamtlichen, Einführung in Zeitschriftengestaltung für Redaktionsgruppe des Gemeindebriefes ...)
- ☐ auf die Person bezogene Entwicklungsziele (z.B. Qualifizierung für das Leiten von Gruppen und für Sitzungsmanagement für die Leiterin der Kindertageseinrichtung, das Bearbeiten eines Konfliktes ...)
- ☐ etc.

<u>Zielvereinbarung ist weder das Diktat von Zielen</u> (»Der Pfarrer sagt, wo's langgeht«), <u>noch Basisdemokratie</u> (»Nur wir, die wir hier Flüchtlingsarbeit machen, wissen wo es langgeht, denn nur wir kennen unser Klientel, und wir lassen uns keine Vorschriften von oben machen«). <u>Zielvereinbarung bedeutet, daß Ziele und Prioritäten gemeinsam sorgfältig bedacht und auf ihre Realisierbarkeit hin untersucht werden, bevor man sie miteinander verbindlich festlegt.</u> Dabei ergeben sich die Ziele für einzelne Arbeitsfelder und Personen aus den definierten Gesamtzielen der Organisation, sind also bezogen auf ein größeres Ganzes als den eigenen, meist im Zentrum des Interesses stehenden Arbeitsbereich oder die Eigeninteressen der einzelnen Beschäftigten. Ziele müssen mit anderen Zielen kompatibel sein. Die Ziele des einzelnen müssen mit denen des Kollegen und der Kollegin so weit abgeglichen sein, daß keine Konflikte entstehen können. Wesentlich für das Vereinbaren von Zielen ist der Dialog. Nur eine offene, dialogorientierte Kommunikation, die Bereitschaft, aus Fehlern zu lernen, und eine problem- und prozeßorientierte Denk- und Arbeitsweise ermöglichen es, daß Mitarbeiter und Mitarbeiterinnen ihre Aufgaben eigenverantwortlich mit Blick auf das Ganze wahrnehmen. Es ist darauf zu achten,

- ☐ »daß Ziele wirklich verstanden und akzeptiert sind
- ☐ daß die Prioritäten richtig gesetzt und keine Zielkonflikte eingebaut sind
- ☐ daß nicht Ziele formuliert werden, ohne daß man sich über die notwendigen Mittel und Ressourcen Gedanken gemacht hat »

(Doppler/Lauterburg 1995, 218).

Bevor Sie Ziele mit Ihren haupt- oder ehrenamtlichen MitarbeiterInnen vereinbaren, üben Sie doch einmal mit sich selbst anhand der folgenden Reflexionshilfe. Ihre Ziele stehen idealerweise nicht isoliert nebeneinander, sondern aus den langfristigen ergeben sich die mittelfristigen und daraus die kurzfristigen. Beachten Sie auch, welche Ziele Ihnen besonders wichtig sind (primäre Ziele) und ob die Ziele miteinander vereinbar sind. Dies gilt insbesondere hinsichtlich der Verbindung von beruflichen und privaten Zielen, die wir im Sinne einer ganzheitlichen Betrachtung in das folgende Modell integrieren, obwohl uns bewußt ist, daß das Thematisieren der Privatsphäre in beruflichen Kontexten problematisch und angstbesetzt erscheint. Dies gilt bei kirchlichen Arbeitgebern vor allem, wenn eine Abweichung von den vorherrschenden christlichen Leitbildern von bürgerlicher Familie und Ehe angenommen wird.

Übung

Definieren Sie Ihre persönlichen Ziele		
Verschaffen Sie sich Zielklarheit und schreiben Sie alle beruflichen und privaten Ziele auf, die Sie kurz- (12 Monate), mittel- (5 Jahre) und langfristig (Karriereziele) erreichen wollen		
Meine beruflichen Ziele		
☐ Langfristig ☐ ☐	☐ Aktivitäten zur Zielerreichung ☐ ☐	☐ Bis wann erledigt? ☐ ☐
☐ mittelfristig (5 Jahre) ☐ ☐	☐ Aktivitäten zur Zielerreichung ☐ ☐	☐ Bis wann erledigt? ☐ ☐
☐ kurzfristig (in den nächsten 12 Monaten) ☐ ☐	☐ Aktivitäten zur Zielerreichung ☐ ☐	☐ Bis wann erledigt? ☐ ☐
Meine privaten Ziele (Welche privaten Ziele [Wunschbild für Gesundheit, Partnerschaft, Familie, Freunde, Sinn etc.] wollen Sie erreichen)		
☐ Langfristig ☐ ☐	☐ Aktivitäten zur Zielerreichung ☐ ☐	☐ Bis wann erledigt? ☐ ☐
☐ mittelfristig (5 Jahre) ☐ ☐	☐ Aktivitäten zur Zielerreichung ☐ ☐	☐ Bis wann erledigt? ☐ ☐
☐ kurzfristig (in den nächsten 12 Monaten) ☐ ☐	☐ Aktivitäten zur Zielerreichung ☐ ☐	☐ Bis wann erledigt? ☐ ☐

© Kienbaum Management Consultants GmbH

Das Mitarbeitergespräch

Zielvereinbarungen, wie wir sie zuvor dargestellt haben, finden ihren Niederschlag in regelmäßigen Mitarbeitergesprächen. Dieses Vorgehen trägt entscheidend dazu bei, ein vertrauensvolles Miteinander zu entwickeln. Es steht im Kontext einer lernenden Organisation, die gefordert ist, sich in tiefgreifend sich verändernden Rahmenbedingungen und schnellen Veränderungsprozessen immer wieder auf neue Situationen einzustellen. Mitarbeitergespräche finden anläßlich vieler Gegebenheiten statt. Das jährlich stattfindende »große« Mitarbeitergespräch, verstanden als Fördergespräch, ist eine Besonderheit. Es kann sinnvolle und notwendige Absprachen nicht ersetzen, sondern ergänzt sie wirkungsvoll. Deshalb soll es nicht mit aktuellen Konflikt- oder Kritikgesprächen verbunden werden. So wird verhindert, daß aktuelle Fragen die Erörterung der grundsätzlichen Arbeitssituation überlagern.

Im Fördergespräch werden Themen behandelt, die für eine eigenständige Ausübung der Aufgaben und die Zusammenarbeit mit den Führungskräften von grundsätzlicher Bedeutung sind: Die systematische Verbesserung der Arbeitsergebnisse, der Arbeitsatmosphäre und der Zusammenarbeit, kontinuierliche Motivation und Information, Zielvereinbarungen, Absprachen für die weitere Arbeit sowie die persönliche Entwicklung des Mitarbeiters und der Mitarbeiterin sind Schwerpunkte des Gesprächs.

Es trägt dazu bei, die in kirchlichen Zusammenhängen oft fehlende Klarheit darüber herzustellen, was von dem Mitarbeiter und der Mitarbeiterin eigentlich erwartet wird. Zum offenen Dialog gehört der wechselseitige Austausch über das Führungsverhalten. Auch der Vorgesetzte sollte wissen, welche Erwartungen Mitarbeiter an ihn richten und wie sein Führungsverhalten interpretiert und erlebt wird. Dieses Feedback ermöglicht ein Überprüfen der bisherigen Haltungen und Verhaltensweisen und kann eine Grundlage für sein Mitarbeitergespräch mit dem nächsthöheren Vorgesetzten liefern.

Das Mitarbeitergespräch setzt die Achtung vor dem Gesprächspartner und die Akzeptanz unterschiedlicher Meinungen voraus. Erfolgreiche Führungskräfte zeichnen sich dadurch aus, daß sie hohe Erwartungen in die Leistungsfähigkeit ihres Mitarbeiters und ihrer Mitarbeiterin haben. Sie behandeln sie nicht so, wie sie sind, sondern so, wie sie sein könnten, trauen ihnen also eine höhere Leistungsfähigkeit zu. Diese Kombination aus hohen Erwartungen und Vertrauen wirkt idealerweise als sich selbst erfüllende Prophezeiung (»Als-ob-Strategie«).

Vertrauen ist wesentlich. Deutliche Rückmeldungen sind unverzichtbare Bestandteile des Dialogs. Weil sie eine überwiegend subjektive Bewertung aus der Sicht des einzelnen Gesprächspartners darstellen, sollen sie sich um so mehr auf konkrete Sachverhalte, Verhaltens- oder Leistungsaspekte beziehen und an Beispielen erläutert werden. Inhaltlich bezieht sich das Mitarbeitergespräch sowohl auf die Aufgabenerfüllung (Führungsdimension initiating structures) als auch auf das Miteinander mit den Kollegen und Kolleginnen und den Vorgesetzten (consideration).

Für ein »großes« Mitarbeitergespräch setzt man ca. zwei bis drei Stunden an. Die Vereinbarungen werden schriftlich festgehalten und von den Gesprächspartnern, MitarbeiterInnen und dem Vorgesetzten unterzeichnet. Diese Schriftlichkeit entfällt bei anderen Mitarbeiterbesprechungen. Gleichwohl folgen alle Mitarbeitergespräche, dem jeweiligen Thema oder Anlaß angepaßt, der gleichen Struktur:
1. Kontaktaufnahme
2. Thema
3. Erörterung des Themas und Austausch von Informationen und Argumenten
4. Vereinbarung
5. Zusammenfassung der Ergebnisse

Die Führungskraft wird den Mitarbeiter und die Mitarbeiterin dabei nicht nur mit einer Informationseingabe konfrontieren, sondern über Fragen zu eigenen Äußerungen einladen, so daß ein offener Austausch von Meinungen und Argumenten stattfinden kann.

Entscheidend ist, daß – in der Regel die Führungskraft – die Gesprächsergebnisse am Ende zusammenfaßt. Das muß nicht heißen, daß jeweils ein gemeinsames Ergebnis erzielt wurde. Es ist dann aber erforderlich, den Stand der Diskussion, z.B. den Grad der Übereinstimmung und die noch offenen Differenzen, zu benennen und den nächsten Gesprächstermin verbindlich zu vereinbaren.

Obwohl sich das Gesprächsergebnis bei kooperativ führenden Vorgesetzten erst im gemeinsamen Austausch von Argumenten und Meinungen entwickelt, gibt es doch ein Machtgefälle in der Beziehung. Wenn letztlich keine Übereinstimmung erzielt werden kann, z.B. hinsichtlich der Ziele, der erforderlichen Arbeitsergebnisse oder der zur Verfügung stehenden Zeit, so kann die Führungskraft sich am Ende über die Meinung des Mitarbeiters hinwegsetzen und nach Abwägen aller Einwände anordnen. Das unterscheidet jedes Mitarbeitergespräch grundsätzlich von einem (seelsorgerlichen) Beratungsgespräch, in dem es um Klärungshilfe für den Betroffenen geht. Dieser Unterschied muß deutlich sein. Vor- und Nachteile des Anordnens müssen jeweils situativ sorgsam abgewogen werden. Im Sinne einer guten Kooperation ist es sicherlich das letzte Mittel.

Gesprächsvorbereitung und Leitfaden

Für das Fördergespräch haben beide Gesprächsseiten die Gelegenheit, sich sorgfältig vorzubereiten. Hierzu erhalten die Mitarbeiterinnen und Mitarbeiter in der Regel einen Gesprächsleitfaden, so daß sie sich auf die Fragen einstellen können. Alle Fragen sind beispielhaft zu verstehen und gelten nicht als vollständige Auflistung.

Wir raten davon ab, einen Standardgesprächsbogen aus Unternehmen der Wirtschaft auf kirchliche Beschäftigte zu übertragen. Die Anforderungsprofile für die Beschäftigten eines Unternehmens ergeben sich aus den Aufgaben der Organisation, ihren Zielen und Leitsätzen und werden für jede Organisation individuell erarbeitet. Die jeweils wichtigen Verhaltensfacetten sind durch Interviews und arbeitsanalytische Verfahren zu gewinnen. Erfahrungsgemäß findet man ca. 20 bis 30 relativ wichtige Verhaltenskomponenten (vgl. Kastner 1990, 270). Der Gesprächsbogen gilt als Diagnoseinstrument, mit dem im Gespräch gemeinsam erhoben wird, inwieweit der Mitarbeiter oder die Mitarbeiterin die jeweilige Dimension erfüllt. Der Gesprächsbogen ist dem Mitarbeiter und der Mitarbeiterin vor dem Gespräch bekannt, so daß sich jeder gut darauf vorbereiten und einstellen kann.

Kontakt und Eröffnung

Die Führungskraft stellt den Kontakt zum/r MitarbeiterIn und auch zum Gesprächsgegenstand her.[4] In allen Gesprächssituationen wird zunächst ein persönlicher Kontakt geknüpft. Er bildet die Grundlage für das weitere Gesprächsklima.
Eine eher kurze Gesprächseröffnung ist günstiger als längere Einstiegsreden, die den Eindruck erwecken, die Vorgesetzte rede um den »heißen Brei« herum. In Gesprächen, die aus der Sicht des Mitarbeiters und der Mitarbeiterin einen negativen Inhalt haben, wirkt sie unecht (Saul 1993, 35).

Empfehlungen zur Herstellung eines persönlichen Gesprächskontaktes

- ☐ Beginnen Sie immer positiv (auch bei solchen Mitarbeitergesprächen, deren Inhalt für den Mitarbeiter unangenehm ist).
- ☐ Halten Sie Blickkontakt.
- ☐ Sprechen Sie Ihre/n MitarbeiterIn mit Namen an.
- ☐ Zeigen Sie insbesondere dann deutlich Ihr persönliches Interesse am Gesprächsgegenstand, wenn es um ein Problem Ihres/r MitarbeiterIn geht.
- ☐ Vermitteln Sie Ihrem/r MitarbeiterIn das Gefühl, daß Sie ihn/sie in seiner/ihrer Individualität akzeptieren,
- ☐ indem Sie sich mit seinen/ihren Argumenten auseinandersetzen,
- ☐ indem Sie genügend Zeit für das Gespräch einplanen,
- ☐ indem Sie ihn/sie spüren lassen, daß Sie seine/ihre Anliegen ernst nehmen.
- ☐ Bringen Sie sich als Individuum mit Gefühlen, Wünschen usw. ins Gespräch ein,
- ☐ indem Sie eigene Gefühle aussprechen,
- ☐ indem Sie auf die Gefühle Ihres/r Mitarbeiters/in eingehen,
- ☐ indem Sie nicht perfekt erscheinen wollen und beispielsweise auch sagen, wenn Sie sich geirrt haben.

Empfehlungen zum Einstieg ins Thema

- ☐ Informieren Sie Ihre/n Mitarbeiter/in über den Gesprächsanlaß.
- ☐ Leiten Sie das Thema mit dem zentralen Punkt ein.
- ☐ Konkretisieren Sie den Gesprächsanlaß, indem Sie dem/r MitarbeiterIn den Gesprächsanlaß zeigen ...

4. Diese Reihenfolge entspricht unserem normalen Kommunikationsverhalten, denn zunächst sind wir immer an einer Person interessiert. Im Vordergrund steht deren Selbstoffenbarung (vgl. Schulz von Thun), uns interessiert »Was ist das für ein Mensch? Wie wird er sich heute verhalten?« Daran orientieren wir unser Verhalten. An zweiter Stelle interessiert uns der Sachaspekt: »Um was geht es? Was will er mir mitteilen, oder was will er von mir wissen?«

- ☐ Stellen Sie das gemeinsame Ziel heraus.
- ☐ Erklären Sie dem Mitarbeiter, welche Bedeutung das Thema für seinen Arbeitsbereich und für ihn persönlich hat.

(Quelle: Saul: Führen durch Kommunikation, Beltz Verlag, Weinheim und Basel, 3. Aufl. 1999, 36)

Gesprächsgestaltung

Die Führungskraft kann die Kenntnisse und Erfahrungen ihrer Mitarbeiter nur dann nutzen, wenn sie ihnen einen entsprechenden Gesprächsanteil einräumt. Doch das ist häufig nicht der Fall: Man hat herausgefunden, daß der Gesprächsverlauf im Mitarbeitergespräch zu 70 Prozent vom Vorgesetzten bestimmt wird. Mitarbeiter und Gesprächsgegenstand beeinflussen den Gesprächsverlauf dagegen nur zu 30 Prozent. Vorgesetzte beanspruchen in der Praxis einen erheblich größeren Gesprächsanteil für sich als erforderlich (Saul 1993, 27). Andererseits reproduzieren die Mitarbeiter und Mitarbeiterinnen diese Aufteilung und verhalten sich oft so, daß viele Freiräume für den Vorgesetzten entstehen, die er nutzt, wenn er Gesprächspausen füllt. Das dürfte vor allem im Umgang mit einem Teil der »alten« Ehrenamtlichen der Fall sein. Wir empfehlen daher, ertragen Sie auch Schweigen, das u.a. aus Verblüffung darüber entstehen kann, daß erstmals ein Gespräch zwischen zwei gleich wichtigen Personen geführt wird, wo doch sonst immer der Pfarrer wichtiger zu sein schien. Und überlassen Sie dem Mitarbeiter und der Mitarbeiterin immer da viel Raum zur Entwicklung und Darstellung von Gedanken und Aspekten, wo es von der Sache her stimmt: z.B. bei der Beschreibung der eigenen Aufgaben und Leistungen usw. Als Anknüpfungspunkte dienen sinnvoller weise immer die aktuelle Situation, z.B. die aktuelle Stellen- oder Aufgabenbeschreibung. Falls noch nicht vorhanden, sollten sie bis zum Mitarbeitergespräch erarbeitet werden.

Inhaltlich wird der Vorgesetzte eine Einordnung der Aufgaben in den Gesamtzusammenhang der Organisation vornehmen. Von Interesse sind die sich verändernden Rahmenbedingungen für das Aufgabengebiet (Innen- und Außenanforderungen) und sich abzeichnende Entwicklungen der Organisation und des Umfeldes. Dann geht es um die Reflexion der Arbeitssituation: Welche Aufgaben wurden bearbeitet? Welche Ziele wurden realisiert? Wie war die Qualität der Ausführung? Es geht hier auch um Ursachen, welche die Zielerreichung unterstützt oder beeinträchtigt haben. Mögliche Aspekte sind z.B.:

- ☐ Arbeitskonzept
- ☐ Identifikation mit der Organisation und ihren Zielen
- ☐ inhaltliche Fragestellungen
- ☐ fachliche Einarbeitung und Begleitung
- ☐ Arbeitsmittel und Arbeitsplatzgestaltung
- ☐ Aufgabenverteilung und Arbeitsorganisation
- ☐ Arbeitsklima
- ☐ Arbeitsbelastung
- ☐ persönliche Faktoren, z.B. Krankheit o.a.

- besondere Einflüsse, z.B. Gremienarbeit
- Persönliche und fachliche Fähigkeiten des Mitarbeiters und der Mitarbeiterin

Diese Aspekte werden dialogisch erarbeitet. Ein offenes Feedback ist Bestandteil des Gesprächs.

Feedback

Feedback ist in einer lernenden Organisation das entscheidende Mittel, um Lernprozesse lebendig zu erhalten. Dies wird jedem sofort einleuchten, wenn wir das sog. Johari-Fenster des Lernens betrachten.

	mir selbst bekannt	mir selbst unbekannt
anderen bekannt	**A: Öffentliche Personen** Verhalten und Motive sind mir bekannt und für andere ersichtlich.	**C: Blinder Fleck** Verhalten, das von anderen wahrgenommen wird, mir selbst aber nicht bewußt ist. Bereich des Verdrängten und der unbewußten Gewohnheiten.
anderen unbekannt	**B: Privatperson** Verhalten und Motive sind mir zwar bekannt, aber die anderen sollen sie nicht erfahren. Hier greifen die sog. Fassadentechniken.	**D: Unbewußtes** Es entzieht sich der Alltagskommunikation.

Abbildung 3: Johari-Fenster

Wir sehen hier vier Dimensionen, die unser Verhalten und unsere Kommunikation beeinflussen:
- Das Feld, das mir und meinem Gegenüber bekannt ist. Dies ist der explizite Inhalt der Kommunikation (A).
- Das Feld, das nur mir bekannt und meinem Gegenüber unbekannt ist und durch Fassadentechniken möglicherweise bewußt verdeckt werden soll (B).
- Das Feld, das mir unbekannt, meinem Gegenüber aber bekannt ist. Dies ist das Feld, das ich durch Feedback verkleinern kann zugunsten von mehr Bewußtheit über mich selbst (C).
- Das Feld, das mir und dem anderen unbekannt ist und sich jeder Alltagskommunikation entzieht (D).

Beim Geben und Annehmen von Feedback sollten einige Regeln berücksichtigt werden:

Günstige Formen von Feedback

- ☐ Geben Sie Feedback, wenn der andere es auch hören kann.
- ☐ Feedback soll so ausführlich und konkret wie möglich sein.
- ☐ Teilen Sie Ihre Wahrnehmung als Wahrnehmung, Ihre Vermutungen als Vermutungen und Ihre Gefühle als Gefühle mit.
- ☐ Feedback soll den anderen nicht analysieren.
- ☐ Feedback soll auch gerade positive Gefühle und Wahrnehmungen umfassen.
- ☐ Feedback soll umkehrbar sein.
- ☐ Feedback soll die Informationskapazität des anderen berücksichtigen.
- ☐ Feedback sollte sich auf begrenztes konkretes Verhalten beziehen.
- ☐ Feedback sollte möglichst unmittelbar erfolgen.
- ☐ Die Aufnahme von Feedback ist dann am günstigsten, wenn der Partner es sich wünscht.
- ☐ Sie sollten Feedback nur annehmen, wenn Sie dazu in der Lage sind.
- ☐ Wenn Sie Feedback annehmen, hören Sie zunächst nur ruhig zu.
- ☐ Feedback-Geben bedeutet, Informationen zu geben, und nicht, den anderen zu verändern.

(vgl. Schwäbisch / Siems 1974, 68ff.)

Informieren und Verstehen

Natürlich wird die Führungskraft ihre Sicht der Dinge z.B. im Feedback einbringen und dem Gesprächsgegenüber Informationen mitteilen. Hierbei kommt es darauf an, sich verständlich auszudrücken. Wir erwähnen deshalb die bekannten vier »Verständlichmacher« nach Schulz von Thun (Bd. 1, 1994):

Stimulanz	Formulieren Sie konkret und anschaulich. Bringen Sie Beispiele, verwenden Sie plastische Ausdrücke. Sprechen Sie eigene Gefühle aus und beziehen Sie Ihr Gegenüber in die Ausführungen ein.
Einfachheit	Bilden Sie kurze Sätze mit geläufigen Wörtern. Vermeiden Sie ungewohnte Fremdwörter. Verwenden Sie Tätigkeitswörter, und sprechen Sie möglichst in der Gegenwartsform.
Kürze, Prägnanz	Formulieren Sie möglichst klar und knapp, und konzentrieren Sie sich auf das Wesentliche.
Struktur, Gliederung	Als äußere Gliederung gilt das Gesprächsphasenkonzept, im Mitarbeitergespräch der Gesprächsleitfaden.

»Ich muß erst die Antwort hören, um zu wissen, was ich gesagt habe.« Dieser Satz stammt von dem Kybernetiker Norbert Wiener. Schließlich reicht es nicht aus, Informationen gut aufzubereiten und verständlich zu formulieren, denn der Sinn wird vom Empfänger gemacht. Sie sollten sich deshalb vergewissern, ob Ihr Gegenüber verstanden hat bzw. was es verstanden hat. Hierfür können Sie folgende Vorgehensweisen nutzen:

☐ Achten Sie auf nicht-sprachliche Rückmeldungen, auf die Mimik und Gestik des Gegenübers, wenn Sie sprechen. Woran merken Sie genau, wenn er / sie ein Problem hat, wenn etwas unangenehm ist, und wann zeigt sich diese Problemphysiologie im Gespräch?

☐ Stellen Sie Fragen, wenn Sie merken, daß etwas nicht stimmt. Stellen Sie offene Fragen, die das Gegenüber einladen, seine Sicht der Dinge zu schildern. Fragen Sie zum Beispiel direkt nach seinen Erfahrungen und Einschätzungen.

☐ Formulieren Sie so, daß Ihr Gegenüber zum Fragen angeregt wird, und machen Sie Sprechpausen, damit es Zeit hat, um eigene Worte zu finden und Gedanken zu entwickeln.

☐ Bei Meinungsverschiedenheiten sollten Sie immer prüfen, ob Sie über das gleiche Thema sprechen, indem Sie fragen, was Ihr Gegenüber unter dem Thema versteht.

☐ Fassen Sie das Gespräch zusammen, wenn Sie den Eindruck haben, daß Sie aneinander vorbeireden.

Hierbei hat sich das Spiegeln der Gesprächsinhalte (paraphrasieren: »Wenn ich Sie richtig verstanden habe ...«) und der wahrgenommenen Gefühle (z.B.: »Ich habe den Eindruck, es macht Ihnen etwas aus, daß ...) bewährt. Diese aus der klientenzentrierten Gesprächspsychotherapie stammende Methode zielt letztlich darauf ab, zunächst den Gesprächsinhalt des Gegenübers in eigenen Worten wiederzugeben, bevor man selbst seine Meinung formuliert. Sie gewährleistet, daß die Gesprächsbeteiligten inhaltlich nah beieinander bleiben und Mißverständnisse früh korrigiert werden können. Außerdem trägt die wertschätzende, den anderen akzeptierende und deutlich um »richtiges« Verständnis bemühte Methode zu einem sehr positiven Gesprächsklima bei.

Dieses Vorgehen unterstützt auch das Empfangen von Informationen. Führungskräfte benötigen zu ihrer eigenen Aufgabenerfüllung ständig Informationen ihrer Mitarbeiter und Mitarbeiterinnen. Informationen sind Ihnen nur dann zugänglich, wenn Sie zuhören, und zwar *aktiv*. »Zuhören ist besser als Sprechen. Fragen ist besser als Meinungen zu äußern« (Saul 1993, 44).

Am besten realisieren Sie aktives Zuhören in dem oben angesprochenen Gesprächsstil aus der klientenzentrierten Psychotherapie. Sie können die Wertschätzung der Informationen des Gegenübers auch zeigen, indem Sie z.B. Ihre eigenen Beiträge mit seinen verbinden, an sie anknüpfen und Ihre Argumentation auf ihnen aufbauen. Und außerdem können Sie direkt zu verstehen geben, daß Ihnen die Informationen wichtig sind und wofür Sie darauf angewiesen sind.

Überzeugen

Was können Sie tun, wenn Sie und Ihr Gesprächspartner oder Ihre Gesprächspartnerin z.B. hinsichtlich der Bewertung von Leistung unterschiedlicher Meinung sind? Das kann z.B. da auftreten, wo Sie in der Rolle des Dienstvorgesetzten wahrgenommen werden, der Sanktionen verteilt, anstatt gemeinsam Entwicklungmöglichkeiten zu eruieren und zu vereinbaren. Es kann auch da auftreten, wo z.B. ehrenamtliche MitarbeiterInnen ihre Arbeit für nicht so gewinnbringend und ihre Leistungen selbst für zu gering halten.

- ☐ Zeigen Sie Verständnis für die Argumente des/r MitarbeiterIn, auch wenn Sie nicht der gleichen Meinung sind. Jeder Mensch hat sinnvolle Gründe für seine Ansichten, die ökologisch, d.h. aus seinem jeweiligen persönlichen System heraus richtig sind.
- ☐ Wenn Widerspruch auftaucht, so heben Sie zunächst die Gemeinsamkeiten hervor.
- ☐ Bevor Sie gegen die Ansichten Ihres Gegenübers argumentieren, spiegeln Sie seine Ansichten zuerst in eigenen Worten wider.
- ☐ Fragen Sie nach Begründungen und Hintergründen.
- ☐ Äußern Sie Ich-Botschaften, vermeiden Sie Interpretationen, doch wenn Sie es tun, so kennzeichnen Sie sie als solche (»Ich vermute ...«).
- ☐ Sprechen Sie so mit Ihrem Mitarbeiter, wie auch er mit Ihnen sprechen könnte, ohne die Regeln des Taktes zu verletzen.

(vgl. Saul 1993, 44)
Sicherlich verstärken Sie Ihre Überzeugungskraft, wenn Sie selbst von Ihren eigenen Aussagen überzeugt sind und dies auch zum Ausdruck bringen. Menschen sind außerdem eher bereit, sich an anderen zu orientieren, wenn sie die anderen als sympathisch und das Gesprächsklima als angenehm erleben. Sie können das unterstützen, indem Sie z.B. auf Gemeinsamkeiten hinsichtlich Ihres Auftretens oder Ihrer Kleidung oder Ihrer Wortwahl achten. Besonders wirkungsvoll ist es, wenn Sie eine Nutzenargumentation verfolgen. Sie sollten sich auf Einwände des Gegenübers einstellen und sie argumentativ in Ihr Vorgehen einbeziehen können. Und ziehen Sie immer wieder in Betracht, daß Widerstände Ihres Mitarbeiters und Ihrer Mitarbeiterin lediglich eine Reaktion auf Ihr eigenes Verhalten sein können. Eine wesentliche Voraussetzung dafür, überzeugen zu können, ist die Fähigkeit, sich in die Lage der anderen Seite hineinversetzen zu können. Dies sollten Sie bei jeder Gelegenheit üben.

Kritik

Zu den sensibelsten Aspekten eines Mitarbeitergespräches gehört die Kritik. Wir sind es selten gewohnt, offen und fair auch unangenehme Dinge gegenüber einer Person auszusprechen, mit der wir in einem Abhängigkeitsverhältnis stehen. Häufig findet sich hier die Ursache für Konflikte: Zeitnahes Feedback wurde versäumt, Störungen nicht rechtzeitig angemeldet. Wir stellen Ihnen eine Methode vor, mit der Sie Ihrem Gegenüber fair Feedback über kritische Sachverhalte geben und es mit Ihren eigenen Wünschen konfrontieren können:

Konfrontationsformel

1. Einleitung, Gesprächseröffnung und Kontaktaufnahme
2. Wahrnehmung: »Klinisch reine« Schilderung des Verhaltens Ihrer Mitarbeiter; senden Sie unbedingt Ich-Botschaften: »Ich habe gehört, gesehen, wahrgenommen, daß Sie in letzter Zeit oft zu spät gekommen sind.«
3. Interpretation: Hier können Sie nun Ihre Vermutungen, sogar Unterstellungen äußern, unter der Voraussetzung, daß Sie diese über Ich-Botschaften als solche markieren: »Ich vermute, daß Sie ... Ich habe den Eindruck ... Mir scheint ...«
4. Gefühl: Äußern Sie nun Ihr Gefühl: »Das ärgert mich ... Ich zweifle ... Ich hoffe.«
5. Wunsch, Appell: »Ich erwarte von Ihnen ... Ich wünsche mir/Ihnen ... Ich möchte, daß ...« Auch hier formulieren Sie wieder explizite Ich-Botschaften anstelle der so gern gewählten indirekten Appelle (z.B. »Es wäre wünschenswert, wenn ...«).

Indirekte Appelle können zahlreiche Begründungen haben:
- Das eigene (Gesprächs)Ziel ist nicht bekannt.
- Es wird befürchtet, über eine offene Bitte eine Schwäche zuzugestehen oder eine Abhängigkeit zu dokumentieren (Selbstoffenbarungsangst).
- Angst, daß die Bitte zurückgewiesen wird.
- Man befürchtet, daß dem Gegenüber der Mut zum »nein« fehlt.
- Man möchte die Freiwilligkeit des anderen nicht einschränken.

Über allgemein menschliche Begründungen hinaus trägt die Organisationskultur der Kirche das ihre dazu bei: Die Leitvorstellung von der Gemeinschaft von Brüdern und Schwestern verführt dazu, anzunehmen, daß – wie in einer Familie – eigentlich alle wissen müßten, was erforderlich ist. Offene Forderungen sind verpönt.

Die *Konfrontationsformel* bedient alle Aspekte der Kommunikation, die in dem Kommunikationsmodell von Schulz von Thun (Schulz von Thun 1994, adaptiert im *Talk-Modell* von Neuberger 1992) enthalten sind:

1. Die Tatsachenseite der Nachricht in der Schilderung des konkreten Sachverhaltes
2. Die Möglichkeit zu Beziehungsaussagen in der Äußerung von Vermutungen über Hintergründe des beobachteten Verhaltens
3. Die Selbstoffenbarungsseite in der Mitteilung von Gefühlen
4. Den Appell in der direkten Äußerung eines Wunsches oder einer Erwartung.

Sie sollten bei der Rückmeldung eines Sachverhaltes diese »Formel« zunächst bis zum vierten Schritt verbalisieren und dann Ihr Gegenüber zur eigenen Meinungsäußerung einladen: »Was ist Ihre Meinung dazu?« Der Appell kann auch in einer Erwartung an eine gemeinsamen Problemlösung münden: »Ich möchte gerne, daß wir das Problem gemeinsam lösen. Wie kann das Ihrer Meinung nach geschehen?«

In jedem Fall wird sich, wenn Sie die Formel in eine Frage an Ihr Gegenüber ausklingen lassen, eine Diskussion, ein Austausch von Ansichten und Argumenten ergeben. Das Gegenüber hat dabei die Möglichkeit, an mehreren Stellen korrigierend gegenzusteuern:

- Die Wahrnehmung mag falsch oder unvollständig sein. Die konfrontierende Führungskraft muß z.B. akzeptieren, etwas übersehen, nicht gewußt zu haben.

☐ Die Interpretation mag falsch sein. Zwar hat die Führungskraft ein Verhalten bei einem Mitarbeiter richtig beobachtet, aber die Vermutung über die eventuellen Hintergründe ist verkehrt: Zwar gibt es einen Konflikt mit einem anderen Mitarbeiter in der Erwachsenenbildung, dies aber nicht aufgrund von fehlender Sympathie, sondern weil Zuständigkeiten nicht geklärt sind.

☐ Das Gefühl ist subjektive Wahrheit. Man kann über alles verhandeln, nur nicht darüber, daß das Gegenüber ein bestimmtes Gefühl nicht haben darf. Es ist nicht möglich zu verlangen: »Sie sollen sich nicht über mich ärgern.« Allerdings liegt ein besonderer Lerneffekt darin, zu erfahren, welche Gefühle ein bestimmtes Verhalten (z.B. die Vermeidung offener Konfrontation) bei dem anderen auslöst. Das Gegenüber hat hier nur die Möglichkeit, Bedauern über den eingetretenen Effekt zu äußern und sich zu entschuldigen: »Es tut mir leid.« Das verändert die Einstellung des konfrontierenden Gegenübers ebenfalls.

☐ Das Gegenüber hat die Freiheit, den Wunsch des anderen abzulehnen. Diese Freiheit hat im Grunde auch jeder Mitarbeiter und jede Mitarbeiterin, wenn die Bereitschaft vorhanden ist, mögliche Konsequenzen zu tragen. Zwar kann der Mitarbeiter oder die Mitarbeiterin mit der Wahrnehmung des Sachverhaltes übereinstimmen (»Ja, ich habe ein Problem mit dem Kollegen X«), ebenso mit der Interpretation des Vorgesetzten (»Es ist richtig, daß wir uns nicht sympathisch sind«). Aber dem Appell muß die betreffende Person nicht zustimmen (»Aber ich werde kein Klärungsgespräch mit ihm führen«), und sie kann eine Alternative ins Spiel bringen (»Ich möchte statt dessen nicht weiter in einer Arbeitsgruppe mit ihm arbeiten«).

Für die sich anschließende Diskussion sollten Sie bedenken, daß die Überzeugungskraft Ihrer Argumente nicht nur von den vorgetragenen Fakten abhängt. Seitenweise korrekte Statistiken über die Benachteiligung von Frauen in der Kirche bewirken z.B. nichts, wenn diese Argumente vom Gegenüber nicht als bedeutsam eingeschätzt werden. Was zählt, ist nicht die Richtigkeit von Argumenten, sondern deren Bedeutsamkeit für das Gegenüber.

Beenden des Gesprächs

Es ist selbstverständlich, daß Sie das Unangenehme nicht erst am Ende des Gespräches behandeln. Sie verbauen sich sonst den Weg in einen positiven Abschluß.
Wie am Ende jeder anderen Mitarbeiterbesprechung auch, fassen Sie die Ergebnisse zusammen.
Die im Mitarbeitergespräch[5] getroffenen Vereinbarungen müssen unbedingt schriftlich festgehalten werden. Die Ergebnisse werden von beiden, dem Mitarbeiter bzw. der Mitarbeiterin und dem/r Vorgesetzten, unterschrieben und sind damit verbindlich für beide Seiten. Soweit das sachbezogene Vorgehen. Was aber gilt als Gesprächserfolg?

---

5. hier das sog. große Mitarbeitergespräch, auch Zielvereinbarungs- oder Fördergespräch, das ca. einmal jährlich stattfindet

Als Kriterien gelten die folgenden Aspekte:
- ☐ Das Ergebnis des Gesprächs: Stimmen beide Seiten mit dem Gesprächsergebnis überein?
- ☐ Die Atmosphäre: War die Stimmung von beiderseitiger Akzeptanz, Wertschätzung und Verständnis geprägt? Vertrauten sich die Gesprächspartner? War der Vorgesetzte glaubwürdig, und deckte sich sein Gesprächsverhalten mit seinen Äußerungen? War der/die MitarbeiterIn ehrlich und konfrontierte den Vorgesetzten offen mit Problemen in der Arbeit oder in seinem Führungsverhalten?
- ☐ Der Prozeß: Kamen die wesentlichen Punkte zur Sprache? War genügend Zeit vorhanden? Ließ der/die Vorgesetzte seinem Gegenüber genügend Redezeit und Einflußnahme, und entsprach die Steuerung des Gesprächsverlaufs den Bedürfnissen des Gegenübers und dem Sachverhalt?

Das Entlaßgespräch

Auch kirchliche Arbeitgeber müssen wegen der Zusammenlegung von Arbeitsbereichen, dem Abbau von Doppelstrukturen und der Verschlankung von Leitung Stellen abbauen. Man spricht in der Wirtschaft ungern von Outplacement, einem Bündel von Maßnahmen zur Freisetzung von Beschäftigten (insbesondere Führungskräften) durch Entlassung, Kündigung, Vorruhestand oder interne Umsetzung. Wir wollen diesen Begriff nicht nur auf Führungskräfte bezogen wissen, weil wir, wenn es erforderlich ist, eine faire Trennung für alle Beschäftigten erwarten. Die notwendigen Schritte sind für alle Beteiligten konflikthaft und von z.T. heftigen Emotionen begleitet. Darin mag eine Ursache dafür zu finden sein, daß man sich mit diesem Instrument des Personalmanagements nicht bewußt auseinandersetzt. Hinzu kommt, daß eine im Normalfall verbeamtete Führungsebene in der Kirche bisher selbst nie Erfahrungen mit einem ungewollten Verlust des Arbeitsplatzes gemacht hat und diesem Geschehen weitgehend unvorbereitet und hilflos gegenübersteht.

Doch die Schäden, die entstehen, wenn eine Trennung nicht gut gelingt, sind nicht nur für die Betroffenen groß: Die bleibenden Arbeitskräfte können ihr Vertrauen in die Zukunft der Organisation verlieren und ihre Loyalität aufkündigen. In Unternehmen, in denen nur auf Stellenabbau gesetzt wird, ist diese Gefahr gegeben, wenn »Verschlankung« oder »Abbau von Doppelstrukturen« nicht eingebettet ist in das Gesamtkonzept eines kontinuierlichen Umwandlungsprozesses. Die weiter Beschäftigten entwickeln Mißtrauen gegenüber ihren Führungskräften und beklagen sich darüber, daß sie die Arbeit der Entlassenen mitmachen müssen.

Für die Betroffenen selbst entsteht eine konflikthafte Diskrepanz zwischen den persönlichen und durch die Organisation zum Teil lange genährten Erwartungen und der nun eintretenden Realität. Je positiver die bisherige Entwicklung in der Organisation zu sein schien bzw. je länger ein Gewährenlassen in Arbeitsfeldern, die weder finanziell rentabel sind noch zum Kerngeschäft gehören, desto höher ist die Erwartungshaltung der Betroffenen und um so höher nun das Konfliktpotential. Die Situation wird zu einem Trauma, das neben den zweifellos meist schlimmen Folgen für die einzelnen auch »hausgemacht« ist, wenn die Verleugnung von Konflikten das kirchliche Organisationsklima prägt.

Trennungsphasen

Die Erfahrung, den Arbeitsplatz zu verlieren, zählt zu den schmerzhaftesten Erfahrungen im Berufsleben. Unsicherheit und Zukunftsängste bestimmen das Befinden und Verhalten der Betroffenen über lange Zeit. Hinzu kommen in der Folge oft noch persönliche und familiäre Probleme.
Viele Menschen verspüren das Bedürfnis, den Verlust ihres Arbeitsplatzes intensiv zu betrauern. Der Trauerprozeß verläuft in Phasen (vgl. Kets de Vries 1996, 8):
- In der ersten Phase erlebt der Mensch Verwirrung und Benommenheit, unterbrochen von Panikgefühlen und Wutausbrüchen. Jeder Versuch, diese Gefühle zu unterdrücken, wird die Probleme nur vergrößern, denn die Menschen brauchen Zeit, um ihre Situation zu verarbeiten.
- Diese Phase wird allmählich abgelöst von einer Phase, die als Sehnsucht und Suche nach dem Verlorenen verstanden werden kann. Diese Periode kann mehrere Monate dauern. Bei manchen wird sie zu einem Leugnen der neuen Realität führen. Andere Reaktionen sind tiefe Selbstzweifel und Verunsicherung darüber, ob man überhaupt noch eine Stelle finden kann, Selbstvorwürfe und Traurigkeit. Auch wenn die Gründe für den Stellenabbau völlig außerhalb der Betroffenen liegen, suchen sie nun die Schuld am Geschehen bei sich selbst.
- Erst in einer dritten Phase sind die Betroffenen in der Lage, die neue Situation schrittweise anzunehmen. Sie vollziehen einen Prozeß der Selbstprüfung und gehen daran, eine Neudefinition oder sogar Neuschöpfung vorzunehmen. Langsam keimt Hoffnung auf, und Alternativen werden möglich. Die Neuorientierung auf die Zukunft und eine proaktive Haltung sind das Ergebnis dieser Wandlung. Letztlich ist es die Hoffnung auf eine neue, aufregende Zukunft, die die Entwicklung der betroffenen Menschen vorantreibt.

Allerdings ist nicht jeder Mensch in der Lage, diese Phasen zu durchlaufen. Manche geraten in eine Sackgasse und können den Zyklus nicht vollständig durchleben. Solche Menschen leugnen weiterhin die Realität und klammern sich an die Vergangenheit.

Unterstützende Aspekte

Durch offene Kommunikation läßt sich die schwierige Situation besser in den Griff bekommen. Wir beziehen uns zunächst auf die Sachebene: Die Betroffenen sollen die Gründe für die Trennung rational nachvollziehen können. Das beinhaltet, daß ihnen im voraus die Entwicklungen und Perspektiven ihres Arbeitsfeldes durch offene Information bekannt sein müssen, daß man ihnen also nichts vorgemacht hat über die finanzielle und personelle Situation ihrer Einrichtung. Hier geschehen häufig schon Fehler aus falsch verstandener Rücksichtnahme. Sollten die Gründe auf Leistungsschwächen oder andere mit den einzelnen zusammenhängende Faktoren im psychosozialen Bereich zurückzuführen sein, so ist auch hier ein rechtzeitiges und offenes Gespräch erforderlich. Vorherige regelmäßige Mitarbeitergespräche lassen die Trennungssituation plausibler erscheinen, als wenn einem Mitarbeiter im Kündigungsgespräch erstmals eine negative Rückmeldung gegeben wird. In einem solchen Fall hat die Führungskraft versagt.

Doch die sachliche Einordnung und Verarbeitung der Hintergründe ist nicht alles. Es muß gelingen, die Trennung auch emotional bewältigen zu können. Zu einer fairen Trennung zählt, sich der emotionalen Seite dieses Prozesses bewußt zu sein und sie in die Überlegungen mit einzubeziehen. Eine Trennung kann nicht fair sein, wenn die Betroffenen sich mißverstanden oder gar betrogen fühlen, und doch wird es häufig so sein. Denn eine Trennung beinhaltet immer das Eingeständnis eines Scheiterns.

Das Verhalten der Führungskraft spielt in diesem Kontext eine wichtige Rolle. Der Konflikt zwischen der Einsicht in die Notwendigkeit des Stellenabbaus einerseits und der Fürsorgepflicht für die Betroffenen andererseits führt häufig zu einer ungeschickten »Abwicklung« des sensiblen Themas.

»Oft werden alte Verfehlungen summiert, um ein möglichst massives Argumentationsbündel für die Richtigkeit der Kündigung zu haben. Auf der anderen Seite glauben die für eine Trennung Zuständigen, es sei das Beste, es kurz und bündig zu machen. Häufig wird eine Kündigung auch durch Maßnahmen gegen den Mitarbeiter über einen längeren Zeitraum vorbereitet (...). Führungskräfte, die üblicherweise großen Wert auf Kommunikation und Kooperation legen, zeigen sich in solchen Situationen vielleicht aus Unsicherheit und Nervosität häufig distanziert, kühl und barsch. Führungskräfte, die sonst prägnant und zielorientiert argumentieren, drücken sich plötzlich diffus und unpräzise aus, und solche, die normalerweise die Distanz zwischen Führungskraft und Mitarbeiter befürworten, solidarisieren sich plötzlich mit dem betroffenen Mitarbeiter« (Fritz 1989).

In der Praxis ist es mit der rational nachvollziehbaren Begründung für die Betroffenen oft nicht weit her, erst recht nicht mit einer gründlichen Vorbereitung des Gespräches. Das Vermeiden einer klaren Aussage, eine Atmosphäre des Nicht-Verstehens oder Rechtfertigungen auf beiden Seiten, die keiner Seite helfen, führen dann zu Rechtfertigungsdruck.

Und oft wird wichtige Zeit vertan, weil die Führungskräfte uneindeutig und ausweichend kommunizieren und die Betroffenen lange Zeit über die Sachlage im Unklaren lassen, und das kann schlimme Folgen haben. Angestellte, die ihre drohende Entlassung durch Leugnen der Situation zu bewältigen suchen, unternehmen keine ernsthaften Versuche zur Veränderung, wenn sie nicht frühzeitig eindeutige Warnsignale erhalten. Sie reagieren dann auf das Trennungsgespräch völlig unvorbereitet.

Die Möglichkeiten der Führungskraft, dem/r Betroffenen konkrete Hilfe bei der Bewältigung seiner/ihrer Situation anzubieten, sind leider begrenzt. Sie ist in den Konflikt als Beteiligte und (aus Sicht des/r Betroffenen) Verursacherin zu stark involviert, um als neutrale Beraterin oder Begleiterin agieren zu können. Doch gerade eine neutrale Unterstützung jenseits des Arbeitgebers wäre eine große Hilfe für die Betroffenen in Phasen beruflicher und persönlicher Umbrüche.

Leitfragen zur Klärung von Maßnahmen bei der Trennung

- ☐ Ist eine Trennung zwingend notwendig?
- ☐ Sind alle möglichen Alternativen sorgfältig abgeklärt?
- ☐ Was sind die Gründe für die beabsichtigte Freisetzung? Gibt es Gründe, die für alle Beteiligten nachvollziehbar sind, die alle mittragen können?
- ☐ Welche Begründung für die beabsichtigte Trennung ist davon ableitbar?
- ☐ Wie ist der bisherige Werdegang des/r Betroffenen einzuschätzen? Wo liegen seine/ihre Stärken? Wie sehen seine/ihre Marktchancen aus?
- ☐ Gibt es Möglichkeiten, ihn/sie an anderer Stelle bei einem kirchlichen Arbeitgeber einzusetzen?
- ☐ Kann er/sie einem anderen Arbeitgeber empfohlen werden?
- ☐ Was wird dem/r Betroffenen zu sagen sein?
- ☐ Wer wird den/die Betroffene/n in welcher Weise informieren?
- ☐ Wer spricht die beabsichtigte Trennung an? Ist diese Person für diese Aufgaben entsprechend vorbereitet?
- ☐ Mit welchen emotionalen Reaktionen ist zu rechnen? Könnten hier größere Probleme auftreten?
- ☐ Welche Rolle spielen der familiäre und private Hintergrund des/r Betroffenen?
- ☐ Welche individuelle Regelung ist im Rahmen eines Aufhebungsvertrages vorgesehen?
- ☐ Wie lange wird der Trennungsprozeß voraussichtlich dauern, und wie wird man in dieser Zeit miteinander umgehen?
- ☐ Kann der/die MitarbeiterIn weiterhin seine Aufgabe wahrnehmen? Ist eine Freistellung erforderlich oder günstig?
- ☐ Mit welchen Reaktionen ist innerbetrieblich und außerbetrieblich zu rechnen?
- ☐ Wer gibt auf Anfrage Stellungnahmen ab? Wer steht als Referenz zur Verfügung?
- ☐ Sind juristische oder sonstige Verwicklungen zu befürchten? Wen ziehe ich zur juristischen Beratung hinzu?
- ☐ Welches Datum für eine Beendigung des Arbeitsverhältnisses ergibt sich aus dem Arbeitsvertrag? Kann von diesem Datum abgewichen werden? Gibt es eine Möglichkeit, die Kündigungslaufzeit eventuell zu verlängern oder den Zeitpunkt des Ausscheidens ganz offen zu lassen?

(nach Fritz 1989, 51f.)

Selbstmanagement

Führung der eigenen Person

Einführung

Selbst- oder Persönlichkeitsmanagement meint »das selbstbestimmte Ausüben von Leitungsfunktionen in bezug auf die eigene Person und das eigene Lebensumfeld mit der Zielsetzung, die eigene Persönlichkeit zu stärken und von unnötigen Fremdbestimmtheiten frei zu halten« (Linneweh / Hofmann 1995, 75). Dies schließt ein, sich selbst und die eigenen Lebensumstände so zu organisieren, daß unvermeidbaren Belastungssituationen des beruflichen wie privaten Alltags mit mehr Gelassenheit begegnet und die eigene Lebensenergie sinnvoll und mit Freude eingesetzt werden kann.

Unter Selbstmanagement verstehen wir also »eine Arbeits- und Lebenstechnik, sich selbst so zu führen und zu organisieren ..., daß man Erfolg hat. Das Ziel ist, mehr aus sich zu machen, sein Leben bewußt zu steuern (Selbstbestimmung) und weniger Spielball der Arbeits- und Lebensverhältnisse anderer (Fremdbestimmung) zu sein« (Seifert 1995, 9). Dabei geht es allerdings nicht nur um eine Technik, sondern darum, Ziele »auf der Grundlage eines soliden Wertesystems zu erreichen« (Timm 1995, 9).

Selbstmanagement ist ein ganzheitlicher und lebenslanger Prozeß des Lernens und der Veränderungsbereitschaft, der sich gleichermaßen auf Körper, Geist und Seele bezieht. Wir möchten den Begriff Selbstmanagement in den größeren Zusammenhang der *Personal Mastery* stellen. Personal Mastery geht über Kompetenz und Fachwissen im engeren Sinne hinaus, obwohl sie darauf aufbaut. Es geht nicht um Macht, die über Menschen oder Dinge ausgeübt wird, sondern um einen bestimmten Grad an Professionalität.

»Personal Mastery bedeutet, daß man an das Leben herangeht wie an ein schöpferisches Werk und daß man eine kreative im Gegensatz zu einer reaktiven Lebensauffassung vertritt« (Senge 1996, 173).

Es geht u.a. darum, stets zu klären, was uns im Leben wirklich wichtig ist, und zu lernen, hierauf die Zeit zu verwenden. Gemeint ist die Fähigkeit, sich auf seine tiefsten intrinsischen Bedürfnisse zu konzentrieren. Hier ist zu lernen, die Realität deutlicher wahrzunehmen und damit auch die Spannung zwischen Ist- und Soll-Zustand, die kreative Spannung, die dadurch entsteht, in unserem Leben zu schaffen und zu erhalten. »Es bedeutet, daß wir unsere Wahrnehmung ständig erweitern ...« (Senge 1996, 195).

Personal Mastery geht über individuelle Bedürfnisse und Ziele hinaus, denn es gehört die Bereitschaft dazu, »alle erforderlichen Mittel in die Erschaffung einer Umwelt zu investieren, die es den MitarbeiterInnen ermöglicht, einen hochwertigen Beitrag zu leisten« (Senge u.a. 1997, 231). Personal Mastery ist eine Option für alle, die ihre Organisation ändern möchten, aber von ihrer Position aus wenig bewirken zu können glauben. Dagegen hat man immer die Möglichkeit – als Individuum –, seine persönliche Entwicklung voranzutreiben (Senge u.a. 1997, 233).

Der individuelle Selbstmanagementprozeß gliedert sich in folgende Schritte (vgl. Linneweh / Hofmann 1995, 77ff.):

1. *Standortbestimmung*: Wer bin ich, und wo stehe ich jetzt? Was habe ich erreicht? Womit bin ich zufrieden, und was bleibt auf der Strecke, wird auf später verschoben?
2. *Formulierung eines realistischen Zielkatalogs:* Wie möchte ich in Zukunft leben und arbeiten? Was will ich verändern? Welche Prioritäten will ich setzen?
3. *Entwickeln von Strategien zur persönlichen Zielerreichung:* Welche Schritte sind notwendig, damit meine Lebensvorstellungen Realität werden? Wie lassen sich diese Schritte in meinen Alltag integrieren? Wer und was könnte mir bei der Verwirklichung helfen, und wie kann ich diese Hilfen aktivieren?
4. *Realisierung der geplanten Veränderung*: Hier ist darauf zu achten, sich nicht zu überfordern, denn Selbstmanagement besteht aus vielen kleinen Schritten ein Leben lang, aus Fort- und Rückschritten, wobei Mißerfolge sich nicht immer vermeiden lassen. Entscheidend ist nicht Perfektion, sondern daß die Richtung der Veränderung beibehalten wird.
5. *Erneute Standortbestimmung*: Was habe ich erreicht? Welche Auswirkungen haben die Veränderungen für mich selbst und für meine Familie? Was könnte ich weiter verändern oder verbessern?

Umgang mit Belastungen und Streß

Selbstmanagement ist im Kontext einer lernenden Organisation zu verstehen. Doch was passiert, wenn wenig passiert, wenn die Führungskräfte der Gemeinde, Pfarrerinnen und Pfarrer, Selbstmanagement nicht anwenden? Hier wollen wir mögliche Konsequenzen für die einzelnen Betroffenen aufzeigen.

Burnout als besonderes Streßphänomen

Pfarrer und Pfarrerinnen reden vielfach von Überlastung. Ihr Arbeitsjahr zählt nach eigener Darstellung 365 Tage. Ihr Arbeitstag wirkt grenzenlos, selbst an Wochenenden und abends sind sie im Einsatz oder abrufbar. Wegen der z.T. hohen Identifikation mit ihrer seelsorglichen Aufgabe fällt es ihnen schwer, »nein« zu sagen. Es erscheint ungewöhnlich, daß sie feste Sprechstunden einrichten. Zeitplanung lehnen viele ab, weil sie überzeugt sind, sie wegen der Unvorhersagbarkeit von Ereignissen, wie z.B. Beerdigungen und Notfällen, nicht durchhalten zu können. Im Ergebnis wurschtelt man sich durch die vielfältigen und vielen Anforderungen des Alltags hindurch, ohne zu wissen, was am Ende des Tages eigentlich geschafft ist, ob man seinen Zielen näher gekommen ist oder ob Wichtiges unerledigt geblieben ist. Bei verstärktem Einsatz und fehlenden Pausen und Ruhephasen entsteht mit der Zeit ein Gefühl innerer Leere, das auf Burnout hinweist.

Burnout ist eine spezielle Streßsymptomatik, von der insbesondere Menschen in helfenden Berufen, aber auch Führungskräfte, insbesondere auf der mittleren Ebene, betroffen sind. Neben Lehrern, Sozialarbeitern, medizinischem Personal und Ehrenamtlichen (!) wurde das Burnout-Phänomen in mehreren Untersuchungen auch bei Pfarrern festgestellt (Burisch 1994, 15). Es beinhaltet u.a., daß sich die affektiven Beziehungen, die positiven Empfindungen wie Sympathie und Achtung zu Vorgesetzten, Kollegen und Mitarbeitern und zur Klientel verschlechtern. Sie gehören einerseits zur Berufsrolle helfender und seelsorglicher Berufe, andererseits können sie ohne sofortige Sanktionen verlorengehen. Hier führt der Verlust des Interesses gegenüber den Rat suchenden Menschen, der Verlust des Einfühlungsvermögens und der positiven Gefühle zu besonderen Problemen bei »professionellen Helfern«. Wenn diese Hingewandtheit zu Menschen Bestandteil der Berufsrolle ist, dann kann ihr Fehlen die Bedrohung der beruflichen Identität bedeuten. Verschiedene Untersuchungen zeigen, daß Rollenkonflikte und Unklarheit in der Vielzahl von Rollen, die das soziale und berufliche Leben ausmachen, einen Entstehungsschlüssel von Burnout liefern können.

Zu dessen Symptomen zählen
- Erschöpfung
- Depersonalisation
- Verringerte Leistungsfähigkeit

(Savicki & Cooley in Burisch 1994, 12).

Im Zentrum des Burnout stehen vielfach Ziele, Wünsche und Bedürfnisse, die entweder gar nicht oder nur unter Zurückdrängen vieler anderer Ziele zu realisieren sind. Diese Ziele sind bei engagierten Helfern oft unrealistisch und zu hoch und beziehen sich neben der eigentlichen beruflichen Aufgabe auf die Veränderung der Gesellschaft, der Psychiatrie, der Kirche etc. Dienstanweisungen für Pfarrer und Pfarrerinnen können wegen des allumfassenden Aufgabenkatalogs die Selbstüberforderung der Betroffenen nähren. Bei dem Versuch, das Erwartete oder Erstrebte dennoch zu erreichen, werden die Anstrengungen immer verzweifelter (Lösung erster Ordnung). Wenn die Kraftreserven verbraucht sind, tritt schließlich ein Erschöpfungszustand ein, und dennoch scheint den Betroffenen das Aufgeben der Ziele ebenso unmöglich zu sein wie ihre Erreichung.

Burnout ist ein Prozeß mit regelhaften Phasen (Paine in Burisch 1994, 11; Freudenberger/North 1994, 120ff.). Um den Einstieg in diesen Prozeß zu erkennen, müssen wir zwischen Wunsch und Zwang, sich zu beweisen, unterscheiden. Am Anfang steht der Zwang, sich trotz unrealistischer Zielsetzungen und überzogener Erwartungen im Beruf beweisen zu müssen (Stadium 1). Kennzeichnend für den weiteren Verlauf ist eine unrealistische Einschätzung der eigenen Möglichkeiten im Hinblick auf die

hochgesteckten Ziele, ein zwanghaftes Festhalten an diesen Erwartungen (Stadium 2) unter Mißachtung der eigenen Bedürfnisse z.B. nach Ruhe- und Erholungsphasen, nach Schlaf, nach sozialer Unterstützung u.a. (Stadium 3). Interventionen aus der Umwelt, z.B. Bemühungen aus der Familie und von Freunden, selbst von Kollegen, werden abgeblockt mit der Vorstellung, daß alle diese Menschen keine Ahnung von den Aufgaben und beruflichen Anforderungen des Betroffenen hätten. Das Denken kreist nur noch um den Beruf, und das Erleben des Nachlassens der Leistungsfähigkeit und der Freude an der Arbeit, das Erleben von Mißerfolg und Konflikten führt zur Verdrängung und Verleugnung dieser Problematik (Stadium 4). Es folgt eine Umdeutung von Werten; so können z.B. Geselligkeit und Familie völlig in den Hintergrund treten zugunsten von beruflichem Erfolg und Anerkennung (Stadium 5). Je weniger die an Verhaltensänderungen feststellbare Persönlichkeitsveränderung des Betroffenen in seinem sozialen Umfeld auf Akzeptanz stößt, desto mehr verleugnet er die Probleme (Stadium 6) und zieht sich zurück. Einsamkeitsgefühle und Isolation sind die Folgen (Stadium 7). Es kommt zu weiteren beobachtbaren Verhaltensänderungen, z.B. Aggressivität, vermehrter Alkoholkonsum, Leistungsausfälle (Stadium 8). Damit verbunden ist der Verlust des Gefühls für den Wert der eigenen Persönlichkeit (Stadium 9) und das Gefühl der inneren Leere (Stadium 10). Dieser Zyklus gipfelt schlimmstenfalls in Depression (Stadium 11) und völligem Zusammenbruch, so daß dem Betroffenen hier nur noch der Ausweg in klinische und therapeutische oder psychiatrische Behandlung bleibt (Stadium 12).
Andererseits sind in allen Phasen des Prozesses Ausstiege möglich. Dies setzt aber voraus, daß der Betroffene Bereitschaft zum Umdenken entwickelt und seine momentane Lebensart grundsätzlich überdenkt. Fragen nach den ureigenen Visionen, Werten, Zielen und Bedürfnissen (siehe S. 42) helfen, das Leben anders auszurichten. Eine weitere Voraussetzung ist, daß der Betroffene seine eigenen (Leistungs-) Grenzen anerkennt, Hinweise aus seinem Umfeld ernst und Hilfe in Anspruch nimmt. Gerade diese Voraussetzung scheint aber mit der Pfarrerrolle wenig kompatibel zu sein, die in ein organisationales Umfeld gebettet ist, das den Pfarrer, die Pfarrerin eher in der Berufsrolle eines »Einzelkämpfers« als eines kooperativen Teamspielers beschreibt.

Innere Kündigung als Reaktion

Eine weitere Reaktionsweise auf das Erfolgsversagen im Beruf, z.B. aufgrund falscher oder überhöhter Erwartungen, ist die innere Kündigung. Sie ist die stille, mentale Verweigerung engagierter Leistung (Krystek u.a. 1995). Da sie sich ebenso wie Burnout als lautloser Prozeß vollzieht, ist sie für die Betroffenen, für andere und Vorgesetzte schwer zu erkennen. Die folgenden Symptome können auf innere Kündigung hinweisen, wenn jemand
☐ kein Interesse mehr an Auseinandersetzungen hat
☐ zum typischen Jasager geworden ist
☐ stets bei der Mehrheit zu finden ist

- ☐ keine Vorschläge und keine Kritik mehr bringt
- ☐ zum angepaßten Konformisten geworden ist
- ☐ Chefentscheidungen gar nicht oder nur zustimmend kommentiert
- ☐ seine Kompetenz nicht mehr ausschöpft
- ☐ Eingriffe in seinen Kompetenzbereich gelassen hinnimmt
- ☐ keine Karriereinteressen mehr hat
- ☐ sich beim Auftreten zurückhält
- ☐ sehr angenehm im Umgang ist
- ☐ zunehmend wegen Familie und Krankheit fehlt.

Als Ursachen gelten auf der individuellen Ebene u.a.:
- ☐ geringe oder nachlassende Identifikation mit dem Beruf
- ☐ unrealistische Erwartungen an die berufliche Entwicklung
- ☐ Überschätzen der eigenen Leistung
- ☐ zu hochgesteckte Ziele
- ☐ Defizite bei der individuellen Lebensplanung
- ☐ falsche Berufswahl
- ☐ fehlende Konflikt- und Problemlösefähigkeit.

Fehlende fachliche Anerkennung und soziale Unterstützung, Gruppenkonflikte und unkollegiales Verhalten wirken als weitere Verursacher und Verstärker.

Innere Kündigung ist ein erschreckend weit verbreitetes Phänomen in deutschen Unternehmen, insbesondere auch bei Führungskräften (Krystek u.a.1995). Konkrete Zahlen liegen uns aus dem kirchlichen Bereich nicht vor, aus unserer Beratungspraxis registrieren wir allerdings, daß das Phänomen bei dieser Zielgruppe häufig auftritt.

Folgendermaßen können Lösungsansätze aussehen:
- ☐ Kontinuierliche Mitarbeitergespräche
- ☐ Mitarbeitergespräche in kritischen Laufbahnphasen und realistisches Darstellen möglicher Karriereperspektiven
- ☐ Eine vertrauensbasierte Unternehmenskultur
- ☐ Verstärkte Sinnvermittlung und verstärkte Anerkennung für die Mitarbeiter
- ☐ Veränderung des Selbstverständnisses der Vorgesetzten; Selbsthinterfragung
- ☐ Regelmäßige Teilnahme der Vorgesetzten an Führungsseminaren und Supervision
- ☐ Einrichtung Kreativität fördernder, kleiner Organisationseinheiten
- ☐ Flexible Arbeitszeiten
- ☐ Psychologische Unterstützung der Betroffenen
- ☐ Verbesserung des Entlohnungssystems und nicht-monetäre Anreize, wie z.B. Prozesse der qualitativen Arbeitsanreicherung

Auf individueller Ebene und in der Verantwortung jedes einzelnen gilt Selbstmanagement als präventive Maßnahme.

Auslöser und Folgen von Streß

Was ist eigentlich Streß? Wenn Sie die Frage beantworten, was das Leben ohne Streß ausmachen würde, werden Sie sicherlich zu einer ambivalenten Einschätzung des Themas Streß kommen. Es scheint nicht darum zu gehen, den Streß abzuschaffen, weil er ausschließlich als negatives, Angst auslösendes Ereignis erlebt wird, sondern ein Leben ohne Streß erscheint uns auch als langweilig, wenig herausfordernd und uninteressant. Die Streßforschung der 60er Jahre spricht von den Begriffen Distreß (= negativer Erregungszustand) und Eustreß (= positiver Erregungszustand) (Vester 1993, 49f). Wenn wir heute von Streß reden, denken wir meistens an Distreß mit seinen negativen Folgen. Hier ist das Verhältnis zwischen den Kapazitäten des Organismus und den ihn treffenden Belastungen aus dem Gleichgewicht geraten. Es besteht ein Ungleichgewicht von Zielen, die der Mensch verfolgt, und den Möglichkeiten, die ihm dafür zur Verfügung stehen. Das Streßgeschehen folgt dabei (nach Lazarus, vgl. Regnet 97) folgendem Schema:

1. Eine bestimmte Situation wird subjektiv als bedrohlich eingeschätzt, z.B. Termindruck. Oder es besteht ein starker Anreizwert dieser Situation, z.B. um eine bestimmte Position zu erreichen oder aufgrund von außergewöhnlicher Leistung eine besondere Anerkennung zu erhalten.
2. Nun wird die eigene Handlungsfähigkeit eingeschätzt: Kann ich das überhaupt? Kann ich die Situation so regulieren, gestalten und kontrollieren, daß ich mit den Anforderungen fertig werde?
3. Wenn diese evtl. unbewußten Fragen negativ beantwortet werden, kommt es zum Streßempfinden.

Als zentrales Bewertungskriterium für Streß erweist sich die eigene Handlungsfähigkeit und Kontrollmöglichkeit der Situation. Eigene Kontrolle gilt als wesentliche Ressource bei der Streßbewältigung, unabhängig davon, ob der Handlungsspielraum wirklich ausgenutzt wird. Allein das Wissen darum, daß die betreffende Person selbst die Situation beeinflussen kann (»daß ich die Brocken hinwerfen kann«), wirkt streßreduzierend.

Die organisationspsychologische Forschung hat eine Vielzahl von Faktoren benannt, die im allgemeinen Streß auslösen. Dabei liegt der Akzent auf Belastungen im psychosozialen und organisationalen Umfeld der Beschäftigten, hier einige Beispiele. Streßbedingungen können gegeben sein durch:

- ☐ Verantwortungsdruck
- ☐ unklare, widersprüchliche Aufträge
- ☐ Zeit- und Termindruck
- ☐ Unterforderung qualitativer wie quantitativer Art
- ☐ Überforderung, qualitativ wie quantitativ
- ☐ Störungen und Arbeitsunterbrechungen
- ☐ Konflikte mit Vorgesetzten und KollegInnen
- ☐ Arbeitsplatzunsicherheit
- ☐ fehlende Partizipationsmöglichkeiten
- ☐ schlechtes Führungsverhalten und schlechte Informationspolitik
- ☐ u.v.m.

Bei Führungskräften ist zusätzlich auf besondere Belastungen durch Rollenprobleme hinzuweisen (Streich 1995, 83ff.). Insbesondere die sogenannte Sandwichposition des Mittelmanagements, das als Puffer zwischen den zugeordneten MitarbeiterInnen und hierarchisch höhergestellten Vorgesetzten steht, gilt als belastend und konfliktär. Dies gilt analog für Gemeindepfarrer. Hinzu kommen, z.B. als zusätzliche Streßauslöser bzw. -verstärker (vgl. Rühle 1995, 107):

☐ **Konzeptionsloser Arbeitsstil**	Fehlende Ziele, Prioritäten, Planung und Konsequenz bei Umsetzung der Ziele
☐ **Mangelnde Schreibtischorganisation**	Unordnung am Arbeitsplatz, Suche von Unterlagen, Vergessen von Terminen und Zusagen
☐ **Fehlende Motivation**	Aufschieben unangenehmer Arbeiten, Lustlosigkeit, Beschäftigung mit Nebensächlichkeiten
☐ **Probleme mit der persönlichen Leistungskurve**	Anlaufprobleme und Konzentrationsstörungen
☐ **Mangelnde / mangelhafte Delegation**	Ungenaue Aufgabenstellung an die MitarbeiterIn, kein Unterbinden von Rückdelegationsversuchen
☐ **Inkonsequentes Verhalten**	eigenes Mitteilungsbedürfnis, Ablenkungsbereitschaft, inkonsequente Gesprächsführung, Flucht in Sozialkontakte, bestimmte persönliche Eigenheiten: Unfähigkeit, »nein« zu sagen, Perfektionismus

Letztlich besagen Untersuchungsergebnisse über Stressoren in der Arbeitswelt nicht viel über das individuelle und konkrete Empfinden bzw. die individuellen Bewältigungsstrategien. Denn was als Streß definiert wird, ist subjektive Wahrheit und abhängig von der eigenen Lerngeschichte, von vorausgegangenen Streßerfahrungen. Abgesehen von einigen grundlegenden neuronalen Reizverarbeitungen (z.B. spontane Reaktion auf einen Knall) ist Streß auch ein gedankliches Konstrukt, da Reize aus der Umgebung (Stressoren) vom Menschen interpretiert und mit bisherigen Lernerfahrungen abgeglichen werden. Nur so ist z.B. erklärbar, warum Lärm in der Regel auf alle Menschen belastend wirkt und Streßsymptome auslöst, nicht aber z.B. auf eine Gruppe von Arbeitern, die aus dem Maschinenlärm einen Informationsgehalt über den Zustand der von ihr zu wartenden Maschinen entnimmt. Nur so ist auch erklärbar, daß allein Gedanken – unabhängig von einem aktuell in der Umgebung auffindbaren Stressor – Streß auslösen können, z.B. bestimmte Gedanken an Mißerfolg und Versagen, etwa bei Prüfungen oder öffentlichen Auftritten. Mit einem katastrophisierenden Denken setzen Menschen sich unter permanenten Streß.
Aus diesen Überlegungen ergeben sich bereits Ansatzpunkte der Streßbewältigung, so z.B. kognitive Strategien, die auf eine Uminterpretation der belastenden Situation zielen. Belastungen können etwa als Herausforderungen und Lernchancen wahrgenommen werden.

Auch negativer Streß führt nicht zwangsweise zu Leistungsausfällen, Krankheiten oder dem Burnout als spezieller Symptomatik. Wir wissen, daß der natürliche Streßmechanismus unseren Organismus über Ausschüttung von Streßhormonen in einen Zustand versetzt, der ihn optimal auf die beiden Handlungsalternativen Angriff oder Flucht vorbereitet, Aktivitäten also, die den Einsatz enormer Körperkraft beinhalten. Der Streßzyklus endet mit einer Ruhephase nach Einsatz dieser Körperkraft. So wird schnell klar, unter welchen Bedingungen Streß zu Gesundheitsschädigungen führen kann: Wir aktivieren zwar die Streßhormone in unserem Körper und das damit verbundene physiologische Geschehen, aber wir agieren die freigesetzte Energie nicht durch Einsatz von Körperkraft ab. Außerdem gönnen wir uns zu wenig Ruhepausen. Andererseits werden hier wieder Ansatzpunkte der Streßreduktion deutlich, d.h. körperliche Aktivität, z.B. Sport, und Erholungspausen.

Streßbewältigung

Da sich Streß nun einmal nicht völlig vermeiden läßt, kann es nur darum gehen, mit ihm adäquat umgehen zu lernen. Hierbei stehen uns grundsätzlich zwei Bewältigungsstrategien (sog. Coping) zur Verfügung:

Problembezogene Strategie Ziel: Lösung des Problems	**Emotionsbezogene Strategie** Ziel: Regulierung der Emotion
☐ Änderung der Arbeitsstrategie ☐ Erwerb neuer Kompetenzen ☐ Konfliktgespräche ☐ Anforderung von Hilfe ☐ Problemlösung	☐ Neudefinition der Situation ☐ Änderung des Anspruchsniveaus ☐ Entspannung ☐ Positives Denken ☐ Humor ☐ Sich ablenken (Eustreß)

Beide Strategien sind grundsätzlich hilfreich und nützlich, nur ist zu entscheiden, wann welches Vorgehen sinnvollerweise zur Anwendung kommen soll. Zum Streßgeschehen gehört oft eine ineffektive Fixierung auf die problembezogene Vorgehensweise, ohne daß die eigenen Problemlösemöglichkeiten realistisch eingeschätzt werden. Die Strategie zeitweise zu wechseln und dadurch Abstand zur belastenden Situation zu finden, erweist sich dann als guter Ausweg.
Als Entlastungsfaktoren (vgl. Ressourcen bei Udris / Frese 1988, 435ff.) gelten:
- ☐ *situationsbezogene*: Kontrolle, Autonomie, Gestaltungsspielraum, wobei bereits das Wissen darum streßreduzierend wirkt
- ☐ *soziale Unterstützungssysteme*: Familie, KollegInnen, Freunde, Vorgesetzte
- ☐ *personenbezogene*: Gesundheit, gute berufliche Qualifikation und Problemlösefähigkeiten, innere Gelassenheit und die Fähigkeit zu entspannen
- ☐ *technische*: PC, ergonomisch sinnvoller Arbeitsplatz u.a.

Die folgenden allgemeinen Empfehlungen sollen Ihnen als Anregung dienen:

Selbstverantwortung

Übernehmen Sie die Verantwortung für sich selbst! Sehen Sie Streß als Herausforderung, und bemitleiden Sie sich nicht. Sie sind nicht Gefangener Ihres Schicksals. Bejahen Sie den Streß, denn Leben und Leistung sind ohne Streß nicht möglich. Flucht vor Streß ist keine Bewältigung, sondern führt eher zu neuem Streß. Versuchen Sie, Distreß umzugestalten oder zu reduzieren. Der größte Teil der negativ empfundenen Belastung ist meist selbst verursacht.

Selbstbestimmung

Realisieren Sie, soweit wie möglich, selbstbestimmte Ziele. Nehmen Sie, wenn es Ihnen möglich ist, nur Aufgaben an, die herausfordernd, befriedigend und für Sie selbst persönlich wertvoll sind. Trainieren Sie Ihre Fähigkeit zur Selbstmotivation, indem Sie Ihre eigenen Wünsche, Bedürfnisse und Gefühle ausdrücken. Überprüfen Sie Ihre bisherigen Zielsetzungen. Übersteigerte Ansprüche und unrealistische Ziele sind ständige Ursachen für Streß. Versuchen Sie, Mißerfolg, Krisen und Konflikte zur geistigen Neubestimmung zu nutzen.

Bewußt handeln

Tun Sie, was Sie tun, überzeugt. Leben Sie im Augenblick und trainieren Sie Ihre Genußfähigkeit und Wahrnehmungsfähigkeit. Genießen Sie, ohne ein schlechtes Gewissen zu haben. Verteilen Sie Ihre Kraft auf verschiedene Lebensaktivitäten, nicht nur einseitig auf Ihr Amt, und grenzen Sie die Bereiche voneinander ab.

Positives Denken

Es klingt banal, doch wir empfehlen: Denken Sie positiv. Oft werden Situationen unter Streß überbewertet. Man vergeudet seine Energie damit, sich darüber zu ängstigen, was alles passieren könnte. Machen Sie eine Liste mit den positiven Aspekten der Situation. Beunruhigen Sie sich nicht schon vor dem Eintreten eventuell belastender Situationen, sondern stellen Sie dem Streß lohnende Ziele und positive Ereignisse gegenüber. Entwickeln Sie Sinn für Humor und lachen Sie über sich selbst, über »Gott und die Welt«.

Bewußte Entspannung

Der natürliche Rhythmus des Körpers ist: Arbeit – Ruhe – Arbeit – Ruhe ... Sorgen Sie also dafür, daß Sie Pausen machen. Entscheidend ist nicht die Länge der Pause, sondern daß Sie überhaupt *bewußt* eine Pause machen. Sie unterstützen dies durch den Einsatz einer Entspannungsübung (ca. 15 Minuten). Pausen, Mittagszeiten und der Urlaub sollten »streßfreie« Zeiten sein. Sie sind dazu da, sich vom Problem zu entfernen und auszuruhen. Yoga, Meditation, Autogenes Training oder Progressive Muskelentspannung sind Hilfstechniken für eine tiefe Entspannung. Durch ihren geringen Aufwand bei der Anwendung sind das Autogene Training und die Progressive Muskelentspannung hervorragend geeignet, auch während der Arbeit bzw. in den »Pausen« eine Vertiefung der Entspannung herbeizuführen.

Der Atem ist darüber hinaus eine Brücke vom Bewußtsein in tiefere vegetative Entspannung, weil er sowohl bewußt gesteuert werden kann als auch unbewußt passiert. Unter Streß ändert sich die Atmung als erstes; andererseits ist die Atmung auch als erstes kontrollierbar. Achten Sie daher auf Ihren Atem und gewöhnen Sie sich an, langsam und regelmäßig zu atmen, dadurch entspannen Sie sich. Sie reduzieren das Streßniveau.

Wirkliche Entspannung ist eine erlernbare Fähigkeit, die jedem stets als Hilfsmittel zur Verfügung steht: Entspannung kehrt die körperlichen Effekte des Stresses um und läßt den Menschen sich besser fühlen, besser denken und mehr leisten. Generell lassen sich bestimmte Bedingungen festmachen, die Voraussetzung für eine tiefe und wohltuende Entspannung sind z.B.:

- Ruhige Umgebung
  Nur wenige Menschen können bei Lärm und Unruhe geistig entspannen. Suchen Sie sich deshalb zumindest für den Anfang einen ruhigen und möglichst störungsfreien Platz.
- Bequeme Körperhaltung
  Es gibt keine allgemein gültige Körperhaltung, um sich besonders gut entspannen zu können. Wichtig ist allein, keine Muskelgruppe zu verspannen!
- Innere Zustimmung
  Geistige Entspannung bedeutet, in sich zu gehen! Ziel dieser Betrachtung ist, zu sich selbst zu finden. Dazu bereit zu sein, ist die Grundvoraussetzung!

Bewußte Entspannung wird ergänzt durch bewußte Freizeitgestaltung, durch Hobbys und die Pflege vielfältiger erfreulicher Begebenheiten im Alltag.

Bewußte Anspannung

Der bewußten Entspannung stehen die bewußte Anspannung und aktive Streßbewältigung gegenüber. Es ist unzweifelhaft, daß Sie Streß besser bewältigen, wenn Sie körperlich gut in Form sind. Um in Form zu kommen oder zu bleiben, brauchen Sie ein regelmäßiges Bewegungsprogramm. Dazu wird empfohlen, wenigstens dreimal in der Woche durch körperliche Anstrengung außer Atem zu geraten und richtig zu schwitzen.

Der körperliche Abbau des Affektstaus wird durch ein systematisches sportliches Training erreicht. Wählen Sie sich eine Sportart, die Ihnen Spaß macht und achten Sie darauf, sich nicht zu überfordern, denn übersteigerte sportliche Leistungsansprüche erzeugen erneuten Streß.

Aktive Lebensführung heißt aber auch Vermeidung gesundheitlicher Risiken durch gesunde Ernährung, Vermeiden von Nikotin und Alkohol. Ernährungsexperten sind sich darüber einig, daß weniger gesättigte Fette, mehr ballaststoffhaltige Kost, weniger Kalorien, mehr stärkehaltige Nahrungsmittel und weniger Cholesterin eine gesunde

Ernährung fördern. Koffein, Nikotin und konzentrierter Zucker erhöhen das Streßniveau. Achten Sie deshalb auf Ihre Eß-, Trink- und Rauchgewohnheiten.

Positive Umwelt

Schaffen Sie sich eine streßfreie Umgebung. Die Auswirkungen einer durch Streß belasteten Umwelt hängen im Beruf wesentlich von zwischenmenschlichen Beziehungen, vom praktizierten Führungsverhalten und vom Betriebsklima ab. Man kann zu einer positiveren Umwelt beitragen, indem man seinen Mitmenschen mehr Sympathie entgegenbringt. Betrachten Sie die Probleme im sozialen Bereich auch aus der Perspektive der anderen. Hilfreich kann es sein, weniger zu reden, mehr zuzuhören, zu beobachten und die Meinungen anderer zu tolerieren. Es geht aber auch darum, eigene Bedürfnisse und Wünsche zu formulieren (siehe S. 51) und Regeln gegenseitigen Respekts zu vereinbaren. Bei der Auswahl sozialer Kontakte sollte man Beziehungen herstellen, die stärkend und hilfreich sind.

Streßfreie Arbeitsorganisation

Hier gilt die Devise: agieren statt reagieren. Streß entsteht vor allem im reaktiven Zeitstreß. Bewahren Sie sich eine gut ausgewogene und herausfordernde Arbeitsmenge. Wer dauernd Zeitdruck erfährt, sollte versuchen, aktiv zu planen, weniger wichtige Dinge zu delegieren und Zeitpuffer einzuplanen. Überlastungen und Krisen werden durch Zeiten des Aufatmens und der Erholung ausgeglichen. Ein voller Schreibtisch zeugt von schlechter Arbeitsorganisation. Versuchen Sie, störungsfreie Zonen und Zeiten einzurichten.

Distanz und Gelassenheit

Sorgen Sie für Ruhe- und Rückzugszonen. Streß wird dadurch verstärkt, daß die notwendige Distanz zu Aufgaben und Menschen verlorengeht. Setzen Sie Grenzen, z.B. zwischen Beruf, Familie und Freizeit, und markieren Sie diese Grenzen durch einen Wechsel der Orte oder der Kleidung, und reservieren Sie Zeiten für jeden dieser sozialen Orte. Man sollte den Mut finden, sich einmal in der Woche den Anforderungen aus Beruf, Familie und Freizeit zu entziehen, denn die vielen unterschiedlichen Rollenerwartungen verhindern sonst die eigene Standortbestimmung. Selbstbesinnung und das Zurückfinden zu sich selbst sind notwendige Voraussetzungen zur Streßbewältigung.

Freude und Erfolgserlebnisse

Sorgen Sie für positive Erlebnisse und Freude. Finden Sie Freude auch an einfachen Selbstverständlichkeiten. Positive Erlebnisse erhöhen ebenso wie körperliche Fitneß die Streßtoleranz. Notieren Sie zum Üben die positiven Erlebnisse des Tages in einem Tagebuch.

Techniken zur Streßreduktion

Die folgende Übersicht über verschiedene Bewältigungs- und Entspannungstechniken dient als Anregung. Beim Anwenden und Ausprobieren verschiedener Entspannungstechniken ist zu berücksichtigen, daß nicht jede der Techniken für jeden Menschen adäquat ist. Es gibt Menschen, die beim autogenen Training oder mit einer Phantasiereise nicht zur Ruhe kommen, aber mit der progressiven Muskelentspannung oder einer Bewegungsmeditation gut entspannen können. Im übrigen zeigt sich die Wirkung solcher Techniken erst nach einer Zeit regelmäßigen Übens, schon etwa nach drei Wochen.

Was?	Wie?	Wofür?	Kommentar
kontrollierte Abreaktion	*Körperlich:* Treppen steigen, Spazierengehen, Sport *Emotional:* An ungestörtem Ort laut schimpfen, ausweinen bei Vertrauten, Tagebuch schreiben	Verbrauch der vom Körper bereitgestellten Energie, Abreagieren eines Gefühlsstaus	
Positive Selbstgespräche	*Umstrukturierung:* Suchen neuer Blickwinkel, Umdeuten von Aufgaben als Chancen. *Bewältigen:* Sich gedanklich zu ruhigem Verhalten anregen. *Ermuntern:* Sich loben für das Erreichte	Mit Selbstgesprächen lenkt man seine Aufmerksamkeit. Man konzentriert sich auf das, was man als nächstes tun kann, anstatt auf die Möglichkeit zu scheitern.	Bremsen der momentanen Erregung. Gute Vorbereitung für eine langfristige Einstellungsänderung
Wahrnehmungslenkung	*Äußerlich:* Spaziergang machen. Musik hören o.a. *Innerlich:* Konzentration auf etwas Angenehmes	Ablenkung läßt Belastung kurzzeitig vergessen.	Nötig ist ein Umfeld, das nicht an Streß erinnert. Die Methode versagt bei zu starker Anspannung.
Autogenes Training	Durch Selbstsuggestion wird jeder Körperteil entspannt. Man spricht in Gedanken Übungsformeln, die sich auf Ruhe, Schwere und Wärme beziehen, Empfindungen, die intensiv mit Entspannung erlebt werden.	Entspannung und Linderung von Angst, Vorbereitung auf positive Selbstinstruktionen	Nach Übung intensive Entspannung nach drei bis fünf Minuten möglich. Das Training dauert zwei Monate, wobei sich nach drei Wochen die ersten positiven Effekte einstellen. Es wirkt nur, wenn es der Anwender bejaht.
Biofeedback	Sensoren zeigen Pulsfrequenz, Muskelspannung, Hautfeuchtigkeit o.a. auf und stellen sie per Bildschirm o.a. dar. Der Anwender lernt, die Körperfunktionen zu beeinflussen.	Entspannung soll nach 15 Trainingsstunden auch ohne Apparaturen möglich sein.	Sehr effektives, aber umständliches Verfahren zur Entspannung
Meditation	Meist aufrecht sitzend, konzentriert sich der Meditierende je nach Schule auf ein Klangwort, auf seine Atmung, auf Musik oder Stille, ein Bild, einen Gegenstand oder auf seine Bewegungen (Yoga, Tai Chi u.a.)	Der Geist wird leer, und das Bewußtsein kommt dadurch in einen Zustand höherer Aufmerksamkeit. Körperliche Entspannung und größere Ruhe sind Nebeneffekte.	Bei regelmäßiger Anwendung sind Gelassenheit und Entspannung zu erreichen, außerdem bessere Leistung und Kreativität. Es ist ein Lehrer erforderlich, um die Technik zu erlernen.

Feldenkrais	Bewußtes Experimentieren mit alltäglichen Bewegungsabläufen, wobei vor allem auf eine Kombination von Atmung und Bewegung geachtet wird.	Konzentration auf natürliche Bewegungsabläufe, dadurch treten Ruhe und Entspannung als Nebeneffekte ein.	Weniger aufwendige, einfache Bewegungsmuster bilden sich spontan und führen zu Erleichterung.
Progressive Muskelentspannung	Anspannen der Muskelgruppen nach einem bestimmten Ablaufplan für etwa sechs Sekunden und anschließende Entspannung etwa 15 – 20 Sekunden bei bewußter Konzentration auf den Wechsel von Anspannung und Entspannung	Bewußte Wahrnehmung des Wechsels zwischen Anspannung und Entspannung	Ungeeignet bei Neurosen oder Depressionen. Richtig eingeübt, bewirkt das Verfahren Lockerung der Muskeln, Linderung bei Rückenschmerzen und Schlafstörungen, bessere Durchblutung.
Atemtechnik	Durch verschiedene Techniken konzentriert sich der Übende auf seine Atmung, etwa durch gedachte oder gesprochene Worte beim Ausatmen oder die gezielte Einatmung in Bauch oder Brust.	Die Übungen bringen bewußtes Handeln, vegetatives System und emotionalen Antrieb in Einklang.	Atemübungen sind schnell zu erlernen, zuverlässig und risikoarm. Vorsicht bei Hyperventilation (man merkt sie an einem Kribbeln in den Fingerspitzen oder Schwindel), dann Augen öffnen und normal weiteratmen.
Streß-Impfung	Belastende Situationen werden im Training simuliert und mit vorher eingeübten Techniken bewußt bewältigt. Man steigert die Problematik bis zu einer realistischen Streßdosis.	Mit einer Mischung aus Übung und Gewöhnung wird erreicht, daß der Streß auf ein erträgliches Maß im Erleben reduziert wird.	Nur mit Hilfe von außen erreichbar (Verhaltenstherapie)
Systematische Problemlösung	Probleme werden nach einem vorgegebenen Raster gelöst: genaue Beschreibung, Zieldefinition, Suche nach Lösungen, Bewertung und Auswahl, Handlungsplan, Umsetzung, Erfolgskontrolle.	Aufgaben werden durchdacht und geplant angegangen. Man wird sich eigener Schwächen bewußt und kann sie umgehen lernen.	Eigentlich das grundlegende Handwerkszeug jeder Führungskraft
Einstellungsänderung	Erkennen, daß die eigene Einstellung den Streß verstärken kann; Abbau von Generalisierungen, Fixierungen und Reflexion der eigenen Ansprüche	Durch Veränderungen der eigenen Einstellungen werden Probleme neutral betrachtet und Ressourcen mobilisiert	Langfristiger Prozeß, nur durch Unterstützung von außen erlernbar, z.B. mit NLP (Neuro-lingiustisches Programmieren)[1]
Positive Erlebnisse	Bewußt und regelmäßig Zeit reservieren für Genuß, Hobbys, Familie, Freunde und Urlaub	Das Selbstbild bekommt mehr Dimensionen, Fixierungen auf Streß werden durchbrochen.	Wahrnehmungslenkung. Wichtig ist, sich Zeit für Genuß zu nehmen und abzuschalten.
Fertigkeiten	Kommunikations- und Konflikttrainings	Je mehr Kompetenzen in diesem Feld jemand besitzt, desto besser kann sie / er Konflikte im sozialen Feld bearbeiten.	Langfristige Verhaltenskorrektur mit Hilfe von Trainings und Coaching

1. Eine von R. Bandler und J. Grinder auf der Basis der systemischen Familientherapie von V. Satir, der Gestalttherapie F. Perls und der Hypnotherapie von M. Erikson basierende Technik. Neuro: Sinnesspezifische Verarbeitung von Informationen; Linguistisch: Sprachliche Repräsentanz von Informationen und Mustern; Programmieren: Gelerntes kann gelöscht, alternative Muster können sinnesspezifisch programmiert werden.

Zeitmanagement

Warum mißlingt Zeitplanung so oft? Führungskräfte, die Seminare zum Thema Zeitmanagement besuchen, wissen zwar anschließend, wie sie ihre Zeit sinnvoll und zielorientiert planen können, aber oft schon nach kurzer Zeit bricht die beste Arbeitsorganisation zusammen, und das alte Chaos und die übliche Hektik schleichen sich wieder ein. Zum einen hat das mit mangelnder Disziplin oder inkonsequentem Verhalten zu tun. Andererseits ist unser Zeitempfinden nicht ausschließlich linear, und es gibt nicht nur das Bewußtsein einer instrumentellen Zeit. Dieses Bewußtsein liegt aber dem Zeitmanagement zugrunde. Es reduziert damit unser Zeitbewußtsein auf nur eine, wenn auch äußerst erfolgreiche Möglichkeit, Zeit wahrzunehmen und zu erleben.

Zeit ist nicht nur eine von uns losgelöste Existenz, ein Gegenstand, den wir instrumentell benutzen können. Zeit ist andererseits aber auch nicht etwas, dem wir schutzlos ausgeliefert wären. Zeit drückt ein Verhältnis aus, mit dem sich Menschen auf individuelle, natürliche und soziale Realitäten beziehen (vgl. Geißler 1993, 20ff.). Zeit ist ein individuelles und soziales Ordnungsprinzip, durch das permanent Handlungen und Ereignisse miteinander in Beziehung gesetzt werden. Mit der Zeit und durch die Zeit bestimmen wir unser Verhältnis zu den verschiedenen Prozessen in uns selbst, zu den Abläufen in der Natur, zur Vergangenheit, Gegenwart und Zukunft von Gesellschaften und sozialen Gemeinschaften.

Aus der Kulturgeschichte wissen wir, mit welch massiven Kämpfen das lineare und instrumentelle Zeitverständnis seit der Zeit der Aufklärung gegen einen an den Rhythmen der Natur orientierten zyklischen Zeitbegriff des Mittelalters durchgesetzt wurde. Es war gerade die protestantische Ethik, die sich maßgeblich gegen die verwerfliche Verschwendung der Zeit, den Müßiggang, richtete und die die planvolle Gestaltung von Gegenwart und Zukunft zur ethischen Pflicht machte. Die Entstehung und Durchsetzung des linearen Zeitverständnisses hat enorme Möglichkeiten freigesetzt, da nun die Zukunft als offen und gestaltbar gedacht werden kann. Dieses Zeitverständnis fördert die Rationalität von Handlungen: Planung und Kontrolle des individuellen und sozialen Lebens. Der Bezug des Subjektes zu seiner Umwelt wird durch die Rationalität von Zeitmustern, wie sie die Uhr darstellt, auf Zukunft hin entwickel- und überprüfbar. So können Erfolg und Fortschritt definiert werden. Ereignisse sind über die abstrakten Zahlen der Uhr und des Kalenders vergleichbar, so daß die geplante Koordination und Synchronisation von Tätigkeiten und Subsystemen der Gesellschaft möglich wird. »Ohne Termine sind Verbindlichkeiten nicht möglich, und ohne sie ist unsere Gesellschaft nicht vorstellbar« (Geißler 1993, 57).

Dennoch gibt es unterhalb oder neben diesem dominanten linear-abstrakten Zeitbegriff ein anderes Verständnis der Zeit: Zeit als Subjekt. Es beinhaltet eine Orientierung an den Zyklen und Rhythmen der Natur. Auf diese Zeit stoßen wir, wenn wir von einer Krankheit gesund werden oder Kinder aufwachsen sehen, im Rhythmus von Leben und Sterben. Die sozialen und individuellen Wirklichkeiten beinhalten Momente von beiden Modellen. Kein Mensch kann sein Leben ausschließlich am bruchlosen Ideal linearer Zeitkonstruktion ausrichten. Dies ist unserer Meinung nach ein Grund, warum Zeitmanagement niemals völlig funktionieren kann. Sich mit dem Verzicht auf jegliche Planung von der Zeit überrollen oder beherrschen zu lassen, ist dennoch keine Alternative.

Zeitmanagement folgt – wie jedes andere Managementprinzip – der Struktur von Analyse, Planung und Controlling. Zeitplanung ist ein individueller Vorgang, der auf den Stil und die Lebensumstände jedes einzelnen abgestimmt sein muß, auch hier sind Grenzen allgemeiner Empfehlungen vorprogrammiert. Dennoch möchten wir einige Prinzipien eines effektiven Zeitmanagements zur Auswahl vorstellen:

Ziele des Zeitmanagements sind
Die wichtigsten Dinge in der richtigen Zeit erledigen
☐ wenn man selbst noch fit ist
☐ wenn es noch rechtzeitig ist
☐ wenn Qualitätsabsicherung noch möglich ist

Freiräume schaffen für
☐ Kreativität
☐ Rhythmus von Anspannung und Entspannung
☐ Nachdenken

Zufriedenheit fördern, weil
☐ man selbst die Aktivitäten steuert
☐ Dinge pünktlich und korrekt erledigt werden
☐ Muße für Kreativität und Kollegialität bleibt
☐ keine Hektik, kein Druck entstehen.

Nach dem Pareto-Prinzip können 20 % der Arbeitszeit 80 % der Ergebnisse bringen, während eine ineffektive Planung 80 % der Arbeitszeit für Unwichtiges schluckt, für Plaudereien, für Fehlersuche u.a., und nur 20 % Ergebnis-Output produziert wird. Ziel des Zeitmanagements ist es, sich auf die 20 % der wirklich wichtigen und effektiven Aufgaben zu konzentrieren.

Empfehlungen für eine bessere Selbstorganisation in der Zeit

Wie kann das gelingen? Trotz der Anerkennung des Problems, daß allgemeine Rezepte gerade im Bereich der persönlichen Selbstorganisation nur von begrenzter Wirksamkeit sind, sollen die folgenden Anregungen als Empfehlungen dienen. Sie bleiben allgemein und sollten, falls Sie sich in diesem Bereich verbessern möchten, um ein individuelles Coaching ergänzt werden.

Grundsätze eines effektiven Zeitmanagements

☐ Nutzen Sie die Zeit.
☐ Fassen Sie die Zeitdiebe.
☐ Definieren Sie Ziele.

- ☐ Planen Sie schriftlich.
- ☐ Verwenden Sie Tagespläne.
- ☐ Setzen Sie Prioritäten.
- ☐ Beginnen Sie positiv.
- ☐ Beachten Sie die Leistungskurve.
- ☐ Planen Sie Pufferzeiten ein.
- ☐ Reservieren Sie eine »Stille Stunde«.
- ☐ Führen Sie durch Delegation.
- ☐ Nutzen Sie ein Zeitplanbuch / elektronische Zeitplanung.
- ☐ Bleiben Sie konsequent.

Zeitnutzung trotz Zeitdieben

»Müßiggang ist aller Laster Anfang«. Wir glauben das nicht, denn die Zeit besser zu nutzen, darf nicht heißen, ununterbrochen mit Hast zu arbeiten. Es geht vielmehr um einen bewußten Umgang mit der Zeit als Ressource, die uns zur Verfügung steht, um unsere Lebensziele zu verwirklichen. Der Gegensatz zu einer bewußten Zeitnutzung ist deshalb nicht der Müßiggang, sondern ein konzeptionsloser Arbeits- und Lebensstil, in dem wir den sog. Zeitdieben das Feld überlassen.

Wir unterscheiden zwischen selbst verursachten und umfeldbedingten Zeitdieben.

Selbst verursacht	Umfeldbedingt
☐ Aufschieben unangenehmer Aufgaben ☐ Unfähigkeit, nein zu sagen ☐ Mangelndes Interesse an der Arbeit ☐ Ausgebranntheit (Burnout) ☐ Fehlende Zeitplanung ☐ Fehlende Prioritätensetzung	☐ BesucherInnen ☐ Telefonate ☐ Post ☐ Warten ☐ Besprechungen ☐ Krisen und Konflikte ☐ Bei GemeindepfarrerInnen kommen Sterbe- und Notfälle hinzu.

Der einfachste Ansatzpunkt zur Veränderung ist zunächst einmal bei den selbst verursachten Stressoren. Wir wollen hier einige Aspekte beschreiben:

Wenn Sie wenig Interesse an Ihrer Arbeit haben sollten, so überlegen Sie, wie Sie die Arbeit interessanter gestalten können. Vielleicht bietet die Zusammenarbeit mit Kollegen oder Kolleginnen neue Anregungen, vielleicht bietet die Reorganisation Ihrer Arbeit eine Lösung oder eine modifizierte Schwerpunktsetzung.

Nehmen Sie sich an jedem Tag nur soviel vor, wie Sie schaffen können. Der Erfolg wird Sie motivieren und Ihnen helfen, nachts abzuschalten.

Arbeiten Sie besonnen, d.h. mit Planung, und legen Sie Pausen ein. Sie wissen selbst am besten, wann eine Pause fällig ist. In der Regel soll man nach 1,5 Stunden die Tätigkeit wechseln. Nach etwa 50 Minuten braucht unser Gehirn eine Kurzpause.

Erledigen Sie sofort, was Sie tun können, ohne die Dinge vor sich herzuschieben. Wenn Sie dazu neigen, gewisse Dinge eher aufzuschieben, setzen Sie sich eine Frist

und führen Sie ein persönliches Belohnungssystem ein, wenn Sie etwas erledigt haben. Alle Tätigkeiten, deren Erledigung weniger als fünf Minuten dauern, sollten Sie sofort anpacken. Für Tätigkeiten, für die Sie bis zu 30 Minuten einkalkulieren, sollten Sie in Arbeitsblöcken »serienmäßig« erledigen (Beispiel: Arbeitsblock für Telefonate, für Korrespondenz).
Arbeiten Sie immer nur an einer Aufgabe, nicht an mehreren gleichzeitig. Sonst verzetteln Sie sich.
Vermeiden Sie umfeldbedingte Störungen oder grenzen Sie sie ein. Dies wird zwar nie vollständig gelingen, aber mit entsprechender Zielsetzung und Unterstützung können Sie sich Entlastung verschaffen:

- ☐ Um den Umgang mit BesucherInnen besser zu steuern, könnten Sie Sprechstunden einführen.
- ☐ Statt reaktiv mit Telefonaten umzugehen, könnten Sie zu bestimmten Zeiten einen Anrufbeantworter einschalten bzw. der/m GemeindesekretärIn klare Anweisungen zum Umgang mit Telefonanrufen geben. Sie kann die Gespräche filtern und an Ihrer Stelle Rückruftermine vereinbaren (hierzu s.u. Checkliste). Sie selbst können einen effektiveren Umgang mit dem Telefon erlernen.
- ☐ Ein gutes Besprechungsmanagement eliminiert die »Zeitdiebe« im Zusammenhang mit Sitzungen und Gremien (siehe S. 80ff.).
- ☐ Krisen und Konflikte lösen sich nicht von selbst, auch hier ist eine proaktive Vorgehensweise (statt Aufschieben und Aussitzen) erforderlich (siehe S. 143ff.).
- ☐ Post sollten Sie nicht chronologisch in der Reihenfolge des Eingangs bearbeiten, sondern in dafür vorgesehenen Arbeitsblöcken, nach einem Check aus einer »Hubschrauberübersicht« und nach Priorität. Manches läßt sich nach Einweisung des/r Gemeindesekretärs/in delegieren. Anderes läßt sich schneller am Telefon klären. Vieles gehört direkt in den Papierkorb.

Zielsetzung, Schriftlichkeit und Tagespläne

Wir verweisen hier auf die Ausführungen zur Zielvereinbarung (siehe S. 38ff.), die erklären, was Ziele sind.
Planen Sie schriftlich! Nur so wirken Ihre Ziele und Aktionsschritte verbindlich, und Sie haben ein Instrument in der Hand, um Ihre eigenen Leistungen selbst zu kontrollieren. Statt einer weit verbreiteten und unübersichtlichen Zettelwirtschaft verwenden Sie besser Tagespläne.
Im Tagesplan haben Sie die Aktivitäten für den Tag nach Prioritäten geordnet und arbeiten sie der Reihe nach ab, beginnend mit der obersten Priorität. Das Format dieser Liste ist unerheblich, Sie können die Tätigkeiten überall aufschreiben. Wichtig ist nur, daß Sie schriftlich planen und daß Sie die Planung am Ende des Arbeitstages gegenchecken und die nicht erledigten Aufgaben in die Planung des nächsten Tages übernehmen.

Prioritäten

Es reicht nicht, wenn Sie Ihre Tages-, Monats- oder Wochenziele kennen. Sie müssen Sie auch gewichten. Wir unterscheiden Ziele der Kategorien A, B und C. Die vielen und vielfältigen Aktivitäten, die tagsüber möglich sind, sollen ebenfalls nach diesem Schema gewichtet werden, um zu unterscheiden, was wirklich wichtig ist und was Sie von ihrem Ziel abbringen würde. A-Aufgaben haben die höchste Priorität und werden zuerst erledigt. Jede Aufgabe hat zwei Dimensionen: Wichtigkeit und Dringlichkeit.

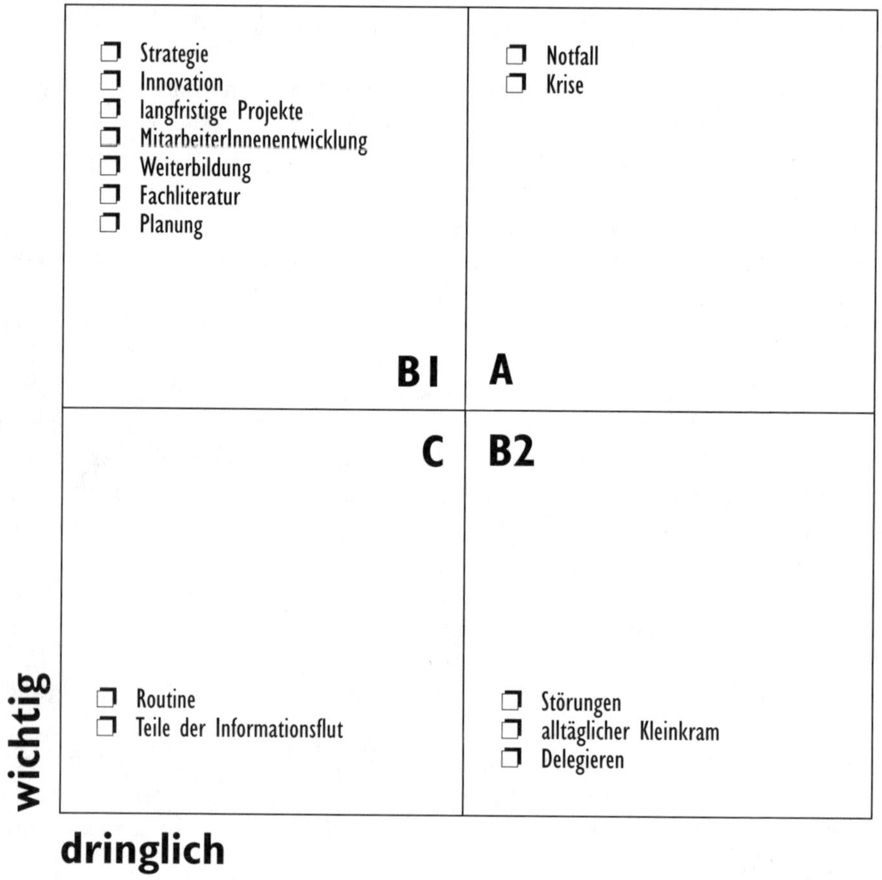

	B1	**A**
wichtig	☐ Strategie ☐ Innovation ☐ langfristige Projekte ☐ MitarbeiterInnenentwicklung ☐ Weiterbildung ☐ Fachliteratur ☐ Planung	☐ Notfall ☐ Krise
	C	**B2**
	☐ Routine ☐ Teile der Informationsflut	☐ Störungen ☐ alltäglicher Kleinkram ☐ Delegieren

dringlich

Abbildung 4: Eisenhower-Prinzip

Als Grundsatz der Bearbeitung gilt: *Wichtigkeit vor Dringlichkeit!* Doch genau das wird oft nicht berücksichtigt, indem wir uns wegen der Dringlichkeit eines Erledigungstermins von den wichtigen Aufgaben abbringen lassen. Dringliche (eilige) und weniger wichtige Aufgaben lassen sich gut delegieren (B). Was weder wichtig noch dringlich ist, kann getrost vernachlässigt werden (C).

Leitfragen zur Identifizierung von A-Aufgaben
☐ Welche Aufgaben tragen am meisten zur Erreichung der Ziele für meinen Verantwortungsbereich bei?
☐ Welche Aufgaben tragen am meisten zur Verwirklichung der Gesamtziele der Organisation (z.B. Gemeinde) bei?
☐ Welche Aufgaben sind Voraussetzung zur Erfüllung anderer wichtiger Aufgaben?
☐ Mit welchen Aufgaben können andere Aufgaben teilweise oder ganz miterledigt werden?
☐ Von welchen Aufgaben habe ich persönlich den größten Nutzen?
☐ Welche Aufgaben ziehen bei Nichterfüllung die negativsten Folgen nach sich?
☐ Ist die Aufgabe für die Erreichung meiner Lebensziele ausschlaggebend?

Um Prioritäten für die bessere Zeitnutzung einzusetzen, geht man folgendermaßen vor:
1. Tätigkeiten auflisten, die getan werden müssen
2. Den Zeitbedarf für die Tätigkeiten abschätzen
3. Nach Prioritäten ordnen
4. Die Reihenfolge der Bearbeitung festlegen unter Berücksichtigung bereits vorgegebener Fixtermine

Tagesbeginn

Wer morgens schon mit dem Gefühl an seine Arbeit herangeht, daß sie einen von den wirklich wichtigen Dingen im Leben abhält, wer mit sich hadert, Angst vor der Bewältigung bestimmter Aufgaben hat, sich als Opfer der Zeitplanung anderer, ausgebrannt und niedergeschlagen fühlt, macht sich das Leben schwer, verhindert persönliche Erfolgserlebnisse und Zufriedenheit. Der Ratschlag: Beginnen Sie positiv, so banal er klingt, ist dennoch richtig. Wie können Sie das erreichen?

Zunächst einmal: Nehmen Sie sich Zeit, um den Tag positiv zu beginnen und zu genießen, was Sie tun, um sich auf ihn einzustimmen. Hier haben die meisten Menschen, oft unbewußt, ein bestimmtes Ritual für sich entwickelt: in Ruhe Zeitung beim Frühstück zu lesen, etwas Gymnastik oder Sport, eine Runde mit dem Hund zu gehen, ein Gebet oder eine Meditation ... Was auch immer es ist, tun Sie es mit Zeit und Ruhe, und genießen Sie diese Tätigkeit.

Ein guter Tagesbeginn beginnt aber schon am Abend vorher beim Tagesrückblick: Sie reflektieren am Ende jedes Arbeitstages, was Sie erreicht haben, was unerledigt geblieben ist und wann Sie das Unerledigte abschließen wollen. Bereits jetzt haben Sie die Tagesplanung für den folgenden Tag vorgenommen.

Folgende Tips erleichtern Ihnen außerdem einen positiven Einstieg in den Arbeitstag:
☐ Beginnen Sie möglichst immer zu konstanten Zeiten.
☐ Überprüfen Sie den Tagesplan zu Beginn des Tages.
☐ Legen Sie die Schwerpunkte für den Tag an den Tagesanfang.
☐ Erledigen Sie komplizierte und wichtige Dinge am Morgen.
☐ Planen Sie eine Konzeptionsstunde ein (»stille Stunde«).
☐ Berücksichtigen Sie Pufferzeiten.

Leistungskurve

Wir verfügen nicht den ganzen Tag über das gleiche Energieniveau. Durch sinnvolle Kurzpausen können wir es zwar immer wieder aufbessern und auf ein bestimmtes Niveau heben, dennoch bleibt es nicht permanent auf höchstem Niveau. Bitte beachten Sie die folgende allgemeine Leistungskurve des Menschen.

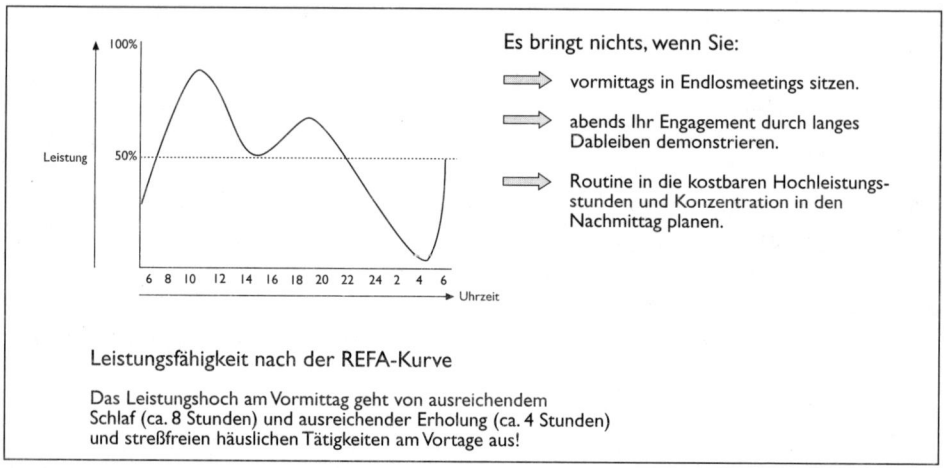

Abbildung 5
© Kienbaum Management Consultants GmbH

Ihre eigene Leistungskurve kann von diesem Modell abweichen. Durch zu wenig Schlaf oder Alkoholkonsum liegt das Leistungsniveau morgens niedriger, es kommt zu Anlaufschwierigkeiten. Wenn Sie die Mittagspause nutzen, um aufzutanken, z.B. mit Hilfe eine Entspannungstechnik, können Sie Ihr Leistungsniveau für den Nachmittag positiv beeinflussen. Den gleichen Effekt haben Kurzpausen im Tagesablauf.
Sie sollten Ihr Leistungshoch (in der Regel am Morgen) nutzen, um schwierige Aufgaben zu bewältigen, und während des Leistungstiefs Routinearbeiten erledigen.

Pufferzeiten und stille Stunde

Damit Sie unvorhergesehene Ereignisse nicht aus der Bahn werfen, sollten Sie täglich gewisse Pufferzeiten einplanen. Dies ist z.B. möglich, indem Sie nicht bruchlos von einer Aktivität und Aufgabe in die nächste wechseln, sondern jeweils eine Übergangszeit berücksichtigen. Oder Sie lassen eine Stunde des Arbeitstages unverplant.
Man geht von folgendem Bedarf an Pufferzeit aus: bei Routinearbeiten 25 % der Arbeitszeit, bei anderen Arbeiten 50 % (Haynes S. 31). Eine Empfehlung lautet, nicht mehr als 60 % des Arbeitstages zu verplanen.
Einer der schwierigsten Grundsätze des Zeitmanagements ist, pro Tag eine sog. stille Stunde zu reservieren. Sie brauchen diese Zeit, um konzeptionell zu arbeiten, um zu planen und zu reflektieren. Wenn Sie dauerhaft darauf verzichten, wird sich bald das Gefühl einschleichen, daß Sie nur noch reagieren. In dieser Zeit richten Sie Ihre Arbeit

auf Ihre Ziele aus. Sie nutzen diese Zeit, um inhaltlich zu arbeiten, z.B. zur Vorbereitung einer Predigt oder Ansprache, zur Vorbereitung eines Gespräches oder einer Sitzung. Die Stunde ist symbolisch zu verstehen, denn Sie werden für bestimmte konzeptionelle Tätigkeiten mehr Zeit brauchen, für Reflexion und Planung möglicherweise weniger. Sie selbst können den Zeitaufwand für inhaltliches Arbeiten am besten einschätzen und müssen dies auch für eine realistische Zeitplanung tun.
In dieser Stillarbeitszeit sollten Sie sich nach Möglichkeit von allen umfeldbedingten Störungen freihalten: das Telefon umleiten oder den Anrufbeantworter nutzen, keinen Besuch empfangen und andere Aufgaben zurückstellen.

Delegation

Die Haltung, alles selbst erledigen zu müssen, quasi unersetzbar zu sein, hängt möglicherweise besonders mit der Berufsrolle Pfarrer zusammen, und sie ehrt vielleicht das eigene Selbstwertgefühl, aber sie macht es Ihnen unmöglich, erfolgreich auf Ihre eigenen Ziele hinzuarbeiten. Aus diesem Grund müssen Sie wissen, was Sie sinnvollerweise an wen delegieren können. Das Schema zur Festlegung von Prioritäten (Eisenhower-Prinzip, S. 74) dient zur Entscheidung über delegierbare Aufgaben: Es sind die nicht wichtigen Tätigkeiten und, falls überhaupt notwendig, die C-Aufgaben.

Fragen Sie sich zuerst:

- ☐ Notwendigkeit: Ist die Tätigkeit wirklich notwendig? Was wäre, wenn ich sie nicht erledigen würde?
- ☐ Zuständigkeit: Bin ich wirklich zuständig? Kann nicht jemand anders die Tätigkeit genauso gut oder besser erledigen?
- ☐ Effizienz: Gibt es eine bessere Methode, um die Aufgabe zu erledigen?

Wir wissen, daß Delegationswege in Kirche und Gemeinde genauso unübersichtlich und unklar scheinen wie Leitungsstrukturen. Dennoch gibt es einige Möglichkeiten, die allerdings wegen der Verschiedenartigkeit von Gemeinden und anderen kirchlichen Arbeitsbereichen nicht generalisierbar sind.

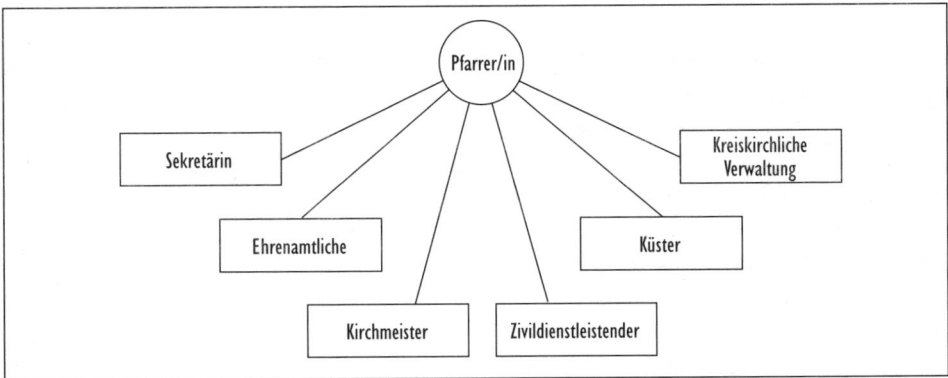

Abbildung 6: Delegationsmöglichkeiten in der Gemeinde

Zeitplanbuch oder elektronische Zeitplanung

Ein Zeitplanbuch hat eine Struktur, die von der Jahresplanung über die Monats- und Wochenplanung bis zur Tagesplanung und einzelnen Aktivitätenchecklisten reicht. Zunächst werden die Ziele auf der höheren Ebene, z.B. Jahresziele, festgelegt und dann auf die folgenden Ebenen heruntergebrochen.

Ein Wochenplan sollte demnach festhalten, was Sie bis spätestens zum Ende der Woche erreicht haben wollen (Ziel), und auch diejenigen Tätigkeiten, die Sie für die Erledigung brauchen. Es ist günstig, den Wochenplan am Ende einer Woche für die folgende Woche aufzustellen. Der Höhepunkt des Planungsprozesses ist dann erreicht, wenn Sie sich jeden Tag optimal in der Zeit organisieren können, wozu Ihnen der Tagesplan hilft.

Was Sie bei der Auswahl eines Zeitplanbuches beachten sollten:

- Die Entscheidung für oder gegen ein Zeitplanbuch ist wichtiger als die Frage welches.
- Überprüfen Sie, ob das Zeitplanbuch Ihren persönlichen Bedürfnissen entspricht, ob es z.B. »überreguliert« ist oder für Sie wichtige Aspekte vernachlässigt.
- Zeitplanbücher sind z.T. sehr teuer. Den Kosten steht der Nutzen gegenüber, denn Sie verwenden diese Bücher jahrelang.
- Das Zeitplanbuch sollte Ihnen gefallen, ästhetisch ansprechend sein, damit Sie gerne damit arbeiten.
- Es muß eine variable Anpassung möglich sein.

Neben Zeitplanbüchern in Hardcopyform (Papier) gibt es die verschiedensten Anbietervariationen von softwaregestützten Zeitmanagement-Systemen: Organizer und Palmtop. Wer häufig mit dem PC arbeitet, in der Regel sein Notebook dabei hat oder auf die Terminplanung im Netzwerk angewiesen ist, der nutzt mit großem Gewinn ein Software-Zeitplanbuch.

Eine gute Planungs- und Organisationssoftware sollte individuelle Arbeitsstile, Aufgabenstellungen und Informationsbedürfnisse praxisnah berücksichtigen. Zugleich sollte die Software auf modernen Managementmethoden beruhen. Das Programm sollte außerdem individuelle Zeit- und Aufgabenplanung ermöglichen. Ein Teil der zur Zeit auf dem Markt dafür angebotenen Software ermöglicht einen mobilen Einsatz auf Notebooks und den Datenabgleich bei der Rückführung auf Feststationen durch Abgleich mit der Netzdatenbank.

Wer ein chaotisches Ablagesystem führt, für den eignen sich sogenannte ELO, »Electronic Organizer«. Diese elektronischen Zeitplanbücher, spezialisierte Kleinstrechner für die Westen- oder Damentasche, sind gedacht und geeignet, Zeitplanbücher aus Papier zu ersetzen. Ihr großer Vorteil liegt in:

- elektronischer Suchfunktion
- aktiver Erinnerungsfunktion
- elektronischen Wörterbüchern

Gegenüber elektronischen Organizern hat das herkömmliche Zeitplanbuch den Vorteil der persönlichen Handschrift. Schreiben statt Tippen ergibt eine deutlich intensivere und ganzheitlichere Gehirnaktivierung. Was dagegen fehlt, sind Sortierfunktionen, sauberes Radieren und Kommunikationsunterstützung. Elektronische Organizer sind in der Anschaffung oft noch sehr teuer, bieten allerdings den Vorteil, daß sich das jährliche Anschaffen neuer Kalenderblätter erübrigt.

Selbstdisziplin

Diszipliniert und konsequent die eigenen Ziele zu verwirklichen, ist eine Disziplin der Personal Mastery. Dazu gehört auch, mit Rückschlägen umgehen zu lernen, ohne sich entmutigen zu lassen. Der Weg zum Ziel ist nicht immer geradlinig, wie es das linear-abstrakte Zeitverständnis des Zeitmanagements suggeriert, sondern phasenweise auch zyklisch, voller Wiederholungen, Schleifen und Umwege. Widerstände sind Bestandteil jedes Veränderungsprozesses, und so müssen Sie auch bei der Entwicklung und Praktizierung Ihres Zeitmanagements mit ihnen rechnen. Diese sollten keinen Grund liefern, um das Unterfangen gänzlich einzustellen, sondern eine Herausforderung, um täglich wieder zu überlegen, wie Sie Ihren Weg verfolgen, die wichtigen Aufgaben schaffen und Arbeitszufriedenheit herstellen können, auch wenn nicht alles geradlinig verläuft.

Zusammenfassung

Sehr leicht können Sie sich die Grundlagen des Zeitmanagements mit der sog. Alpen-Methode merken. Sie beinhaltet:
A ktivitäten und Termine sammeln
L änge jeweils einschätzen
P ufferzeiten planen
E ntscheiden nach ABC-Analyse
N achkontrolle jeden Abend.
Am Anfang jedes Zeitmanagements steht die Analyse. Hierzu wird empfohlen, eine Woche lang sämtliche Tätigkeiten aufzulisten und den tatsächlichen Zeitbedarf dafür zu notieren. Die Analyse wird Ihnen einige Ansatzpunkte für eine bessere Organisation Ihres Arbeitstages in der Zeit bringen. Nun geht es darum, die entsprechenden Maßnahmen auch umzusetzen. Und nun eine letzte Devise aus dem Zeitmanagement: Beginnen Sie jetzt!

Gremien und Sitzungen leiten

Einführung

Kennen Sie das? Gerne- und Vielredner dominieren Gremien und Sitzungen und nutzen Sachthemen zur persönlichen Selbstdarstellung, während sich die anderen langweilen. Andererseits gibt es Menschen, die gar nichts von sich geben und deren Gedanken die Gruppe der eifrig Diskutierenden nicht erfährt. Sitzungsleitung scheint sich auf das Aufrufen von Wortmeldungen zu begrenzen, wenn sie nicht sogar mißbraucht wird, um die eigene Position im Meinungsstreit durchzusetzen. Oft wird die Zeit als vertane Zeit erlebt, weil Diskussionen sich im Kreise drehen und das Ziel aus den Augen verloren wird. Am Ende sind alle erschöpft, und man fragt sich, was der endlose Meinungsstreit eigentlich gebracht hat. Da hätte man doch besser die Fülle der auf dem Schreibtisch aufgelaufenen Vorgänge bearbeitet.
Es liegt nicht ausschließlich in der Verantwortung der Sitzungsleitung, diese Veranstaltungen als konstruktives Miteinander zu gestalten, in dem alle Beteiligten fair und zielorientiert diskutieren und entscheiden. Doch gerade die Leitung trägt mit einem professionellen Sitzungsmanagement dazu bei, daß bestimmte Probleme und Schwierigkeiten entweder nicht entstehen oder aber nicht in einem Maße eskalieren, daß die Sitzungen als ineffektiv oder sogar destruktiv, als langweilig oder sinnlos erlebt werden.
Im kirchlichen Kontext stoßen wir auf einige Besonderheiten: Kirchenordnungen legen z.B. die Häufigkeit, die Zusammensetzung und den Vorsitz von Presbyteriumssitzungen und Gemeindebeirat fest, sie geben einen Rahmen vor, den die einzelne Gemeinde selbständig ausfüllen kann: Tagesordnung (soll in der Regel der Vorsitzende erstellen) und Struktur. Die Sitzungen beginnen mit Schriftlesung und Gebet und werden mit Gebet beendet. Auch der Entscheidungsmodus ist vorgegeben: Das Presbyterium soll danach streben, seine Beschlüsse einmütig zu fassen, bei Abstimmungen entscheidet die Mehrheit (vgl. Kirchenordnung der Ev. Kirche von Westfalen). Es besteht die Gefahr, daß bei diesem Modus innovative und ungewöhnliche Vorschläge auf der Strecke bleiben.
Sowohl in Presbyterien als auch in Gremien und Beiräten der Kirche finden sich neben einigen Hauptamtlichen, die häufig die Leitung innehaben, vor allem Ehrenamtliche. Die Gesprächskultur ist häufig von älteren Männern geprägt und geht damit an Interessen, Inhalten und Kommunikationsstilen jüngerer Leute und Frauen nicht selten vorbei. Sitzungsknow-how und die Fähigkeit des Gremiums, sich selbst zu steuern, sind selten entwickelt. Daher finden wir auch im kirchlichen Kontext negative, wenn nicht bissige Einschätzungen zur Besprechungskultur. Da ist die Rede von Presbytern, die sich has-

sen und dies auf Kosten sachdienlicher Entscheidungen austragen, von Eitelkeiten der Vorsitzenden und von der Macht der Ehrenamtlichen, die, weil sie so viel Zeit investieren, sich scheinbar alles erlauben können. Pfarrer erleben den Kirchenvorstand dann als »verständnislosen Aufsichtsrat« (Lindner 8.2.3. S. 56), von dem sie vorgeführt und kritisiert werden.
Andererseits bietet die vielfältige Zusammensetzung kirchlicher Gremien eine besondere Chance, wenn alle den unterschiedlichen Positionen und Interessen gegenüber Respekt aufbringen und in einer entwickelten Gesprächskultur sowohl Gemeinsamkeiten als auch Unterschiede und Kontroversen offen herausarbeiten und aushalten können. Eine solche Kultur zur Entfaltung zu bringen, ist eine besondere Aufgabe der Sitzungsleitung im kirchlichen Kontext. Es geht darum, die Funktionsfähigkeit des Gremiums langfristig und nachhaltig zu fördern. Führen heißt nicht, Entscheidungen für das Gremium zu treffen und Macht über es auszuüben, sondern seine Leitungskompetenz zu entwickeln. Auch Leitungsorgane brauchen Führung.
Im einzelnen geht es um die Stärkung der vielfältigen Kräfte der Selbststeuerung in einer Gemeinde: um das Herstellen von Entscheidungsfreude in Gruppen und bei einzelnen, um das Weitergeben und Beschaffen von Informationen, um Verbesserung der Kommunikation, um das Klären von Beziehungsproblemen und Konflikten in der Gruppe. Auch die Einstellung zum Gremium und die Arbeitsweise müssen die Beteiligten klären, denn für die einen ist das Leitungsgremium »eine Art harmonischer Familientisch, an dem es keine Konflikte geben darf, für die anderen Interessenbörse der verschiedenen Gruppen oder ein Aufsichtsrat über Mitarbeitende, andere wollen sich auf die Mittelverwaltung beschränken, oder sie suchen einen geistigen Ort der Gemeindeleitung, der auch die eigene Spiritualität belebt« (Lindner 8.2.4, 5). Diese Unterschiede müssen am besten, wenn das neu gewählte Gremium seine Arbeit aufnimmt, geklärt werden, weil sich andernfalls daraus ein permanenter Grund für Konflikte ergibt. Am Anfang steht also eine Sinnklärung als Grundlage für eine fruchtbare Zusammenarbeit.
Darauf aufbauend, können die Beteiligten ihre Beziehungen klären: Wer hat welche Rolle in der Gruppe, formell und informell? Welche Erwartungen richten die einzelnen aneinander und an die Leitung? Welche können oder wollen sie erfüllen? Welche Regeln wollen sie sich für die Zusammenarbeit geben?

Kommunikationsregeln

Hier ein Beispiel für mögliche Regeln, die in einem Unternehmen zu finden waren (aus: Hedwig Kellner, Konferenzen, Sitzungen, Workshops effizient gestalten, Carl Hanser Verlag, München/Wien 1995, 115f.):
1. Ich bin pünktlich und halte mich an den Zeitplan und sorge dafür, daß sich andere auch daran halten.
2. Ich bringe meine Meinung und Bedenken klar zum Ausdruck und spreche Widersprüche offen an.
3. Ich verzichte auf weitschweifige Ausführungen und langatmige Erklärungen.

4. Ich werde nicht »hinten herum« oder nachträglich die Entscheidungen und Ergebnisse zu torpedieren oder zu verschleppen versuchen.
5. Ich nehme Aufgaben nur an, wenn ich sie auch (zeitlich, fachlich) erledigen kann. Die Aufgaben, die ich angenommen habe, erledige ich tatsächlich.
6. Wenn mir etwas unklar ist, frage ich.
7. Ich höre den anderen TeilnehmerInnen zu und achte darauf, daß alle (unabhängig von der Hierarchie-Ebene) gleich behandelt werden.
8. Ich spreche nicht »unter vier Augen« den/die ModeratorIn an, damit er/sie etwas in meinem Sinne »zurechtbiegt«.
9. Ich beweise meine Kreativität bei der Suche nach Ideen und Lösungen. Ich zensiere meine Einfälle nicht und riskiere auch Fehler und Irrtümer.
10. Ich verzichte auf alles, was den Verlauf der Veranstaltung stören kann (z.B. Albernheiten, persönliche Angriffe, Seitenhiebe, Zurückhalten von Informationen ...)

Stellen Sie solche Regeln nach einer Kennenlernphase am Anfang der Zusammenarbeit oder zu Beginn einer Sitzung vor. Wenn die Teilnehmenden ihnen zustimmen, fällt es der Sitzungsleitung leichter, bei Abweichungen zu intervenieren. Am besten gelingt das, wenn die Regeln gut sichtbar im Raum visualisiert sind. Im zitierten Beispiel hingen sie hinter Glas und edel eingerahmt.

Wenn die Teilnehmenden das Selbstverständnis des Gremiums aufeinander abstimmen und sich die Grundlagen ihrer Zusammenarbeit schaffen, spielen Empfindungen eine Rolle ebenso wie persönliche Werte und Einstellungen. Selten sind offizielle Gremien darin geübt, mit Gefühlen konstruktiv umzugehen. Wenn es zum Streit zwischen einzelnen kommt, sind die anderen verunsichert oder hilflos, weil kein Repertoire zur Konfliktbearbeitung zur Verfügung steht. Und über tiefe persönliche Überzeugungen und Glaubensgrundsätze wird lieber gar nicht geredet. Dennoch ist es wichtig, alle drei Ebenen zu berücksichtigen, wenn es um das Entwickeln von Selbststeuerungskompetenz eines Leitungsgremiums geht: die Sachebene (Thema, Tagesordnung), die Gefühlseben und die Ebene persönlicher Werte und Glaubenssätze. Erfahrungsgemäß achten Gremien zu wenig auf die letzten beiden Aspekte, wenn sie sich von Tagesordnungspunkt zu Tagesordnungspunkt arbeiten. Damit sind die anderen Dimensionen nicht vom Tisch, sie suchen sich ihr Recht in Störungen.

Es ist ein Grundsatz aus der Themenzentrierten Interaktion, daß Störungen in Gruppen Vorrang haben sollen, dem wir grundsätzlich zustimmen. Die Sitzungsleitung und jedes Gruppenmitglied wird im Einzelfall entscheiden, ob es diesem Grundsatz folgen will. Man kann Störungen gegebenenfalls auch übergehen, damit allerdings nur kurzfristig Erfolg haben. Im allgemeinen wird empfohlen:

☐ Benennen Sie die Störung
☐ Unterbreiten Sie einen Vorschlag zur Veränderung
☐ Rufen Sie Zustimmung für Ihren Vorschlag ab
(Gehm 1994, 215).

Bei der Entwicklung der Arbeits- und Leitungsfähigkeit von Gremien spielen gruppendynamische Aspekte eine nicht zu unterschätzende Rolle. Auch sie sind übliche Hintergründe für Störungen, die jedoch zu einem Teil normal für den Verlauf eines Gruppenprozesses sind.

Gruppendynamische Aspekte

Im Sinne eines psychologischen Verständnisses ist eine Gruppe »als eine Mehrzahl von Personen definiert, die zeitlich überdauernd in direkter Interaktion stehend durch Rollendifferenzierung und gemeinsame Normen gekennzeichnet sind und die ein Wir-Gefühl verbindet« (v. Rosenstiel 1995, 322).

Im Presbyterium als formale Gruppe mag die Gruppenkohäsion zuweilen schwach entwickelt sein. Eine Rollendifferenzierung entsteht auf vertikaler Ebene (»Hackordnung«) und auf horizontaler (Spezialisten). Es gibt immer Personen, die sich eher für die Zielerreichung und Aufgabenerfüllung einsetzen, und andere, die eher auf das Wir-Gefühl in der Gruppe achten und dieses pflegen. Selbst wenn Regeln nicht formal verabredet oder vorgegeben wären, würde sich die Gruppe informelle Regeln und Normen geben, deren Einhaltung durch Sanktionieren des davon abweichenden Verhaltens einzelner Gruppenmitglieder garantiert wird. Diese informellen Regeln können im Widerspruch zu den formalen stehen. Beispiel: Zwar übt der/sie PfarrerIn die Funktion der Sitzungsleitung aus, aber er/sie wird von den anderen in dieser Rolle nicht ernst genommen, seine/ihre Verfahrensvorschläge werden angezweifelt, so daß eine gänzlich unproduktive Arbeitsatmosphäre entstanden ist. Es ist wichtig, die ungeschriebenen Gesetze einer Gruppe zu kennen, um sie gegebenenfalls thematisieren zu können, wenn die Gruppe sich in ihrer Arbeitsfähigkeit blockiert.

Ein gewisses Maß an Konflikten in einer Gruppe ist normal, notwendig und wünschenswert. Nach einem Modell der Team-Entwicklung (vgl. Francis / Young 1994, 175) durchlaufen Gruppen die folgenden Phasen:

Warming: höflich, unpersönlich, gespannt, vorsichtig. Man lernt sich kennen und tastet die verschiedenen Meinungen und Positionen ab.

Storming: konflikthaft, Konfrontation, Cliquenbildung, mühsames Vorwärtskommen. Man kämpft um Positionen, Macht und Funktionen.

Norming: Entwicklung neuer Umgangsformen und Verhaltensweisen, Feedback. Die Gruppe entwickelt gemeinsame Normen.

Performing: ideenreich, flexibel, leistungsfähig, solidarisch und hilfsbereit. Die Gruppe hat ein Wir-Gefühl entwickelt.

Damit eine Gruppe möglichst ohne Blockaden zum Performing gelangen kann, ist ein bewußter Umgang mit dem skizzierten Prozeß nötig. Man kann das fördern, indem man am Anfang, z.B. nach Wahl des Presbyteriums, das Kennenlernen vereinfacht und Regeln vereinbart und durch permanente Feedbacks und Evaluation der Sitzungen. Kontroversen sollen offen ausgetragen und ertragen, Gemeinsamkeiten betont werden.

Die informellen Rollen, die in einer Diskussionsrunde vorkommen können, sind in der folgenden Abbildung (»Konferenz-Zoo«) auf witzige Weise dargestellt. Doch beachten Sie, daß es sich hierbei nicht um Charaktere handeln soll, sondern um Bilder, die eigene Projektionen ermöglichen. Das Verhalten von Menschen in Konferenzen hängt nämlich stark davon ab, wie sie behandelt werden. Schmunzelnd merken wir an:

Ähnlichkeiten mit lebenden Personen sind rein zufällig. Deshalb können Sie diese Übung durchaus auch mit einer schon bestehenden Gruppe durchführen lassen.

Konferenz-Zoo: Der Umgang mit »schwierigen« Teilnehmern

| Streiter | Positive | Alles-wisser | Red-selige | Schüch-terne | Ableh-nende | Uninteres-sierte | »Das große Tier« | Aus-frager |

(aus: Magda Kelber, Fibel Gesprächsführung, Leske + Budrich, Opladen 1977)

Abbildung 7

Übung

Überlegen Sie zunächst, welches Tier Ihnen spontan am sympathischsten ist.
Dann fragen Sie sich, welches Tier Ihnen spontan am unsympathischsten ist. Es wäre Ihr sog. Angstgegner.
Und nun fragen Sie sich, mit welchem der Tiere Sie sich selbst identifizieren würden.
Um sich für den Umgang mit den als Tieren dargestellten Diskussionsteilnehmern fit zu machen, überlegen Sie:
Welche Verhaltensweisen sind erwünscht, welche unerwünscht?
Gibt es Vermutungen, welches die Hintergründe für das jeweils typische Verhalten sind?
Wie sollte sich die Sitzungsleitung ihnen gegenüber verhalten, um die erwünschten Verhaltensweisen zu verstärken bzw. die unerwünschten zu reduzieren?
Wir zitieren abschließend die Empfehlungen (aus Günther / Sperber 1993, 136):
- *Streiter*: sachlich und ruhig bleiben. Die Gruppe veranlassen, seine Behauptungen zu widerlegen.
- *Positive*: Ergebnisse zusammenfassen lassen. Bewußt in die Diskussion einschalten.

- *Alleswisser*: Die Gruppe auffordern, zu seinen Behauptungen Stellung zu nehmen
- *Redselige*: Redezeit festlegen. Taktvoll unterbrechen.
- *Schüchterne*: Leichte, direkte Fragen stellen. Sein Selbstbewußtsein stärken.
- *Ablehnende*: Seine Kenntnisse und Erfahrungen anerkennen.
- *Uninteressierte*: Nach seiner Arbeit fragen. Beispiele aus seinem Interessengebiet geben.
- *»Das große Tier«*: Keine direkte Kritik üben, »Ja-aber«-Technik.
- *Ausfrager*: Seine Fragen an die Gruppe zurückgeben.

Sitzungen vorbereiten

Zu einer guten Sitzung gehören ebenso eine gute Vorbereitung wie Nachbereitung, aber: »Kirchliche Gremienarbeit leidet zumeist an einer zu knappen Vorbereitung, aber noch mehr an einer nicht erfolgten Nachbereitung« (Lindner 8.2.4, 12).
Zwar kann man den vorgeschriebenen Turnus von Leitungsgremien nicht einfach unterbrechen, dennoch sollten Sie sich vor der Einberufung jeder Sitzung folgende Fragen stellen (vgl. Gehm 1994, 208):
- Ist die Besprechung/Konferenz überhaupt sinnvoll, oder gibt es andere Möglichkeiten des Meinungsaustausches und der Entscheidungsfindung?
- Welche Ziele möchte ich in der Besprechung erreichen?
- Sind die richtigen Leute eingeladen (z.B. Experten, Gäste)?
- Gehen alle von der gleichen Diskussionsgrundlage aus?
- In welchem Zeitrahmen möchte ich die Ziele erreichen?
- In welcher Reihenfolge möchte ich die Ziele angehen?
- Sind die Räumlichkeiten und die technischen Hilfsmittel die geeigneten?

Legen Sie die Dauer der Sitzung vorher fest. Besprechungen, die länger als zwei Stunden dauern, belasten die Aufmerksamkeit der Teilnehmenden zu sehr. Wenn Sie mehr Zeit brauchen, müssen Sie Pausen einplanen.

Tagesordnung und Einladung

Dann stellen Sie sich die Frage, wie die notwendigen Punkte auf die Tagesordnung kommen. Wer soll daran mitwirken? In welcher Weise sollen die Teilnehmer und Teilnehmerinnen schon im Vorfeld einbezogen sein? Wenn z.B. jemand über einen bestimmten Arbeitsbereich oder ein Sachgebiet berichten soll, so muß sein Einverständnis vorher abgerufen sein, und er sollte Einfluß auf die Gestaltung des entsprechenden Tagesordnungspunktes haben: Wieviel Zeit ist nötig? Wie soll anschließend diskutiert werden? Wie soll ein Meinungsbild oder eine Entscheidung hergestellt werden? Welche Arbeitsmittel bzw. Medien erleichtern die Arbeit? Was soll mit den Ergebnissen passieren? In diesen Vorüberlegungen treffen die Akteure keine Vorent-

scheidungen, sie bereiten lediglich die Entscheidungsfindung vor. Sie fragen nach den notwendigen Informationen für die Entscheidung und nach dem effektivsten Vorgehen.
Zunächst werden alle anstehenden Punkte gesammelt.
- [ ] Was kommt aus der laufenden Arbeit (Termine, Unerledigtes, Anträge und Anfragen)?
- [ ] Was kommt aus der Gemeinde (Wünsche, Meinungen, Berichte, Bewertungen)? Was kommt aus dem Umfeld (z.B. Änderung von gesetzlichen Rahmenbedingungen, Finanzvorgaben, Aufträge)?
- [ ] Was kommt aus dem Gremium selbst? (gewünschte Themen, Grundsatzdiskussionen, Konfliktbearbeitung, Schwerpunkte)

Dann bewertet man die Wichtigkeit und die Dringlichkeit der Themen und schätzt den erforderlichen Zeitbedarf. Man muß darauf achten, daß die als wichtig eingeschätzten Themen nicht auf Dauer den dringlichen geopfert werden. Es muß Zeit eingeplant werden für notwendige Grundsatzdiskussionen zur Positionsbestimmung, sonst entwickelt sich ein Leitungsgremium oder eine Arbeitsgruppe stillschweigend auseinander. Sinnvoll ist die verbindliche Berücksichtigung dieser Punkte im Rahmen einer Jahresplanung. Wenn sie gut vorbereitet und geführt sind, können gerade diese Diskussionsphasen jeweils ein Anreiz sein, die Sitzung zu besuchen, weil man etwas Neues und Interessantes zu einem relevanten Thema erfahren kann. Achten Sie bei der Zusammenstellung der Tagesordnung auf
- [ ] die Vollständigkeit möglicher Themen
- [ ] ihre Bewertung nach Prioritäten
- [ ] die Verteilung eines angemessenen Zeitbudgets
- [ ] die Gruppierung der Tagesordnungspunkte in sinnvolle Blöcke
- [ ] ihre Reihung in eine sinnvolle Abfolge

(vgl. Lindner 8.2.4, 13)
Die Tagesordungspunkte mit der höchsten Priorität kommen im allgemeinen an den Anfang der Sitzung. Wichtige und dringliche Punkte haben Vorrang. Bei den anderen Punkten kann man eine schnelle Abstimmung forcieren oder sie nur zur Kenntnis geben. Ein Leitungsgremium muß nicht zu jedem Punkt eine Entscheidung fällen, verschiedene Punkte werden nur beraten oder man informiert sich darüber. Für einen effektiven Sitzungsverlauf ist es erforderlich, Punkte, die zur Beratung anstehen, von Informationspunkten und von Punkten zur Entscheidungsfindung zu trennen. Für die unterschiedlichen Arten gelten unterschiedliche Vorgehensweisen:
- [ ] Zur Information reicht häufig ein kurzes Statement, sinnvollerweise unterstützt durch eine Folie oder Wandzeitung. Hierbei achten Sie auf die vier Verständlichmacher (siehe S. 48).
- [ ] Zur Beratung kann eine offene Diskussion geführt werden, während derer die Sitzungsleitung oder ein Teilnehmer die wichtigsten Pro- und Contra-Argumente für alle sichtbar mitnotiert, z.B. am Flipchart oder auf Moderationskarten. Man kann die Gruppe auch selbst mit Karten arbeiten lassen und die gesammelten Argumente anschließend diskutieren (siehe Kartenabfrage S. 119ff.). Es ist wichtig, sich einen zeitlichen Rahmen für den Austausch von Argumenten zu geben, damit die Diskussion

nicht ausufert. Zum Abschluß einer offenen Diskussion kann man, wenn die Zeit erreicht ist, abschließend mit allen folgendermaßen zusammenfassen: Die Sitzungsleitung bittet darum, daß die Teilnehmenden die wichtigsten Punkte der Diskussion kurz und ohne weitere Begründungen benennen. Dabei ist es sinnvoll, die Nennungen auf eine gewisse Anzahl zu beschränken, üblicherweise sieben. »Bitte nennen Sie mir die sieben wichtigsten Punkte unserer Diskussion.« Diese Punkte werden für alle sichtbar aufgeschrieben, sei es auf Moderationskarten oder Flipchart bzw. Wandzeitung.

☐ Zur Entscheidungsfindung stehen verschiedene Methoden zur Verfügung: Abstimmung, gemeinsamer Beschluß, auch als Kompromiß oder Verfahren aus der Moderationsmethode (siehe S. 123f.).

Zu allen Punkten sollten Sie vorab Überlegungen anstellen und die Zeit entsprechend kalkulieren.

Ein Leitungsgremium fällt auch Entscheidungen, die es nicht selbst ausführt. In jedem Fall muß aber definitiv festgelegt werden, wer zuständig für die Umsetzung ist (siehe S. 90). Die Ergebnisse der Vorbereitung einer Sitzung finden ihren Niederschlag in der Einladung, die auf diesem Weg ein Arbeitsinstrument für alle Teilnehmenden darstellt. Sie ist strukturiert, stellt klar, welche Fragen auf welchem Weg zu erarbeiten sind bzw. welche Entscheidungen gefällt werden müssen und gibt die Zeit vor. Das gilt nicht nur für jeden einzelnen Tagesordnungspunkt, sondern für die ganze Sitzung. Es ist selbstverständlich, daß Sie nicht nur den Beginn der Sitzung in der Einladung mitteilen, sondern auch das geplante Ende. Zur Einladung gehört auch das notwendige Informationsmaterial als Anlagen sowie eine Information über den Verteiler (Wer ist sonst noch eingeladen?).

Sitzungen ziel- und teilnehmerorientiert durchführen

Auch wenn es für Sie selbstverständlich sein mag, machen Sie sich die Grundaufgaben der Gesprächsleitung klar:
☐ Sie übernimmt die Gesprächsleitung.
☐ Sie formuliert Rahmenbedingungen für die gemeinsame Arbeit und sichert sie ab.
☐ Sie achtet darauf, daß Verabredungen zustande kommen und überwacht sie.
☐ Sie macht den Lern- und Arbeitsprozeß für die Teilnehmenden durchsichtig.
☐ Sie fördert die Entwicklung der Gruppe durch Beteiligung möglichst aller.
☐ Sie setzt Arbeitstechniken ein, die das Arbeiten der Gruppe erleichtern.

Es ist nicht primär die Aufgabe der Sitzungsleitung, eigene Positionen herauszustellen und engagiert inhaltlich zu diskutieren. Sie darf ihre Funktion nicht durch Vielreden ausnutzen, um eine Entscheidung in ihrem Sinne zu manipulieren. Andererseits ist die Leitung kein meinungsmäßiges Neutrum, Pfarrer und Pfarrerinnen vertreten, insbesondere als Experten für ihr Arbeitsfeld, profilierte eigene Standpunkte. Wenn Sie mit Engagement eine Sache vertreten wollen, sollten Sie die Sitzungsleitung für diese

Sequenz dem Stellvertreter/der Stellvertreterin überlassen. Die Trennung von aufmerksamer Leitung und Engagement in der Sache legt dies nahe.

Folgende Konflikte in der Leitungsrolle sind uns aufgefallen:

Die Leitung will die Teilnehmenden beteiligen.	Die Teilnehmenden wollen bedient werden.
Die Leitung hat alles geplant.	Die Gruppe will sich nicht festlegen.
Die Leitung sieht einen Konflikt und will ihn bearbeiten.	Die Gruppe will ihn nicht thematisieren oder nicht wahrhaben.
Die Leitung benutzt die Gruppe zur Selbstdarstellung.	Die Gruppe will sich selbst bestimmen.
Die Leitung ist wenig motiviert.	Die Gruppe will sich leiten lassen.
Die Leitung ist schlecht vorbereitet.	Die Gruppe braucht Hilfestellungen.
Die Leitung will Arbeitstechniken einsetzen.	Die Gruppe lehnt diese ab und will darüber diskutieren.
Die Leitung will Akzeptanz zu einem Ergebnis oder Vorgehen in der Gruppe herstellen.	Die Gruppe erwartet eine Expertenentscheidung.

Abgesehen von Fehlern in der Leitung, z.B. schlechte Vorbereitung, kommt es darauf an, eine Balance zwischen den eigenen Erwartungen und denen der Gruppenmitglieder zu finden. Die Leitung hat Autorität und soll diese zugunsten der Gruppe nutzen, d.h. in dem einen Fall wird sie sich durchsetzen müssen, z.B. beim Einsatz von Arbeitstechniken, in dem anderen wird sie bewußt der Gruppe folgen, z.B. Hilfestellungen geben. Die Leitung muß dabei immer einen Ausgleich herstellen
- »zwischen den Bedürfnissen der Gruppe und der Notwendigkeit der Sache.
- zwischen dem Voranbringen des Themas und der Entwicklung aus der Gruppe.
- zwischen dem Raumgeben für Meinungsäußerungen und Durchsetzen der Vorgaben der Tagesordnung.
- zwischen der Suche nach dem Kompromiß oder Herbeiführen einer profilierten Mehrheitsentscheidung« (Lindner 8.2.4, 29).

Strategien und Techniken in verschiedenen Sitzungsphasen

Kontaktaufnahme und Informationsphase

Gerade komplizierte und ernsthafte Besprechungen verdienen eine freundliche Begrüßung. Im kirchlichen Kontext beginnen offizielle Sitzungen meistens mit Schriftlesung und Gebet, gerade dieser Einstieg läßt sich sehr freundlich, ermutigend und einladend gestalten.

Selbst wenn Zeitvorgaben und Tagesordnung mit der Einladung bekannt sind, sollten Sie die folgenden Punkte ansprechen, weil die Teilnehmenden die Einladung manchmal nicht ausführlich gelesen haben, weil kurzfristig andere oder neue Punkte wichtig geworden sind oder sich die Informationslage geändert hat (vgl. Gehm 1994, 211):
- Wie lange wird die Besprechung dauern (inklusive Absprachen über Pausen)?
- Welche Themen und Ziele haben wir?
- Nach welcher Tagesordnung gehen wir vor?
- Wie gehen wir im einzelnen vor (Zeit pro Punkt, jeweilige Ziele und Arbeitstechniken)?
- Wer protokolliert?
- Wie gehen wir mit Störungen um (Verweis auf Kommunikationsregeln)?

Bei den entsprechenden Vereinbarungen sollten Sie sich jeweils die Zustimmung der Beteiligten einholen, wozu in der Regel ein einfacher Blickkontakt reicht (Achten Sie auf Körpersignale!). Manchmal ist es nötig, Zustimmung direkt abzufragen, z.B. bei Änderungen der Tagesordnung. Wenn Themen, Ziele und Vorgehensweisen gemeinsam vereinbart werden, sind bei Abweichungen, Wiederholungen und Störungen korrigierende Interventionen leichter möglich.

Argumentationsphase

Die Vorstrukturierung in der Informationsphase dient in der Argumentationsphase dazu, aus der Fülle und Vielfalt von Beiträgen und Meinungen, die oft zufällig aufeinander folgen, viele, kleine, geordnete Einzelgespräche zu machen. Die Sitzungsleitung hat die Aufgabe, diese Beiträge zu koordinieren, jedem seinen Raum zu verschaffen bzw. den Raum (Redezeit) einzugrenzen, damit alle zur Sprache kommen können. Eine Sitzung konstruktiv zu leiten bedeutet u.a., darauf zu achten, daß sich alle kurz fassen, bei der Sache bleiben und keine Killerphrasen[1] benutzen. Achten Sie darauf, Manipulationstechniken zu unterbinden, z.B:
- Techniken, die unmittelbar auf die Persönlichkeit einwirken
    a) das Selbstgefühl steigern (falsches Loben, bestechen, emotionalisieren ...)
    b) das Selbstwertgefühl herabsetzen (beeindrucken, provozieren, persönlich werden ...)
- aneinander vorbeireden (monologisieren, vor unwirkliche Alternativen stellen, ablenken, ausweichen ...)
- verkomplizieren (sinnloser Wortschwall, Haarspalterei, Ausufern ...)
- den Handlungsspielraum verringern (mit früheren Aussagen konfrontieren, wiederholen, durch Fragen bedrängen ...)
- Vereinfachungen und Patentlösungen anbieten (z.B. etikettieren, Autoritäten anführen ...).

---

1. Diese haben den Zweck, andere Gesprächsteilnehmer ohne ausreichende Information oder Argumentation mundtot zu machen. Beliebte Varianten sind: »Das ist mit der Kirchenordnung nicht vereinbar.« »Das würden die Gemeindeglieder nie mitmachen.« »Das ist bei uns Tradition, das haben wir schon immer so gemacht.« Usw. usw.

Eine Empfehlung für die Sitzungsleitung: Setzen Sie die DiskussionsteilnehmerInnen bzw. VerhandlungspartnerInnen nebeneinander und markieren Sie das Problem auf der gegenüberliegenden Seite, denn wenn man körperlich nebeneinander sitzt, wird die geistige Bereitschaft erklärt, ein Problem gemeinsam anzugehen. Wenn die Teilnehmenden z.B. im Halbkreis sitzen und auf eine Pinwand blicken, reagieren sie eher auf das angeschlagene Problem und nicht so sehr auf die Gesprächspartner. Das ist eher der Fall, wenn sie sich gegenüber sitzen und anschauen müssen.

Beschluß- und Abschlußphase

Sie halten die Ergebnisse der Diskussion und Entscheidungen exakt fest, unbedingt schriftlich und öffentlich (Flipchart, Tafel) und am besten nicht erst im später zugesandten Protokoll. Dabei muß deutlich sein, wer welche Aufgaben bis wann mit wem erledigt. Tragen Sie das in folgende Liste ein:

W-Planungsraster

Was	Wer (verantwortl.)	Mit wem	(bis) wann	An wen (Check)

Spätestens am Ende der Sitzung müssen Sie klären, wer in welcher Weise von den getroffenen Entscheidungen oder Planungen informiert sein soll bzw. wer dies jeweils übernimmt.

Vor allem, wenn Sie sich in dem Gremium, das Sie leiten, in einem Entwicklungsprozeß befinden, in dem das Miteinander-Lernen einen zentralen Stellenwert hat, und insbesondere, wenn sich das Gremium neu konstituiert und das Selbstverständnis der eigenen Arbeit aufeinander abstimmt, sind Kurzevaluationen am Ende der Sitzungen sinnvoll. Die Sitzungsleitung läßt auf der Ebene der Metakommunikation den Arbeitsprozeß von allen bewerten. Dies läßt sich mit der Moderationstechnik als Punktabfrage sehr schnell durchführen (siehe S. 127). Ein anderes Verfahren ist das »Blitzlicht«: Jede/r erhält reihum die Gelegenheit, sich in einem kurzen Statement zu äußern, z.B. zu einigen der Fragen: »Was war mir heute wichtig?« »Wie beurteile ich die Ergebnisse?« »Wie fühle ich mich jetzt?« » Für die nächste Sitzung wünsche ich mir?« Bei der Abfrage sollten Sie, egal, welche Methode Sie wählen, die folgenden drei Dimensionen im Auge haben:
☐ Ergebnisse der Sitzung: Wie zufrieden sind die Teilnehmenden damit?
☐ Prozeß: Was hat ihnen am Vorgehen gefallen, was sollte verbessert werden?
☐ Arbeitsatmosphäre: Wie sind wir miteinander umgegangen?

Auf keinen Fall sollten Sie aber anschließend eine breite Diskussion über Gründe für die Bewertung zulassen, damit verärgern Sie alle Teilnehmer, die mit Einleitung der Abschlußphase bereits »auf dem Sprung« sind. Sollte sich eine problematische Bewertung ergeben haben, reservieren Sie dafür auf der nächsten Sitzung einen extra Punkt, um Gründe und Verbesserungsvorschläge zu erfragen.

Das bewußte Gestalten einer Abschlußphase hat den Sinn, daß die Teilnehmenden nicht »einfach so« auseinandergehen. Es soll ihnen vermitteln, daß sie etwas geschafft, einen Auftrag erfüllt, eine schwierige Entscheidung getroffen oder etwas Wichtiges erfahren haben. Sie sollen Negatives zurücklassen können und mit einem positiven Gefühl, einem Erfolgserlebnis nach Hause gehen oder weitere informelle Gespräche aufnehmen können. Der kirchliche Kontext bietet zusätzlich die Möglichkeit zu einem abschließenden Gebet oder einer Meditation.

Nachbereitung

Sie sollten nach jeder Sitzung für sich persönlich reflektieren, wie weit Sie Ihre Ziele bzw. die gemeinsam vereinbarten Ziele tatsächlich erreicht haben.
- Was ist noch offen und muß in der nächsten Sitzung wieder aufgegriffen werden?
- Was hat sich an neuen Tagesordnungspunkten aus der Diskussion ergeben?
- Welche Arbeitsaufträge haben Sie selbst übernommen, wann wollen Sie damit beginnen (Zeitmanagement beachten)?
- Welche Aufträge anderer müssen Sie gegenchecken, wann?

Zur Nachbereitung gehört ebenfalls das Protokoll, in der Regel ein Ergebnisprotokoll. Hierfür sollten Sie bereits vorab – und, falls Sie selbst Protokollant sind, mit der Sitzungsleitung – folgendes geklärt haben (vgl. Kellner 1995, 107):
- *Was*: Was soll festgehalten werden? Ergebnisse, Beschlüsse, Entscheidungen, Empfehlungen, Aufgaben oder ganze Abläufe? Welche Anlagen sind dem Protokoll beizulegen?
- *Wie*: Reicht eine kurze Beschreibung oder Aufzählung oder sollen/können auch Visualisierungen abfotografiert oder abgeschrieben werden?
- *Wann*: Bis wann muß spätestens den Empfängern das Protokoll zugeschickt worden sein?
- *An wen*: Wer soll ein Protokoll erhalten (auch eventuell Personen, die nicht an der Sitzung teilgenommen haben)? Wo soll es abgelegt werden? Wer muß es vor der Verteilung lesen und bestätigen?

Führen durch Strukturieren und Fragen

Die Leitung steuert in erster Linie durch Fragen und durch neutrale, nicht wertende Zusammenfassung und Bündelung der Beiträge nach einer noch überschaubaren und erträglichen Fülle von Meldungen. So wird der Stand der Diskussion abgesichert und gewährleistet, daß man beim Thema bleibt. Pro- und Contra-Argumente müssen voneinander unterschieden, Unterschiede herausgestellt sowie Gemeinsamkeiten hervorgehoben werden. Visualisierung unterstützt dieses Vorgehen sehr.
Lassen Sie strukturiert diskutieren. Sie tun dies, indem Sie:
- Zielfragen formulieren: »Was wollen wir mit dieser Diskussion erreichen?« »Wohin führt uns das?«

- Sammeln, strukturieren, Prioritäten setzen und transparent machen: »Wir haben bisher folgende Argumente für den Vorschlag Gemeindefest gehört und folgende Gegenargumente. Ich schlage vor, daß wir nun zunächst einen Blick auf unser Jahresprogramm werfen ...«
- Vom Allgemeinen zum Besonderen diskutieren oder vom IST zum SOLL: »Betrachten wir zunächst die Situation der Kirche in der Gesellschaft, anschließend beschäftigen wir uns mit den besonderen Verhältnissen in unserer Gemeinde.« »Lassen Sie uns in der ersten Sequenz der Diskussion gemeinsam beschreiben, wie die Dienste in unserer Gemeinde organisiert sind. Dann wollen wir Anregungen dafür sammeln, wie eine neue Organisationsstruktur aussehen kann ...«
- Themen immer abschließen: »Wir haben in der Diskussion Einigkeit in folgenden Punkten hergestellt. Offen geblieben sind die folgenden Fragen ...«

Wenn die Sitzungsleitung über die Fähigkeit, aktiv zuzuhören verfügt, gelingt es ihr eher, Beiträge neutral zusammenzufassen und dann durch Fragen auf noch offen gebliebene Aspekte in der Argumentation der GesprächsteilnehmerInnen hinzuweisen oder bestimmte Aussagen kontrastierend gegeneinander zu stellen oder zu vergleichen.

»Wenn ich Sie richtig verstanden habe, lehnt ein Teil der Gruppe den Ausschank von Alkohol auf dem Gemeindefest mit dem Verweis auf unerwünschtes, auffälliges Verhalten einzelner beim letzten Gemeindefest generell ab. Was glauben Sie, wie können wir dem von den anderen vorgetragenen Wunsch nach einem lockeren Gemeindefest entsprechen, ohne die negativen Konsequenzen des Alkoholkonsums zu ermöglichen?«

Neben dem aufmerksamen Zuhören und dem Zusammenfassen von Beiträgen steuert die Leitung mit Fragen. Deshalb verweisen wir auf die folgenden Techniken:

Fragetechniken

Art	Beispiel	Ziel
Offene Frage	»Wie beurteilen Sie ...«	Meinungsbild einholen
Berichtsfrage / Informationsfrage	»Was sind Ursachen für die rückläufige Zahl der Gottesdienstbesucher?«	Zusammenhängende Darstellung eines Sachverhaltes
Geschlossene Frage	»Sind wir mit dem Tagesordnungspunkt fertig?«	Schränkt Antwortmöglichkeiten ein
Kontaktfrage	»Sind Sie gut hierher gekommen?«	Persönlichen Kontakt vor dem eigentlichen Gesprächsgegenstand herstellen
Alternativfrage	»Welchen der beiden Vorschläge finden Sie besser?«	Schränkt Antwortmöglichkeiten ein, läßt zwischen begrenzter Anzahl von Alternativen wählen
Suggestivfrage	»Es kann Ihnen doch bloß um den Erhalt des Status quo gehen, oder?«	Bestätigung des eigenen Standpunktes

Provokatorische Fragen	»Sind Sie als Mitarbeitervertretung eigentlich prinzipiell gegen die Beschlüsse der Synode?«	Soll Meinungskorrektur beim Gesprächspartner erzielen
Gegenfrage	»Sie wollen wissen, ob sich jemand beschwert hat. Was glauben Sie, könnte es da für Gründe geben?«	Zeit gewinnen, hilft über unsichere Momente hinweg, gibt Verantwortung dem anderen bzw. der Gruppe zurück
Zweifelsfrage	»Sind Sie auch ganz sicher, daß wir am Ablauf der Veranstaltung nichts ändern sollten?«	Das Gegenüber soll verunsichert und zum Nachdenken gebracht werden.
Indirekte Frage	»Arbeiten Sie mit dieser Methode schon lange?«	Zielt scheinbar auf einen Nebenbereich ab, in dem man aber bestimmte Informationen erwartet, die man nicht direkt erfragen will

Unserer Meinung nach gibt es in der Leitung von Sitzungen gute Gründe für den Gebrauch aller Frageformen (mit Ausnahme der Suggestivfrage). Sie sollten sich der Wirkung der einzelnen Technik bewußt sein, wenn Sie sie anwenden, und sie muß passen: Eine Kontaktfrage paßt nicht ans Ende der Sitzung und mit einer provokatorischen Frage können Sie nichts bewirken, wenn Sie gerade in einem aufgewühlten Diskussionsklima zu Sachlichkeit und Ruhe zurückführen wollen, wohl aber, wenn sie die Diskussion entfesseln wollen.

Alternative Formen der Sitzungsgestaltung

Sicher ist es zunächst notwendig, Sitzungsleitung im klassischen, oben beschriebenen Stil zu können. Je sicherer Sie damit sind, je mehr Ihnen dieses zur Routine wird, desto mehr sollten Sie mit den nun folgenden Anregungen experimentieren. Die Vorschläge haben den Sinn, das immer bekannte Sitzungsritual ein wenig aufzulockern, die Teilnehmenden zu öffnen und zu aktivieren und deshalb neue Ideen und Lösungen für Probleme eher zu ermöglichen.
Gerade beim Finden neuer Ideen bringen Gruppen bessere Leistungen als Einzelpersonen, und in der Gemeinde gibt es vielfältige Anlässe, diese Kapazität zu nutzen. Ob es um eine Ideensammlung zur Verbesserung der Gemeindezeitung geht, um Vorschläge für das nächste Gemeindefest, um Problemlösungen – immer kann man von einer Arbeitsgruppe mehr und neue Einfälle erwarten. Sie können die Fähigkeit von Gruppen gezielt einsetzen, indem Sie Sitzungen durch Sequenzen der Gruppenarbeit auflockern – nicht als Spielerei gedacht, sondern um bestimmte Arbeitsergebnisse erzielen zu können. Allerdings müssen Sie dabei bestimmte Regeln beachten.

Die Arbeit in kleineren Gruppen bietet sich an,
- ☐ wenn es um das Vertiefen bestimmter Arbeitsschritte geht
- ☐ wenn Plenumsphasen vorbereitet werden sollen
- ☐ wenn an mehreren Themen parallel gearbeitet werden soll
- ☐ wenn man Einschätzungen und Meinungen verschiedener (Interessen- oder Status)gruppen im Plenum einfangen will.

Es gibt verschiedene Methoden zur Gruppenbildung:
- ☐ nach Untergruppenzugehörigkeit (homogene Gruppen)
- ☐ je x Personen aus einer Untergruppe bilden eine neue Gruppe (um die Bildung heterogener Gruppen zu steuern)
- ☐ nach dem Zufallsprinzip: Man läßt Karten ziehen oder abzählen (führt meist auch zu heterogenen Gruppen)
- ☐ durch Ernennen der Mitglieder (Namen nennen, gewährleistet, daß Kompetenzen optimal verteilt sind)
- ☐ nach Interesse oder Zuständigkeit: Die Themen für die Gruppenarbeit sind vorgegeben, die Teilnehmenden ordnen sich zu
- ☐ nach Sympathie: Augenkontakt entscheidet.

Für ein effektives Arbeiten ist eine Gruppengröße von ca. 5 Personen am besten.

Bienenkorb

In Tagungen verbreitet ist die Methode »Bienenkorb«: Nach einer Plenumsphase schwärmen die Gruppen in ihre Arbeitsräume aus, bearbeiten ihre Aufgaben und kehren mit reicher Beute an Ergebnissen ins Plenum zurück usw. Sie ist weiterentwickelbar zur sog. Open-Space-Methode, in der keine Sitzungsleitung die Aufgabenstellung vorgibt, sondern die Initiative hierfür im Plenum von den Beteiligten selbst ausgeht.

Fishbowl oder Aquarium

Ein anderes Verfahren ist das Fishbowl oder Aquarium: In einem Kreis (Innenkreis) diskutiert eine Gruppe ein bestimmtes Thema. Eine andere bildet einen Außenkreis und verfolgt die Arbeit der »Inneren« beobachtend. Anschließend gibt sie der Gruppe im Innenkreis Feedback, z.B. über Diskussions- und Arbeitsweise, Vollständigkeit der Argumente o.a. Regeln des Feedbacks müssen bekannt sein. Dann können die Gruppen die Rollen tauschen.

Brainstorming zur Ideenfindung

Eine spezielle Arbeitsform für Kleingruppen ist das Brainstorming. Jede Arbeitsgruppe, die ein Brainstorming durchführt, braucht eine Moderation. Sie muß darauf achten, daß der Prozeß der Ideen*findung* strikt getrennt wird von der anschließenden Ideen*bewertung*. Es gelten folgende Grundsätze, auf die sich die Teilnehmenden vorher verpflichten müssen – also bitte anschreiben!

- Zensur findet nicht statt: Alles (zu denken und auszusprechen) ist erlaubt, selbst die verrückteste Idee. Die Moderation muß das sicherstellen.
- Keine Killerphrasen: Sätze wie: »Das funktioniert sowieso nicht« oder: »Das kriegen wir nie durch« müssen unterbunden werden, um den Fluß der Ideen und Gedanken nicht zu blockieren.
- Quantität geht vor Qualität: Zunächst sämtliche Ideen sammeln, erst später die Qualität beurteilen.
- Alles aufschreiben: Damit nichts in der raschen Aufeinanderfolge der Gedanken verlorengeht, schreibt die moderierende Person auf einer Wandzeitung mit.

Um Blockaden, sich öffentlich mit unorthodoxen Ideen zu äußern, zu vermeiden, können Sie das Brainstorming als Kartenabfrage mit Moderationstechnik inszenieren, so wird weitestgehende Anonymität gewahrt (siehe S. 108ff.).
Die moderierende Person leiten die Brainstorming-Sequenz mit einer offenen Frage (W-Frage) ein und ermutigt dann alle Teilnehmenden, sich zu äußern, z.B.: »Was können wir / was können Sie tun, um den Gottesdienst für junge Leute interessanter zu machen?« Nach einer gewissen Überlegungs- und Überwindungsphase, die Sie den Teilnehmenden zugestehen sollten, werden Sie erstaunt sein, wie viele Ideen wie rasch kommen, wenn Sie auf Einhaltung der zuvor genannten Regeln achten. Das bringt jedes Presbyterium in Schwung.

Warming up

Diese Arbeitstechnik eignet sich sehr gut für die sog. Anwärmphase (Warming s. S. 83) in Gruppen und Gremien, wenn man sich erst kennenlernen möchte, bevor man zur Sache kommt. Beliebt ist hierfür das Paarinterview. Die Gruppenleitung stellt eine Aufgabe wie die folgende an die Paare:
Bitte interviewen Sie sich wechselseitig und finden Sie folgende Aspekte heraus (nicht mehr als zwei bis drei vorgeben und beantworten lassen):
- Falls nicht schon bekannt: Name, Wohnort, Beruf, Familie ...
- Welche Aufgaben verbinden Sie mit der Arbeit des Gremiums/der Gruppe? Welche Schwerpunkte würden Sie setzen?
- Was darf Ihrer Meinung nach auf keinen Fall passieren (Befürchtungen)?
- Was können Sie in die Gruppe einbringen / für sie tun (Kompetenzen, Beziehungen, Zeit)?
- Was wünschen Sie sich, damit die Arbeit Spaß macht?

Sie sehen, daß diese Fragen bereits in medias res gehen und nicht bloß nach Hobbys oder anderem, was nicht in Zusammenhang mit dem Anlaß der Sitzung steht, fragen. Oft wird ein solches Vorgehen in der Anfangsphase vermieden, weil man gedanklich das Kennenlernen von der Sache trennt, aber gerade über die Sache kann man sich kennenlernen, ohne zu viel Persönliches preisgeben zu müssen.

Sich-Warm-Reden

Eine weitere Möglichkeit zum effektiven Einsatz von Partnerarbeit ist immer dann gegeben, wenn eine Diskussion stockt. Nach einem hochkarätigen Vortrag, wenn zunächst niemand so recht etwas zu sagen wagt, weil man seine eigenen Gedanken noch nicht sortiert hat, bieten Sie als Sitzungsleitung eine Hilfe an, indem Sie folgendes vorschlagen: »Bitte tun Sie sich mit Ihrem Nachbarn/Ihrer Nachbarin zusammen und unterhalten Sie sich darüber, 1) was für Sie jeweils das Interessanteste / die wichtigsten Aspekte des Vortrags gewesen sind und 2) welche Fragen Sie noch haben!« Die Arbeitseinheit können Sie kurz halten (5 – 7 Minuten), denn das Ziel ist nicht ein Austausch von Argumenten, sondern lediglich ein »Sich-Warm-Reden«. Sobald eine lebhafte Diskussion im Gange ist, können Sie die Teilnehmer wieder ins Plenum zurückrufen und sie auffordern, ihre Kommentare und Fragen zu äußern. Dieses Vorgehen läßt sich spontan immer realisieren, denn Sie brauchen keine besonderen Gruppenräume.

Kontrollierter Dialog

Diese Technik ist ein bestimmtes Argumentationsverfahren, das sich gut bei starker Kontroversität des Themas eignet oder wenn ein Diskussionsklima eskaliert. Es zwingt die Teilnehmenden zur Selbstkontrolle, zügelt spontane Reaktionen und zwingt dazu, sich in die Position des Gegenübers hineinzuversetzen. Jeder Teilnehmer muß, bevor er seine eigenen Argumente vorbringt, die Aussagen seines Streitpartners wiederholen, nachdem er folgende Einleitungsfloskel gesprochen hat: »Wenn ich Sie richtig verstanden habe ...« Um dieses Verfahren zu realisieren, müssen Sie als Sitzungsleitung den normalen Fluß der Konfrontation abbrechen und die Teilnehmenden zu der oben beschriebenen Regel in Form einer Übung verpflichten.
Sie müssen als Sitzungsleitung auf die Einhaltung der Regeln achten – dazu brauchen Sie Kraft. Wenn Sie zu früh nachgeben, setzt sich der alte Stil sofort wieder durch. Legen Sie nach der Übung eine Pause ein, bevor Sie zum normalen Tagesgeschäft weitergehen.

Übung bei starker Kontroversität in Gruppen und Sitzungen

> Zu jeder Meinungsseite melden sich zwei bis drei TeilnehmerInnen, die sich einander gegenüber setzen. Sie tauschen in schneller Reihenfolge Argumente aus, die ihre jeweilige Meinung unterstützen. Dabei sind kurze Beiträge (nicht mehr als 15 Sekunden) mit pointierten Aussagen erwünscht ... Die übrigen Teilnehmer können ihre Vertreter mit Zurufen unterstützen.
> Die ModeratorInnen schreiben auf getrennten Tafeln die Pro- und Contra-Aussagen mit.
> Nach drei bis fünf Minuten tauschen die Kontrahenten die Plätze und vertreten nun die gegenteilige Meinung. Auch diese Aussagen werden mitvisualisiert. Wenn alle Argumente genannt sind, wird das Spiel abgebrochen. Jeder Teilnehmer erhält Kle-

bepunkte und kann nun die besten Argumente aus der Pro-und Contraliste bewerten. Die höchstbewerteten Argumente werden zu Themengruppen zusammengefaßt. In den Themengruppen sollen sowohl Pro- als auch Contraargumente enthalten sein.
Zu den Themengruppen werden Kleingruppen gebildet, in denen die Argumente weiter diskutiert werden und in denen nach Lösungsmöglichkeiten gesucht wird.
(aus: K. Klebert, E. Schrader, W.G. Straub, ModerationsMethode. Gestaltung der Meinungs- und Willensbildung in Gruppen, die miteinander lernen und leben, arbeiten und spielen, 7. Auflage 1998, © Windmühle Hamburg, 121)

Weitere Verfahren, die die Effektivität von Arbeitsgruppen und die Arbeitszufriedenheit erhöhen, sind Visualisierung und Moderation (siehe S. 108ff.).

Aktiv an Sitzungen teilnehmen

Einführung

Im Berufsalltag sind Besprechungen und Sitzungen an der Tagesordnung, bei denen Sie in der Rolle als teilnehmende Person Ihre Position, Ihre Interessen einbringen und wenigstens zu einem Teil durchsetzen wollen. Eine einfache und wichtige Grundregel aus der Themenzentrierten Interaktion heißt: »Seien Sie Ihre eigene Gesprächsleitung!« So banal es klingen mag: Entscheiden Sie selbst, was Sie sagen wollen, wann Sie es sagen wollen und was Sie nicht sagen wollen. Sie können nicht erwarten, daß die Sitzungsleitung oder ein Redeführer die Verantwortung für Sie übernimmt, es sei denn, Sie hätten sich vorher abgesprochen. Folgende Hilfsmittel sollen Ihnen die selbstbewußte Teilnahme an Sitzungen erleichtern (nach Gehm 1994, 220):

- ☐ Legen Sie Ihre eigenen Ziele fest.
- ☐ Benutzen Sie Ich-Aussagen quasi wie Überschriften, die Ihnen helfen, sich bei einem bestimmten Thema einzubringen.
- ☐ Setzen Sie in der Informationsphase der Sitzung (s.o.) Ihre eigenen Themenschwerpunkte.
- ☐ Überprüfen Sie in der Beschlußphase die für Sie wichtigen Ergebnisse anhand Ihrer eigenen Ziele und halten Sie sie fest.
- ☐ Machen Sie sich bewußt, wozu Sie etwas sagen wollen und wozu nicht.
- ☐ Achten Sie auf Ihre eigenen Körpersignale, sie signalisieren oft, wenn Sie etwas stört.
- ☐ Sprechen Sie an, wenn Sie etwas stört.
- ☐ Sprechen Sie die anderen GesprächsteilnehmerInnen als Person an.
- ☐ Suchen Sie deren Meinungen zu erfahren (durch Fragen und aktives Zuhören).
- ☐ Grenzen Sie sich ab, wenn Sie es für richtig halten, Sie haben das Recht dazu.

Fair verhandeln

Indem Sie eigene, persönliche Ziele festlegen und Schwerpunkte setzen und ebenso in der Art, wie Sie diskutieren, können Sie einen konstruktiven Beitrag zum Diskussionsklima bringen oder nicht. Zu den nicht bzw. wenig konstruktiven Verhandlungsstilen rechnen wir den sog. weichen und harten Verhandlungsstil, dem wir als Alternative einen sachbezogenen Stil gegenüberstellen wollen (Fisher / Ury 1984, 29). Die Stile unterscheiden sich wie folgt:

Welches Verhalten würden Sie beim Ringen um Positionen zeigen?		Verhandeln Sie nicht um Positionen, sondern sachbezogen.
Weich	**Hart**	**Sachbezogen**
Die TeilnehmerInnen einer Verhandlung sind Freunde	Die TeilnehmerInnen sehen sich als Gegner an	Die TeilnehmerInnen betrachten sich als Problemlöser
Ziel: Übereinkunft mit der Gegenseite	Ziel: Sieg über die Gegenseite	Ziel: vernünftiges, effizient und gütlich erreichtes Ergebnis
Man macht Konzessionen zur Verbesserung der Beziehungen	Man fordert Konzessionen als Voraussetzung der Beziehung	Menschen und Probleme getrennt behandeln
Weiche Einstellungen zu Menschen und Problemen	Harte Einstellungen zu Menschen und Problemen	Weich zu den Menschen, hart in der Sache
Vertrauen zu den anderen	Mißtrauen gegenüber den anderen	Vorgehen unabhängig von Vertrauen oder Mißtrauen
Bereitwillige Änderung der Position	Beharren auf der eigenen Position	Konzentration auf Interessen, nicht auf Positionen
Man unterbreitet Angebote	Drohungen	Interessen erkunden
Die Verhandlungslinie wird offengelegt	Die Verhandlungslinie bleibt verdeckt	Offenheit, vermeiden von Verhandlungslinien
Um der Übereinkunft willen macht man einseitige Zugeständnisse	Man fordert einseitige Vorteile als Preis für die Übereinkunft	Man sucht nach Möglichkeiten für einen gegenseitigen Nutzen
Suche nach der einzigen Antwort, die die anderen akzeptieren	Suche nach der einzigen Antwort, die ich akzeptiere	Unterschiedliche Wahlmöglichkeiten suchen und erst anschl. entscheiden
Bestehen auf einer Übereinkunft	Bestehen auf der eigenen Position	Bestehen auf Kriterien für eine vernünftige Problemlösung
Vermeiden von Willenskämpfen	Der Willenskampf muß gewonnen werden	Ergebnisse unabhängig vom jeweiligen Willen zu erreichen suchen
Man gibt starkem Druck nach	Man übt starken Druck aus	Vernunft anwenden und der Vernunft gegenüber offen sein; nur sachlichen Argumenten, nicht irgendwelchem Druck nachgeben

(aus: R. Fisher / W. Ury, Das Harvard Konzept. Sachgerecht verhandeln – erfolgreich verhandeln, Campus, Frankfurt / New York 1984, 29)

Einem fairen Verhandlungsstil widerspricht das Feilschen um Positionen, denn dabei trachtet jeder danach, alle Vorgehensweisen und Ergebnisse ausschließlich zu den eigenen Gunsten zu verbessern. Die Streitparteien beginnen gerne mit einer extremen Position und halten eigensinnig daran fest, sie täuschen die anderen über ihre wahren Absichten und machen Zugeständnisse nur unter Druck. Andererseits ist nur »nett« zu sein auch keine Lösung, weil das sehr schnell mit dem Verzicht auf die eigenen Ziele und Wünsche verbunden ist. Die Lösung liegt darin, bei der Verhandlung auf zwei Ebenen zu agieren: auf der Sachebene und auf der Beziehungsebene. Auf der letzteren geht es um die Verfahrensweise, um die Frage, wie Sie über Ihr Kernanliegen verhandeln wollen: hart oder weich oder sachbezogen bzw. wann (bei welchem Punkt) wie. Es geht um die folgenden Aspekte:

- *Menschen:* Menschen und Probleme getrennt voneinander behandeln
- *Interessen:* Nicht Positionen, sondern Interessen in den Mittelpunkt stellen
- *Möglichkeiten:* Vor der Entscheidung verschiedene Wahlmöglichkeiten entwickeln
- *Kriterien:* Das Ergebnis möglichst auf objektiven, in jedem Fall transparenten Entscheidungskriterien aufbauen.

(aus: R. Fisher / W. Ury, Das Harvard Konzept. Sachgerecht verhandeln – erfolgreich verhandeln, Campus, Frankfurt / New York 1984, 27)

Interessen

Jede an einer Verhandlung beteiligte Person hat wenigstens die folgenden zwei Interessen: Das eine bezieht sich auf den Verhandlungsgegenstand, das andere auf die persönlichen Beziehungen. Beide vermischen sich leicht in den Auseinandersetzungen, und es ist eine Hilfe, die Aspekte voneinander zu trennen. Wenn Sie herausfinden wollen, wie die anderen das Problem bzw. den *Verhandlungsgegenstand* sehen, können Sie eine Person von der Gegenseite direkt ansprechen und darauf achten, wie sie den Sachverhalt darstellt. Indem Sie den Fokus auf die *Beziehungsebene* richten, setzen Sie sich mit den Vorstellungen der anderen Seite auseinander:

- Versetzen Sie sich in die Lage der anderen – eine unverzichtbare Voraussetzung für konstruktives Verhandeln.
- Leiten Sie die Absichten der anderen niemals aus den eigenen Befürchtungen ab (»die wollen mich nur fertig machen«).
- Schieben Sie die Schuld an Ihren eigenen Problemen nicht der Gegenseite zu, vielmehr ist das Problem der Gegenseite Ihr Problem.
- Sprechen Sie über die Vorstellungen beider Seiten.
- Beteiligen Sie die Gegenseite am Ergebnis – achten Sie darauf, daß sie sich am Verhandlungsprozeß beteiligt und nicht an einem bestimmten Punkt »aussteigt«.
- Stimmen Sie Ihre Vorschläge auf das Wertesystem der anderen ab – die Gegenseite soll ihr Gesicht wahren können.
- Versuchen Sie, die Vorstellungen der Gegenseite auf eine neue, ungewöhnliche Art zu nutzen – das weicht alte Fronten und Verhandlungslinien auf.

Um in einer Auseinandersetzung interessenorientiert diskutieren zu können, müssen die eigenen Absichten Ihnen natürlich selbst bewußt sein, und Sie müssen die Interessen der anderen Seite anerkennen. Sie sind Teil Ihres Problems. Das Ziel ist es, Interessen in Einklang zu bringen und nicht Positionen. Hinter kontroversen Positionen können sowohl gemeinsame und ausgleichbare als auch sich widersprechende Interessen liegen. Für eine vernünftige Übereinkunft sind neben den gemeinsamen auch die unterschiedlichen Interessen grundlegend nützlich, sofern sie sich ergänzen. Sie finden die Interessen durch »Warum«-Fragen heraus, durch direktes Fragen nach dem Interesse der anderen Seite oder zielführende Fragen, die sich stärker nach vorne richten als die tendenziell eher rückwärts gewandten »Warum«-Fragen: »Wozu dient dies oder jenes?«

Emotionen

Wenn Emotionen im Spiel sind, sollten Sie ihre Berechtigung anerkennen und Ihre eigenen Gefühle artikulieren (Ich-Botschaften!). Gestatten Sie auch der Gegenseite, Dampf abzulassen und reagieren Sie nicht sofort auf deren emotionale Ausbrüche. Beruhigen Sie sich und schaffen Sie Distanz, indem Sie die Technik des kontrollierten Dialogs anwenden. Wenn Sie zunächst paraphrasieren (»Wenn ich Sie richtig verstanden habe ...«) und außer dem Inhalt des Gesagten auch die wahrgenommenen Gefühle des Gegenübers ansprechen (»... und das ärgert Sie sehr«), gewinnen Sie Zeit und Abstand zu dem Vorgebrachten. Sprechen Sie positiv, und zwar vom Standpunkt der Gegenseite aus. So können Sie auf keine Art besser zum Ausdruck bringen, daß Sie sich in die Lage des anderen versetzen, was diesen wiederum beruhigt. Zusätzlich können Sie symbolische Gesten einsetzen, z.B. in einer Pause gerade dem Gegenüber eine Tasse Kaffee einschenken und sich zu ihm stellen.
Um die Kommunikation zu verbessern, empfehlen wir:
☐ Hören Sie aufmerksam zu und geben Sie Rückmeldungen.
☐ Sprechen Sie so, daß man Sie auch versteht.
☐ Reden Sie über sich, nicht über die Gegenseite.
☐ Sprechen Sie mit konstruktiver Absicht.
Daraus folgt, daß man den Menschen auf der Gegenseite persönliche Hilfe genau in der Stärke zuteil werden läßt, in der man das Problem auf der Sachebene selbst attackiert.

Entscheidung und Verhandlungsergebnis

Vor einer Entscheidung sollten Sie immer verschiedene Wahlmöglichkeiten entwickeln. In Gruppendiskussionen ist das z.B. mit Hilfe eines Brainstormings möglich. Die Moderationsmethode unterstützt diese Absicht ebenfalls sehr.
Die o.g. Regeln für kreative Gruppenarbeit (siehe S. 95) gelten analog für das Finden von Optionen:
☐ Anstreben, die Zahl der Optionen zu vermehren, anstatt nach der »reinen« Lösung zu suchen
☐ Nach Vorteilen für alle Seiten Ausschau halten
☐ Vorschläge entwickeln, die den anderen die Entscheidung erleichtern

Sie erleichtern der anderen Seite eine Entscheidung, wenn Sie sich die folgenden Fragen stellen:
- ☐ Welche Bedingungen könnte die Gegenseite unterschreiben, die auch in Ihrem Interesse sind?
- ☐ Können Sie eine Übereinkunft erzielen, die auch für die anderen realisierbar ist?
- ☐ Wie können Sie Ihr Angebot glaubwürdig machen?
- ☐ Welche speziellen Punkte würden den anderen wohl gefallen?
- ☐ Würde es ihnen entgegenkommen, den abschließenden Vorschlag selbst zu unterbreiten und gegebenenfalls einer Öffentlichkeit zu vermitteln?
- ☐ Gerade für Gremien der Kirche ergibt sich die Frage: Kann man die Anzahl der Leute reduzieren, deren Zustimmung erforderlich ist?

Hindernisse

Wenn nach gründlicher Verhandlung die Gegenseite sich überhaupt nicht bewegen will, dann ist es sinnvoll, schlichtweg die Verhandlung zu beenden.
Es sind Situationen vorstellbar, in denen Sie mit einer Übermacht der Gegenseite konfrontiert sind, sei es quantitativ oder vom Status der beteiligten Personen her. Selbstverständlich können Sie dann von einem sachbezogenen und interessenorientierten Verhandlungsstil keine Wunder erwarten, etwa daß Sie die anderen überzeugen. Aber Sie können das Schlimmste verhindern und eine Übereinkunft erreichen, die Ihren eigenen Zielen so gut wie möglich entgegenkommt. Hierzu einige Empfehlungen:
Schützen Sie sich, indem Sie mit Limits argumentieren: »Ich gehe so weit und nicht weiter«. Wenn Sie BündnispartnerInnen haben, sollten Sie ein solches Limit gemeinsam festlegen. Doch Vorsicht: Menschen neigen dazu, die Limits zu hoch anzusetzen, und außerdem kann es sein, daß sie bei der Fixierung auf dieses Limit eine bessere Alternative aus den Augen verlieren. Sie streiten möglicherweise hart darüber, wieviel Stellen in der Erwachsenenbildung (oder an anderer Stelle) abgebaut werden müssen. Statt dessen könnten Sie darüber nachdenken, ob mit einem neuen Zuschnitt der Arbeitsbereiche und Verbesserung der Arbeitsabläufe oder mit einer Neuausrichtung des Arbeitsfeldes und der Erschließung neuer Zielgruppen sowie durch den Einsatz weiterer qualifizierter Ehrenamtlicher die Einnahmeseite erhöht werden kann, so daß ein Stellenabbau gar nicht die beste Alternative darstellt.
Diese beste Alternative ergibt sich nicht von selbst, sie muß hart erarbeitet werden: Sie sollten eine Liste von Aktivitäten erstellen und sie möglicherweise selbst umsetzen. Ein paar besonders vielversprechende Ideen sollten Sie weiterentwickeln. Und Sie sollten versuchen, die beste auszuwählen. Es geht um das Auswählen der besten Option. Möglicherweise hat auch die Gegenseite eine beste Alternative. Wenn beide Seiten eine attraktive beste Alternative haben, erübrigt sich die Verhandlung, weil es für beide Seiten besser ist, kein Ergebnis zu erzielen. Wenn Sie mit einer überlegenen Gegenseite zu tun haben, ist das Entwickeln Ihrer besten Alternative die vielleicht wirkungsvollste Art, um das Limit weiter nach oben zu bewegen, z.B.: Statt im Bereich Erwachsenenbildung alle Stellen zu streichen, wie möglicherweise zuerst von der

Gegenseite vorgeschlagen, geht es am Ende um die Reduzierung der Stundenzahl in Kombination mit anderen Vorschlägen.

Eine häufig gestellte Frage im Zusammenhang mit dem Training eines fairen, sachbezogenen Verhandlungsstils ist: Was ist, wenn die andere Seite nicht mitspielt? Hierzu einige Vorschläge:

- ☐ Lassen Sie die Angriffe der anderen ins Leere laufen, reagieren Sie nicht darauf.
- ☐ Konzentrieren Sie sich auf die Haltungen der Gegenseite zum Thema.
- ☐ Sie können von einer fitten Diskussionsleitung Interventionen zugunsten eines Umlenkens der Diskussion in einen fairen Stil erwarten.
- ☐ Wenden Sie die »Als-Ob-Strategie« an: Tun Sie so, als wäre jede Position der Gegenseite ein aufrichtiger Versuch, zu einem konstruktiven Ergebnis zu finden.
- ☐ Nutzen Sie die Macht des Schweigens.
- ☐ Laden Sie die anderen zur Kritik an Ihren Vorschlägen ein, und bitten Sie um Ratschläge (Was würden Sie denn tun, um den Abbau von Arbeitsplätzen zu vermeiden?).
- ☐ Arbeiten Sie mit Fragen anstelle von Statements, weil sie eher Problemlösevorschläge provozieren, Statements dagegen eher Widerstand.

Argumentieren

Da Sie trotz dieses letzten Vorschlags in Sitzungen in die Lage kommen werden, Statements abzugeben, gehen wir auf die Struktur eines Argumentes ein. Argumentation ist ein Kernelement jeder Diskussion und Verhandlung. Argumentieren wird um so wichtiger, je sachkundiger der/die VerhandlungspartnerIn ist.

Unter Argument verstehen wir einen Beweisgrund, der einen Appell stützen soll. Der Appell kann offen sein oder die Gestalt einer These annehmen, der die anderen zustimmen sollen. Dabei gibt es eine bestimmte Verknüpfung der These mit zugrunde-liegenden Grundannahmen. Ein Beispiel: »Eine Erzieherin in der Ev. Kindertagesstätte hat sich besonders bewährt (Frau x). Sie soll Leiterin der Einrichtung werden.« Die zugrunde liegende Hintergrundannahme ist: Wenn eine Erzieherin sich in ihrer Arbeit besonders bewährt hat, kann sie auch Aufgaben als Vorgesetzte gut meistern. Solche Hintergrundannahmen sollten bei einer kritischen Diskussion explizit gemacht und genau untersucht werden.

Die Struktur eines Argumentes

Da meldet sich im Presbyterium jemand und bringt es nicht fertig, seinen Beitrag zur Geltung zu bringen. Die anderen werden nervös und können ihm kaum folgen, obwohl er interessante Aspekte enthält und Aufmerksamkeit verdient hätte. Dagegen kommt dann ein anderes Mitglied und macht Eindruck mit bereits Bekanntem und inhaltlichen Wiederholungen. Die Rede scheint aber eingänglich und plausibel, und die Mehrheit denkt: »So ist es«. Offenbar kommt es nicht nur darauf an, Argumente zu haben, sondern sie so anzuordnen und zu verbinden, daß die Zuhörenden sie als logisch und konsistent empfinden. Andererseits lenken die Art der Formulierung und die ungeschickte Darstellung vom Inhalt ab. Wir wollen uns daher die Struktur einer Argumentation genauer ansehen. Die Argumentationsstruktur besteht aus fünf gedanklichen Schritten (Fünfsatz):

1. Einstiegssatz
Er soll die Zuhörenden öffnen, sie da abholen, wo sie sich gedanklich gerade befinden, z.B.: »Das war eine interessante Analyse.« oder »Wir haben gerade gehört ...« Sie können hier auch das Paraphrasieren plazieren: »Wenn ich meine Vorrednerin richtig verstanden habe ...«

2. Mittelteil mit Dreisatz
Für den Dreisatz bieten sich verschiedene logische Verknüpfungsformen an. Wir stellen sie jeweils mit Einführungs- und Zwecksatz dar (=Fünfsatz) vor. Beliebt sind z.B
Kette (chronologische, logisch aufeinander bezogene Glieder)
   1. »Die Sachlage ist bekannt ...« 2. »Und wir sind uns einig ...« 3. »Dabei ist es wichtig ...« 4. »Wir haben die Möglichkeit, daß ...« 5. »Daraus folgt ...«
Vom Allgemeinen zum Besonderen
   1. »Im allgemeinen können wir hier ...« 2. »Aber im vorliegenden Fall ...« 3. »Denn wir brauchen jetzt ...« 4. »Außerdem haben wir jetzt ...« 5. »Deshalb ...«
Vergleich zweier Positionen
   1. »Die einen sagen ...« 2. »Sie stützen sich dabei auf ...« 3. »Die anderen entgegnen dem ...« 4. »Sie verweisen dabei auf ...« 5. »Ich sehe darin nicht die einzige Alternative, sondern ...«

3. Zwecksatz
Er soll die Kurzrede zuspitzen auf eine These, einen Appell oder eine Frage. So verhindern Sie, daß Ihr Statement ausufert oder sich verliert, sondern sich zu einem pointierten Beitrag abrundet. Vermeiden Sie in jedem Fall Formulierungen, die das vorher Gesagte wieder einschränken oder in Frage stellen durch abschwächende Mechanismen; dies ist besonders ein Appell an Frauen, in deren Gesprächsverhalten einschränkende und zweifelnde Formulierungen wesentlich häufiger anzutreffen sind als bei Männern (Trömel-Plötz 1992).

Abschwächende Mechanismen

1. Abschwächung der Aussagen durch Einschränkung ihrer Gültigkeit: »Es scheint, daß ...« »Vielleicht« »Man könnte sagen«
2. Abschwächen der Aussagen durch Infrage-Stellen: »...oder nicht?« »... nicht wahr?«
3. Abschwächende Aussagen durch Selbstabwertung und Entschuldigungen: »Ich bin ja nur Ehrenamtliche / nur Frau / zu alt / eigentlich nicht zuständig ... Deshalb tut das nicht viel zur Sache, was ich sage / habe ich eigentlich keine Ahnung ...« »Ich weiß nicht, ob Sie damit etwas anfangen können.« »Es fiel mir nur so ein ...«

4. Abschwächen der Aussage durch Indirektheit: Indirekter Appell: »Es wäre schön, wenn ...« »Sollten Sie nicht vielleicht ...« Indirekte These: »Ist das nicht ein dummer / unrealistischer Vorschlag?«
5. Vermeiden von Ich-Botschaften: »Man sollte / man könnte ...«

Achtung!
Wenn Sie sich auf eine Argumentation vorbereiten, beginnen Sie in umgekehrter Reihenfolge als in der Rede zuerst mit der Formulierung des Zwecksatzes. Was ist Ihr Ziel? Was wollen Sie erreichen? Was wollen Sie, daß die anderen denken oder tun? Dann bereiten Sie die Begründungen Ihres Zwecksatzes vor, indem Sie die Argumente verknüpfen. Erst zum Schluß überlegen Sie sich einen angemessenen Einstieg.

Die Bedeutung eines Argumentes

Bei der Auswahl der Argumente, die Sie vorbringen wollen, achten Sie auf die folgenden Dimensionen der Argumentation, Richtigkeit und Bedeutsamkeit:

Argument	
Richtigkeit	Bedeutsamkeit
☐ Fakten ☐ Statistische Daten ☐ Erfahrungen ☐ Zitate von ExpertInnen ☐	☐ Was die anderen interessiert ☐ Was in deren Sinne ist ☐ Was ihre Erfahrungen und Kenntnisse berücksichtigt ☐ Was ihrem Ziel eher entspricht ☐

Die meisten Menschen machen, wenn sie sich auf eine Sitzung vorbereiten, den Fehler, sich überwiegend mit der linken Spalte zu beschäftigen: Sie sammeln Daten und Fakten als Belege für den richtigen Hintergrundsatz ihrer Argumente, tragen Zitate zusammen, wälzen Literatur, um die Argumente stichhaltig zu gestalten. Am Ende haben sie eine den »Gegner« erschlagende Fülle zusammengestellt und halten das für eine gute Vorbereitung. Was aber von diesen vielen Fakten die andere Seite überhaupt interessiert, was eine Bedeutung für sie hat, danach fragen sie nicht. Deshalb ist eine solche Vorbereitung umsonst, solange Sie sich nicht in die Lage des anderen versetzen. Das Problem und Lösungsvorschläge, Appelle und Thesen (des Zwecksatzes) aus dessen Sicht wahrzunehmen, liefert Ihnen Kriterien für die Auswahl der bedeutsamen, gewichtigen Fakten aus der Fülle der möglichen. Deshalb sollten Sie sich in der Vorbereitung vor allem auf die rechte Spalte beziehen und Ihre mögliche Argumentation aus der Perspektive des anderen entwickeln.

Einwänden begegnen

Die andere Seite wird Sie mit ihren Einwänden und Gegenargumenten konfrontieren. Sie können die angebotenen Informationen geschickt in Ihre eigene Argumentation einbeziehen.

Verbalisieren

- *Einwände vorwegnehmen:* »Ich habe mich mit Ihren Gegenargumenten auseinandergesetzt.« »Ich kann mir vorstellen, wie Sie dazu stehen.« »Dagegen werden Sie vermutlich einwenden, ...«
- *Paraphrasieren:* »Wenn ich Sie richtig verstehe ...« »Sie meinen also ...«
- *Spiegeln von Gefühlen:* »Sie fürchten, daß ...« »Sie sind noch skeptisch.«

W – Fragen

»Warum glauben Sie, daß ...« »Was schlagen Sie vor?« »Wo sehen Sie im einzelnen die Schwierigkeiten?«

Neutralisieren

- durch *Verknüpfungstechnik* nach dem Motto: »Wer A zustimmt, muß auch B zustimmen.« »Wenn das richtig ist, dann ...« »Weil A, so B ...«
- *Verständnisäußerungen:* »Ich verstehe Ihre Argumentation.« »Ich weiß, was Sie sagen wollen.«
- *Zitate:* »Ich stehe mit dieser Auffassung nicht allein ...«

Differenzieren

Ja-aber-Technik: »Ich stimme Ihnen zu 80 Prozent zu, aber ...«
Technik der kleinen Schritte: »Können Sie mir zumindest darin zustimmen ...?« »Ich stelle fest, daß wir in den und den Punkten einer Meinung sind.«
Relativieren: »Was Sie sagen, ist absolut gesehen. Sie übersehen dabei ...« »Wenn man genauer hinschaut, dann ...« »einerseits ... andererseits«

Verdeutlichen

- *Raffung:* »Um nicht mißverstanden zu werden, lassen Sie mich kurz meinen Standpunkt wiederholen.« »Ich möchte das noch einmal begründen.«
- *Antithese:* »Was ich nicht möchte, ist ..., mir geht es vielmehr darum, daß ...« »Es gibt Menschen, die folgende Auffassung vertreten. Dieser Meinung bin ich nicht.«
- *Beispiele:* »Lassen Sie mich an einem Beispiel deutlich machen, was ich meine.«

Körpersprache

Die Auswahl der Argumente und Gegenargumente und ihre sprachliche Organisation machen den expliziten und verbalen Anteil Ihrer Überzeugungskraft aus. Der nonverbale Anteil ist noch wichtiger: Ca. 70 Prozent unserer Kommunikation beruht auf non-verbalen Signalen: Mimik, Gestik, Körperhaltung und paraverbalen Signalen: Tonfall, Stimmodulation, Schweigen usw. Daraus folgt, daß selbst wenn Sie die brillanteste und einfühlsamste Argumentation vortrügen, aber Ihrem Gegenüber nicht in die Augen sähen, das Ganze ebenfalls nicht überzeugend wirkte.

Beachten Sie beim Reden

- ☐ Körperhaltung: zugewandt, aufrecht, offen
- ☐ Gestik: lebendig, natürlich (passiert bei o.g. Körperhaltung von selbst)
- ☐ Blickkontakt: alle einbeziehen, auch die Personen am Rand der Sitzung
- ☐ Mimik: freundlich, offen
- ☐ Stimmführung: laut und langsam
- ☐ Pausen: So können andere besser folgen.

Moderation

als Element partizipativer Führung

Einführung

Als bewährtes Verfahren zur Unterstützung der Arbeit in Sitzungen und Meetings gilt die Moderationsmethode, auch als Pinwand- oder Kärtchentechnik bekannt. Dieses Verfahren aktiviert und beteiligt die Teilnehmenden durch Fragen und trägt wegen der Visualisierung von Wortbeiträgen dazu bei, Entscheidungen für alle transparent zu gestalten. Entscheidungsfindung in Organisations- und Leitbildentwicklungsprozessen sind ohne diese Arbeitstechnik überhaupt nicht mehr denkbar. Doch Moderation ist mehr als nur methodisches Repertoire. Sie gilt als »hierarchieminimierte Führungsarbeit« (Hausmann / Stürmer 1994, 3), als Charakteristikum eines bestimmten Rollenverständnisses in der Führung:
»Bei der Moderation als einer partizipativen, partnerschaftlichen Form der Führung wird nicht von oben nach unten geführt, sondern gemeinsam und netzförmig wie unter Gleichen. Der Vorgesetzte richtet nach diesem Verständnis in seinem Führungsverhalten das Hauptaugenmerk auf die Steuerung des Teamarbeitsprozesses und sieht sich erst in zweiter Linie als themen- und inhaltsverantwortlich. Sein Part beim Erzielen möglichst hochklassiger Teamergebnisse besteht darin, die Gruppe in optimaler »Spielstärke« zu halten und das Spiel von außen zu stimulieren, statt (um im Bild zu bleiben) selbst die Tore zu schießen« (Neuland 1995, 88).
Ein solches Führungsverhalten wird da möglich, wo eine sich selbst steuernde Gruppe eigene Lenkungsaufgaben übernimmt. Wir haben oben darauf hingewiesen, daß im kirchlichen Kontext Leitungsgremien ihre eigene Leitungskompetenz erst noch entwickeln müssen und daß es daher eine Aufgabe der Sitzungsleitung ist, dieser Kompetenz zur Entfaltung zu verhelfen. Wir glauben, daß die Einführung der Moderationsmethode eine große Hilfe hierbei darstellt, indem sie bei der Eigenverantwortlichkeit der Teilnehmenden und Problemlösungskompetenz in der Gruppe ansetzt. Manche Autoren prophezeien ihr insbesondere einen Einzug speziell in die Arbeitsfelder Ehrenamtlicher und Freiwilliger in den Bereichen Kirche, Alten- und Gesundheitspflege, – »ein Gebiet, in dem es wenig hierarchische Strukturen geben wird und deshalb um so mehr Bedarf für Prozeßsteuerung, für Systematisierung, für zielgerichtete, gerechte zwischenmenschliche Interaktion abzusehen ist« (Sperling / Wassefeld 1998, 12). Diese Technik erleichtert an sich, selbst bei der Integration einzelner Elemente in die klassische Sitzungsleitung, die Arbeit jedes Gremiums und jeder Arbeitsgruppe. So gesehen ist »Moderation... eine Methode zur Steuerung der Kommunikation in Ar-

beitsgruppen, um diese kooperativ und gemeinschaftlich zu einem bestimmten Ziel zu führen« (Hausmann / Stürmer 1994, 3).
Moderationstechnik ist einsetzbar
- [ ] in Konferenzen und Gremien
- [ ] in Besprechungen mit Mitarbeitern und Mitarbeiterinnen
- [ ] in Seminaren und Unterricht (Erwachsenenbildung, Konfirmandenunterricht)
- [ ] in Workshops
- [ ] in Qualitätszirkeln
- [ ] in Projektbesprechungen
- [ ] in Großveranstaltungen
- [ ] bei Entscheidungsfindung von mehreren Personen
- [ ] bei komplexen Problemen, deren Lösungsprozeß miterlebt werden soll
- [ ] bei der Konzeptionsentwicklung, um Gedanken zu sammeln und zu strukturieren (auch in Einzelarbeit, z.B. Vorbereitung eines Vortrags)
- [ ] zur Evaluation.

Die wesentlichen Moderationsinstrumente sind Fragetechnik, wobei eine bestimmte Fragenfolge zu beachten ist, und Visualisierung. Alle Beiträge und alle Arbeitsschritte werden auf Karten mitnotiert und strukturiert, so daß der Arbeitsprozeß für alle Beteiligten während der Zusammenarbeit immer optisch nachvollziehbar ist. Man spricht deshalb auch von optischer Rhetorik (Schnelle-Cölln / Schnelle 1998; Höher / Höher 1996).

In der Moderationsmethode werden Sehen, Hören und Handeln miteinander kombiniert, der Informationskanal Stimme – Ohr wird ergänzt um Sehen – Hand (schreiben, zeigen). Unser Auge transportiert 70-80 Prozent aller Informationen. Die höchste Behaltensleistung wird durch eine Kombination von Sehen, Hören, Sprechen und Handeln hergestellt. Genau das ist mit der Moderationstechnik möglich.

Dennoch erscheint es vielen Menschen bequemer, einfach nur so (aneinander vorbei) zu reden, denn konsequente Visualisierung aller Redebeiträge erfordert Kreativität und geistige Disziplin. Jede Visualisierung zwingt dazu, Information, Inhalt oder Problem neu zu ordnen. Dabei erhalten die Beteiligten neue Einsichten in der Visualisierung selbst und auch durch das Feedback mit der Gruppe, das ist die heuristische Funktion der Visualisierung.

Außerdem hat sie eine didaktische Funktion, vor allem in der Präsentation: Es wird ein einprägsames Bild des Redebeitrags angeboten, der Redeaufwand verringert sich (nichts für Menschen, die sich selbst gerne reden hören). Bleibt das Visualisat (Bild) während einer Präsentation bzw. Arbeitsphase sichtbar, so werden bei den Teilnehmenden kreative Energien für eigene Assoziationen freigesetzt, die ansonsten in Erinnerungsanstrengungen an das zuvor Gehörte gebunden wären.

Vor dem ersten Schritt:

Person, Ausstattung und Vorgehen in der Moderation

Bevor Sie in den Moderationsprozeß einsteigen, sind einige Grundvoraussetzungen zu klären: Moderieren ist ein Steuerungsverfahren für Gruppen. Die ideale Gruppengröße liegt bei vier bis zwölf Personen, bei größeren Gruppen (bis ca 20 Teilnehmer) ist es leichter, zu zweit zu moderieren.

Die Person, also Sie als Moderatorin oder Moderator, spielen eine entscheidende Rolle, nicht nur, weil Sie als Vorbild fungieren. Es ist eine grundsätzlich vertrauende und demokratische Grundhaltung und innere Einstellung zur Gruppe und deren Leistungsfähigkeit erforderlich. Davon ist das Vorgehen in der Moderation bestimmt: Man führt durch Fragen und Zusammenfassen im Dienst der Gruppe und im Hinblick auf ein vorher vereinbartes Ziel.

Schließlich müssen Sie einige technische Grundvoraussetzungen, das Handwerkszeug des Moderators berücksichtigen.

Aufgaben und Rollen in der Moderation

Die moderierende Person nimmt eine neutrale, offene Haltung ein, die mit der Rolle der Sitzungsleitung, wie wir sie oben beschrieben haben, korrespondiert, sich aber streng von der eines in der Sache engagierten Teilnehmers unterscheidet. Moderation ist sinnvoll, um Probleme, Aufgaben und Ziele gemeinsam zu definieren bzw. gemeinsam Lösungen zu erarbeiten, um kreative Ideen zu entwickeln und um zu Gruppenentscheidungen zu finden. Sie bereitet systematisch die in kirchlichen Gremien gewünschten Konsensentscheidungen vor und hilft, lange, ziellose Diskussionen »um den heißen Brei herum« zu vermeiden.

Die Hauptaufgabe in der Moderation ist es, der Gruppe behilflich zu sein, ihre eigenen Lösungen zu entwickeln und Entscheidungen zu treffen. Die moderierende Person ist für den Prozeß verantwortlich, nicht für das Ergebnis. Sie versteht sich als Helferin und Dienerin der Gruppe (Seifert 1994, 78) – eine neue Rolle, die für deutsche Führungskräfte nicht selbstverständlich ist. Hinzu kommt, daß Theologen, wenn sie Sitzungen moderieren, nicht selten selbst fachlich einbezogen sind. Es bedarf einer hohen Disziplin, als fachlich Betroffener nicht inhaltlich Stellung zu beziehen und die Verantwortung für das Ergebnis an die Gruppe abzugeben. Vielleicht spricht man deshalb vom »Moderator als maßvolle(r) und gemäßigte(r) Persönlichkeit« (Neuland 1995, 68).

ModeratorInnenrolle	
+	**-**
☐ Redet in Abschnitten ☐ Strukturiert Ergebnisse	☐ Hält keine langen Vorträge
☐ Animiert die Teilnehmenden ☐ Fragt präzise und offen	☐ Stellt sich nicht selbst dar
☐ Verdeutlicht Zusammenhänge	☐ Ist inhaltlich neutral und bewertet nicht
☐ Läßt Meinungsunterschiede gelten	☐ Beschwichtigt und beeinflußt nicht
☐ Visualisiert (Zwischen-)Ergebnisse	☐ Läßt nicht erst im Anschluß verschriftlichen (Protokoll)
☐ Sorgt für Anonymität der Beiträge und Schutz der Teilnehmenden	☐ Stellt niemanden bloß

Wenn Sie als Moderator und Moderatorin für den Diskussions- und Entscheidungsprozeß verantwortlich sind, sollten Sie während der Arbeitsphase vermeiden, über die Methode an sich zu diskutieren. Sie lassen sich sonst dadurch die Verantwortung für den Prozeß aus der Hand nehmen. Es geht allerdings darum, die einzelnen Arbeitsschritte mit der Gruppe abzustimmen: welches der gesammelten Themen zuerst bearbeitet werden soll, was die zielführende Frage ist usw.

Jede moderierende Person sollte sich darüber im klaren sein, daß sie immer auch Vorbild ist. Man kann in dieser Rolle nicht *nicht* wirken, es fragt sich aber, wie man wirkt und wirken will und welche innere Haltung zum Problem, zum Prozeß und zu den Teilnehmenden Sie zum Ausdruck bringen wollen.

Sie motivieren die Teilnehmenden,
☐ weil Sie sie als Experten und Expertinnen auf ihrem Gebiet ernst nehmen,
☐ weil Sie alle in den Prozeß einbeziehen (z.B. durch die Aufforderung, jeder möge zu einer bestimmten Frage Karten schreiben),
☐ weil Sie offene Fragen formulieren,
☐ weil Sie alle Ideen gelten lassen, alle Karten präsentieren, auf alle Beiträge mit gleichbleibender Freundlichkeit eingehen und nicht inhaltlich beurteilen und bewerten,
☐ weil Sie dafür sorgen, daß alle Beteiligten ihren Standpunkt vertreten können,
☐ weil Sie erreichte (Teil)Ergebnisse als Erfolg ansehen.

Eine moderierende Person wendet sich den Teilnehmenden zu und hält Blickkontakt. So können Sie am besten überprüfen, ob alle dem Prozeß folgen, bei wem Zweifel, Widerspruch oder Ungeduld vorhanden ist (auf nonverbale Signale achten). Bleiben Sie ruhig in dem, was Sie sagen und tun.

Gerade wenn Sie mit der Methode noch nicht sehr vertraut sind, gilt: Tun Sie nur eine Sache und die richtig. Suchen Sie Unterstützung durch eine zweite moderierende Person

oder auch eine/n TeilnehmerIn, der/die Ihnen das Aufschreiben oder Anheften der Karten an die Wand abnehmen kann, während Sie dem Diskussionsverlauf folgen und den Prozeß mit den richtigen Fragen und Zusammenfassungen als Sitzungsleiter / Sitzungsleiterin steuern. Aber anders als bei der reinen Sitzungsleitung *steht* die moderierende Person vor der Gruppe, um schnellen Zugang zu den Wänden und anderen Medien zu haben. Sobald Sie sich setzen, signalisieren Sie den Ausstieg aus der Moderatorenrolle.
Bei einer größeren Veranstaltung sind oft mehrere Funktionen und Rollen im Spiel, deshalb klären Sie vorab unbedingt mit den anderen Verantwortlichen:
- ☐ Wer begleitet die Veranstaltung organisatorisch?
- ☐ Wer leitet die Veranstaltung offiziell (ein)? [1]
- ☐ Wer führt die Veranstaltung als ModeratorIn, wer unterstützt?
- ☐ Wer hält einen Vortrag, ein Referat, und wie wird es in die Moderation integriert?
- ☐ Wer präsentiert etwas zum Thema?
- ☐ Wer ist für das Protokoll verantwortlich?
- ☐ Wer kümmert sich um die Ergebnissicherung?

Auf die Bedeutung von Kommunikationsregeln haben wir weiter oben (S. 81) hingewiesen. Empfohlene Regeln für eine Moderation sind:

Kommunikationstregeln in der Moderation

- ☐ Fair im Umgang miteinander sein
- ☐ Offen aussprechen können, was mir wichtig ist, was mich bewegt
- ☐ Sich kurz fassen
- ☐ Die anderen ausreden lassen
- ☐ Killerphrasen vermeiden
- ☐ Störungen Vorrang geben
- ☐ Alle Nennungen sind erlaubt.
- ☐ Alle bringen sich ein.
- ☐ Sich gegenseitig helfen
- ☐ Unterbrechungskarte

Es handelt sich hierbei um eine Kombination der Regeln für Sitzungen und Meetings mit denen für kreative Gruppenarbeit. Eine moderationsspezifische Besonderheit ist die Unterbrechungskarte, möglichst grün (um Assoziationen mit der roten Karte im Fußball zu vermeiden). Jede Person kann sie immer dann hochhalten, wenn sie glaubt, die Regeln würden verletzt.
Wie bei jeder gelungenen Kommunikation müssen Sie unterscheiden zwischen Wahrnehmungen, Vermutungen und Bewertungen und diese verschiedenen Ebenen explizit machen (vgl. Konfrontationsformel S. 51). So helfen Sie der Gruppe, Mißverständnisse zu vermeiden.

---

1. Im kirchlichen Kontext treffen wir häufig auf eine Situation, in der die Sitzungsleitung offiziell festgelegt ist, Bsp.: Pfarrer im Presbyterium. Dennoch gibt es zusätzlich bzw. ergänzend die Möglichkeit, daß eine externe Person für einen bestimmten Arbeitsabschnitt die Moderation übernimmt und beim Finden schwieriger Entscheidungen behilflich ist.

Technische Ausstattung und Visualisierungselemente

Sie brauchen neben den unten aufgeführten Karten verschiedener Farbe und Form und den Moderationsstiften (mit abgeschrägter Spitze) und Nadeln zum Anpinnen viel Fläche zur Visualisierung. Normalerweise – und es ist die komfortabelste, aber auch teuerste Variante – benötigen Sie dafür Moderationswände, die mit Packpapier im gleichen Format bespannt werden. Man kann sich aber auch behelfen. Sie können z.B. auf Abdeckfolie (aus dem Baumarkt) mit Klebestift arbeiten. Die Folie spannen Sie an die Wand. Wenn die Karten stabiler befestigt werden sollen, verwenden Sie Tesafilm. Ihren Hauptdatenträger, die eckigen Aussagekarten, können Sie selbst herstellen. Dafür lassen Sie feste DIN-A-4 Blätter in drei gleiche Teile schneiden. Auch Papierwolken können Sie mit Schablone selbst machen, sie sind am teuersten. Auf Kreise können Sie durchaus verzichten und dafür eine eigenes Format entwickeln, z.B. Quadrate.
Die teuren Moderationskoffer kann man durch Werkzeugkoffer aus dem Baumarkt ersetzten, die man sich selbst einrichtet.
Die optische Sprache der Moderation verwendet neben der Schrift verschiedene Elemente und Symbole.

Elemente der Visualisierung

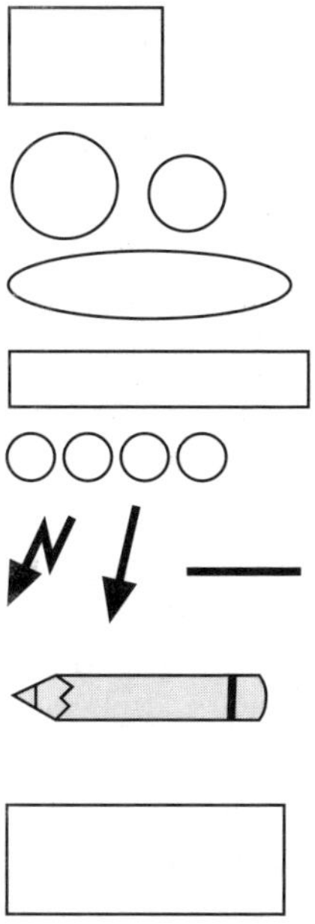

- ❏ Karten in weiß und hellen Farben:
- ❏ Aussagekarten für Text;

- ❏ Kreise in vier Farben für Teilnehmerzuordnung und Betonung;

- ❏ Ovale in verschiedenen Farben für die schriftliche Diskussion;

- ❏ Übersichtsstreifen;

- ❏ Klebepunkte für Bewertungen;

- ❏ Konfliktpfeil zum Kennzeichnen von Kontroversen (Pfeile nur sparsam verwenden, Linien für Listen immer mit dickem Stift);

- ❏ vier Filzstiftfarben (schwarz, blau, rot, grün) für Visualisierung ohne Karten;

- ❏ Freifläche gliedert die Visualisierung, Freifläche symbolisiert den geistigen Raum für die Mitarbeit der Gruppe;

- ❏ Elemente sparsam verwenden (sparsame Verwendung dient der Klarheit und Präzision der Visualisierung eines Gedankens).

Abbildung 8 (in Anlehnung an Klebert/Schrader/Straub 1991, 39)

Am Anfang überschätzt man häufig die Bedeutung des freien Raums und überfrachtet eine Wand mit Karten. Für Workshops brauchen Sie viel Fläche (ca. eine Pinwand pro vier Teilnehmer; beachten Sie, daß zwischendurch Wände wieder freigemacht werden). Es gibt eine magische Grenze: nicht mehr als zwei Dutzend Karten auf eine Wand! Wir schreiben in Druckschrift mit Groß- und Kleinbuchstaben, nicht nur weil sie besser lesbar ist als Schreibschrift, sondern auch weil sie eine relative Anonymität wahrt, wenn alle sich an diese Vorgabe halten. Die Schriftgröße muß der Gruppengröße entsprechen. Buchstaben mit einer Höhe ab 2,5 cm sind auf acht Meter Entfernung bei einer Gruppengröße von ca. 20 Personen lesbar. Es gilt eine einfache Faustformel zur Orientierung: Sieben Wörter in drei Zeilen pro Karte schreiben! Falls Sie damit nicht hinkommen, ergänzen Sie den Text auf einer zweiten Karte.

Fragetechniken in der Moderation

Das stärkste Führungsinstrument jeder Sitzungsleitung und auch der Moderation ist das Fragen (vgl. S. 91f.). »Fragen statt sagen« – so lautet die Devise in der Moderation, und es kommt darin die folgende Grundhaltung zum Ausdruck:
- ☐ Mit Rückfragen klären Sie den Sachverhalt, um allgemeines Verständnis zu bewirken.
- ☐ Durch offene Fragen aktivieren Sie zur Mitarbeit.
- ☐ Durch sachliche Wiederholung eines emotional aufgeladenen Beitrags und einer anschließenden offenen Sachfrage an die Gruppe nehmen Sie Schärfe aus emotionsgeladenen Diskussionen.

In der Moderation gibt es Kartenabfragen und Punktabfragen. *Kartenabfragen* haben den Zweck, viele Ideen und Vorschläge hervorzurufen und zu visualisieren (»Bitte schreiben Sie jeder drei Karten zu der folgenden Frage ...«). *Punktabfragen* führen Schwerpunktsetzungen und Entscheidungen herbei (»Bitte setzen Sie auf die Karten je einen Punkt, die Sie weiter bearbeiten möchten«). Hierfür hat man immer mehrere Optionen frei, mehrere Punkte zur Verfügung (s. S. 124).

Fragen strukturieren die gesamte Moderationssequenz. Sie sind so wichtig, daß sie auf eine Papierwolke geschrieben und an die Pinwand geheftet werden (pro Wand nur eine Frage!), bevor man mit der Bearbeitung beginnt. Verwenden Sie keine Doppelfragen, z.B. »Wo liegen die Probleme im Konfirmandenunterricht und welche wollen wir bearbeiten?« oder »Was sind die Vor- und Nachteile der Moderationsmethode im Gottesdienst?« Hier muß jeder Bestandteil der Frage einzeln behandelt werden. Für eine Kartenabfrage eignen sich nur offene Fragen. Alternativ können Satzanfänge verwendet werden, die die Teilnehmenden auf ihren Karten dann weiter fortsetzen (»Wenn ich an den Gottesdienst denke, dann ...«) Sie regen damit zu einer Fülle von Antworten an, und weil Sie sie nicht allesamt weiterbearbeiten können, müssen Sie auswählen lassen, mit welchem Aspekt sich die Gruppe zunächst weiter beschäftigen will. Daraus ergibt sich eine typische Fragenfolge für die Moderation, der »Fragentrichter«.

Reihenfolge von Moderationsfragen
Beispiel eines Fragentrichters

                    Sammeln
»Welche Aktionen wollen wir starten?«
                    auswählen
     »Welche davon sind sinnvoll?«
          evtl. weiter auswählen
»Welche davon müssen eingehender bearbeitet werden?«
                    vertiefen
    »Was müssen wir berücksichtigen?«
                    auswählen
    »Was muß als erstes getan werden?«
                    entscheiden
      »Wer macht was wann mit wem?«
(kontrollieren: Dieser Schritt liegt außerhalb der Moderationssequenz)

Die Fragenfolge orientiert sich an folgendem Rhythmus:
- ☐ Öffnen (viele Ideen und Vorschläge erfragen)
- ☐ schließen (entscheiden, auswählen, Komplexität und Fülle reduzieren, sich auf etwas konzentrieren, Schwerpunkte setzen)
- ☐ öffnen (viele Ideen zu dem zuvor entschiedenen Schwerpunkt oder Einzelaspekt sammeln)
- ☐ schließen (entscheiden, auswählen)
- ☐ usw. bis zur Maßnahmenplanung.

Integriert sind Fragen zur Problemvertiefung und -bearbeitung.
Die Fragefolge prägt den Ablauf der Moderation. Jede Moderation verläuft nach dem folgenden Zyklus:

Der Moderationszyklus

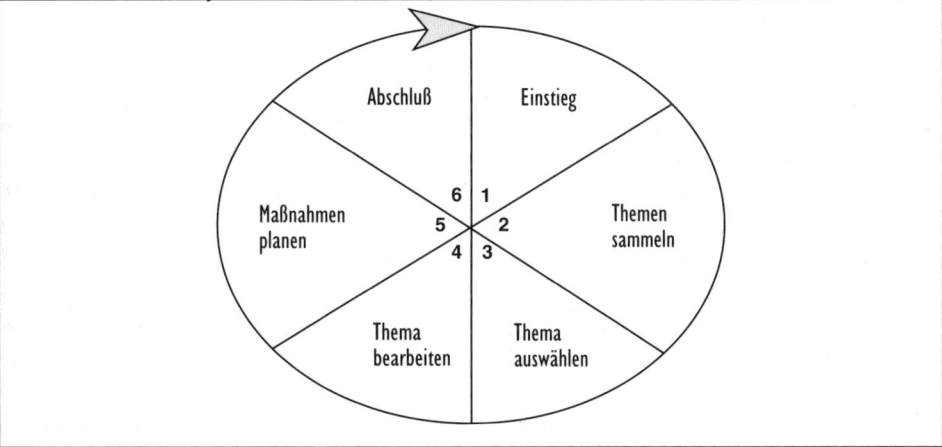

Abbildung 9
(aus: Josef W. Seifert, Visualisieren, Präsentieren, Moderieren, GABAL Verlag, Offenbach 1999)

Vorbereitung einer Moderation

Sie werden als Moderator und Moderatorin zwar viele Arbeitsschritte mit der Gruppe abstimmen, das entlastet Sie aber nicht von einer gründlichen Vorbereitung. Vorab sollten Sie sich jeweils fragen, ob die Gruppe Sie als Moderatorin akzeptieren wird. Oder werden Sie möglicherweise zu stark mit einer bestimmten Position identifiziert? Wird man sich vor Ihnen nicht offen äußern? Fürchten Sie, mit einem zu erwartenden Konflikt nicht neutral umgehen zu können? Erst nach der Klärung dieser Fragen beginnen Sie mit der eigentlichen Vorbereitung.

Inhaltliche Vorbereitung

Weil Moderatoren für den Verlauf der Arbeitsgruppe verantwortlich sind, nicht für die Sache, müssen sie nicht inhaltliche Experten sein. Allerdings sollten sie sich in die Sache hineindenken können und die Sprache der Gruppe verstehen. Je nach Thema ist es daher sinnvoll, sich zuvor in die anstehenden Inhalte einzuarbeiten.
Die Gruppe ist das Subjekt der Problemlösung und Ideenfindung in der Moderation. Deshalb ist es wichtig zu wissen, wer da sein wird.
- Wie ist die Gruppe zusammengesetzt? Wer ist mit dabei?
- Welches Interesse haben die einzelnen teilzunehmen?
- Welche Einstellung haben sie zum Thema?
- Welche Einstellung haben sie zu mir als ModeratorIn?
- Welche Schwierigkeiten, welche Konflikte könnten auftreten?
- Welche Erfahrungen haben die TeilnehmerInnen mit der Methode?
- Welche Vorinformation haben sie?

(Seifert 1994, 82f.).

Methodische Vorbereitung

Die methodische Planung stößt an Grenzen, weil der Prozeß stark von den Prioritäten und Fragestellungen der Gruppe abhängt. Dennoch sollten Sie sich vorab einige Gedanken zum Vorgehen machen. Mindestens den Einstieg und den Abschluß können Sie vorausplanen und dafür den Zeitbedarf abschätzen. Sie wissen, was Sie bei der Fragefolge berücksichtigen müssen, wie Sie die Tagesordnung festlegen werden, zu Prioritäten finden lassen usw. Sie überlegen, ob Sie Gruppenarbeit einplanen und / oder den Vortrag einer Expertin integrieren müssen. Die einzelnen Arbeitsschritte tragen Sie so weit wie möglich in Ihren Moderationsfahrplan ein. Doch halten Sie sich offen, unerwarteten Interessen der Gruppe dabei folgen zu können, ohne das Ziel aus den Augen zu verlieren.
Gründlich vorbereiten sollten Sie sich auf die Visualisierung. Sie entscheiden vorab, welche Infoposter und Flipcharts Sie einsetzen wollen, sofern Sie auch fachliche Inputs geben werden. Bereiten Sie so viel vor wie möglich: Fragen und Tabelle für den

Gruppenspiegel, These, Liste für die Tagesordnung, Tabelle für das W-Planungsraster, Stimmungsbarometer ... Sie werden sich wundern, wieviel Zeit Sie vor Ort noch brauchen, um Wände frei zu bekommen, Poster umzuhängen, Ihren Moderationsfahrplan auf die Interessen der Teilnehmenden abzustimmen und Ergebnisse zu sichern.

Organisatorische Vorbereitung

Das betrifft vor allem den Raum und seine Ausstattung.
- Brauche ich weitere Gruppenräume, wie viele und wie groß sollen sie sein?
- Sind die benötigten Medien und Hilfsmittel vorhanden?
- Wer besorgt das Moderationsmaterial?
- Wie viele Pinwände werden benötigt? (ca. eine Wand pro vier Teilnehmer; Berücksichtigen Sie, daß die Wände zwischendurch frei gemacht werden können, wenn man die Karten aufklebt und die Plakate an die Wand hängt.)
- Wie ist die Sitzordnung? In der Moderation sitzt man in Halbkreisform ohne Tische vor den Pinwänden.
- Wann und wofür werden eventuell Tische benötigt (Wechsel zu anderen Arbeitstechniken)? Wie ist das zu arrangieren? Wo stehen Tische bereit?
- Wann sollen Kaffee und Tee bereitstehen?
- Welche Essenszeiten sind zu berücksichtigen?
- Wie ist der zeitliche Rahmen?
- Welche anderen Gruppen sind möglicherweise noch im Haus?

Persönliche Einstimmung

Achten Sie darauf, fit und ausgeruht zu sein. Es fördert Ihre Konzentration, wenn Sie während der Veranstaltung wenig essen, ausreichend Pausen machen und dabei den Raum durchlüften und nicht jede freie Minute mit den Teilnehmenden verbringen. Nehmen Sie sich zwischendurch etwas Zeit zur Reflexion und Regeneration, z.B. in der Mittagspause.

Spezielle Verfahren für die Durchführung

Für jede Phase der Moderationssequenz steht ein spezifisches Instrumentarium zur Verfügung. Sie können diese Techniken gut mit anderen Arbeitsweisen (Vortrag, Einzel- und Stillarbeit, kreative Arbeitstechniken, Übungen, Meditation etc.) kombinieren, denn die Moderationsmethode ist ein offener Prozeß. Alles ist erlaubt, was zielführend wirkt und den Arbeitsprozeß der Gruppe erleichtert. Oft ist es sogar sinnvoll, das disziplinierte Vorgehen mit Moderationstechnik zu durchbrechen, kreative Problemlösungsverfahren einzubauen oder eine offene Diskussion, einen wenig gelenkten Erfahrungsaustausch, ja sogar Chaos zuzulassen. Die Teilnehmenden finden im

Anschluß lieber wieder zu Kärtchen und Stiften zurück, ohne dies als Einschränkung ihrer Spontaneität zu empfinden. Für die moderierende Person gilt allerdings: Sie müssen wissen, was Sie warum tun bzw. zulassen, zum richtigen Zeitpunkt intervenieren und Zwischenergebnisse immer sichern.

Verfahren zum Einstieg in Gruppenarbeit

Selbstverständlich steht hier auch das bekannte Partnerinterview (S. 95) zur Verfügung und alles, was Ihnen selbst einfallen mag, um die Arbeitsaufnahme für eine Gruppe, die sich noch nicht (gut) kennt, zu erleichtern. Wir schlagen Ihnen als Alternative ein spezielles Verfahren mit Moderationskarten vor, den Gruppenspiegel.

Gruppenspiegel

- Ablauf:
Bereiten Sie eine Moderationswand im Schema einer Tabelle wie unten abgebildet vor. In der oberen Zeile plazieren Sie Karten, auf denen Fragen oder Satzanfänge stehen. Sie sollten je nach Gruppenanlaß Fragen zur Person, zum Thema und zum Anregen der Phantasie stellen. Fordern Sie die Teilnehmenden auf, die Tabelle mit ihren Karten zu füllen. Weisen Sie dezent auf die Regeln zur Schreibweise hin (Druckbuchstaben dreizeilig, maximal sieben Wörter pro Karte). Wenn alle ihre Karten aufgehängt haben, bitten Sie die Teilnehmenden, in beliebiger Reihenfolge an die Wand zu treten und jeweils zu nur einer (!) ihrer Karten einen Kommentar abzugeben. Dann darf die Gruppe dazu oder zu einer anderen Karte aus der Reihe der betreffenden Person etwas fragen oder sagen.
- Ziel:
Persönliche Vorstellung, erste Gedanken zum Arbeitsauftrag oder Thema formulieren, sich mit der Arbeitsweise der Moderationstechnik vertraut machen
- Häufige Fehler:
Die Teilnehmenden sprechen mit dem Rücken zur Gruppe, wenn sie ihre Karte vorlesen und erklären. Bei der Gelegenheit bitten Sie sie freundlich, zu den anderen zu sprechen.
Die Teilnehmenden nutzen die Chance zur Selbstpräsentation, um lange Ansprachen zu halten, oder beziehen sich auf mehrere Karten. Auch hier müssen Sie intervenieren, dieses Vorgehen sprengt den Rahmen, und bei größeren Gruppen wird es den anderen langweilig.
- Anmerkung:
Auf die Präsentation der Karten durch die Teilnehmenden können Sie verzichten, wenn die Gruppe sich kennt. Der Moderator präsentiert dann die Wand oder gibt beim Stehkaffee Gelegenheit zum Lesen und Fragen.
Sie können die Fragen nutzen, um schon zu Anfang Hoffnungen und Befürchtungen und Verständnis des Arbeitsauftrags zu erfragen.

Beispiel Gruppenspiegel zum Kennenlernen der Teilnehmenden:

Wie ich heiße …	Woher ich komme …	Was ich so mache …	Beim Thema fällt mir ein …	Im Zirkus wäre ich gern …

Beispiel für einen stringenten Einstieg in Arbeitsgruppen:

Wer ich bin …	Was ich hier einbringen kann …	Was ich am Ende der Sitzung erreicht haben möchte …	Von den anderen erwarte ich …	Folgendes Problem beschäftigt mich …

Beispiel für die Arbeitsaufnahme eines Presbyteriums:

Ich heiße …	Was ich hier einbringen kann …	Unter Presbyteriumsarbeit verstehe ich …	Hier soll auf keinen Fall passieren …

Neben dem Kennenlernen kann es bei verschiedenen Sitzungen, z.B. im Zusammenhang mit Organisationsentwicklungsprozessen, wichtig sein, die Einstellungen der Gruppe zur Arbeitsphase zu kennen. Man kann, wenn auch Befürchtungen zur Sprache kommen, Blockaden und Widerstände frühzeitig konstruktiv wenden, z.B. durch die Aufforderung an die Gruppe, sich per Karten zu folgender Abfrage zu äußern:

»Hier soll auf keinen Fall passieren …«	»Hier soll passieren …«

Kartenabfrage zum Erkennen von Erwartungen und Befürchtungen

☐ Ablauf:
Bereiten Sie eine Wand nach oben genanntem Schema vor. Beachten Sie die mögliche Anzahl der Karten (nicht mehr als zwei Dutzend auf einer Wand). Begrenzen Sie danach die Anzahl der möglichen Antwortkarten für die Teilnehmenden. Laden Sie zum Schreiben der Karten ein (alles ist erlaubt). Entweder bitten Sie die Teilnehmenden, die Karten selbst aufzuhängen, oder Sie sammeln die Karten ein, lesen jede Karte vor und hängen sie in die entsprechende Rubrik (dafür auf verschiedenfarbigen Karten schreiben lassen).

- Ziel:
  Abbau von Blockaden vor Beginn der eigentlichen Arbeit.
- Häufige Fehler:
  Die Anzahl der Karten wird nicht begrenzt, und Sie kommen mit dem Platz nicht aus. Am besten verwenden Sie gleich zwei Wände.
  Die Karten werden schon bei der Präsentation kommentiert. Das müssen Sie unterbinden: Zuerst alle Karten aufhängen, dann liest die Moderatorin sie vor. Dann erst sind Fragen zulässig. Unbedingt Anonymität gewährleisten.
  Auf die Wände wird im Verlauf der Arbeit nicht mehr eingegangen, die Teilnehmenden verstehen den Sinn dann nicht. In der Auswertung der Gruppenarbeit also unbedingt kurz darauf Bezug nehmen.
  Manchmal kostet es die Teilnehmenden viel Überwindung, spontan in eine Diskussion zum Thema einzusteigen. Die Thesentechnik hilft über anfängliche Hemmungen hinweg.

Thesentechnik zur Einführung in ein Thema

- Ablauf:
  Schreiben Sie eine These zu dem anstehenden Thema auf. Die These soll interessant und provokant sein, zu Zustimmung oder Ablehnung anregen. Malen Sie eine Skala darunter, auf der Zustimmung oder Ablehnung visualisiert werden sollen. Fordern Sie die Teilnehmenden auf, einen Punkt zu setzen (Einpunktfrage). Dann diskutieren Sie das Ergebnis. Achten Sie darauf, niemanden persönlich nach seiner Bewertung zu fragen, Sie blocken damit die weitere Diskussion ab. Fragen Sie statt dessen: »Was könnte jemanden bewogen haben, seinen Punkt an diese Stelle zu setzen?« und fordern Sie alle auf, sich dazu zu äußern.
- Ziel:
  Auseinandersetzung über das Thema initiieren, Diskussion entfachen.
- Häufige Fehler:
  Bevor gepunktet wird, beginnen die Teilnehmenden die These zu diskutieren: »Wie ist denn das gemeint?« »Sie wollen doch nicht etwa sagen, daß ...« Das müssen Sie vermeiden. Am besten, Sie halten sich gar nicht in der Nähe Ihrer Moderationswand auf.
- Variation:
  Nach dem Punkten und vor der weiteren Diskussion bitten Sie die Teilnehmenden, mit einer Karte den Grund für die Position ihres Punktes zu erklären.

Teilnehmer-strukturierte Kartenabfrage

Die Teilnehmer-strukturierte Kartenabfrage gehört ebenfalls in die Anwärmphase.
- Ablauf:
  Sie stellen eine leichte W-Frage zum Thema (Beispiel: »Was macht mir in der Gemeinde Spaß?«) und bitten die Teilnehmenden um eine bestimmte Anzahl Karten, die sie selbst aufhängen sollen. Dabei sollen sie, wenn bereits eine ähnliche Karte schon hängt, ihre eigene daneben hängen, räumlich zuordnen.

☐ Ziel:
»Warm werden« mit dem Thema, Gemeinsamkeiten entdecken.
☐ Häufige Fehler:
Das Verfahren wird mit der strukturierten Kartenabfrage verwechselt, die aber einen anderen Zweck verfolgt (s. S. 122). Die Karten hier also bitte nicht umsortieren, nur präsentieren.

Verfahren zum Sammeln und Strukturieren von Themen

Hier bieten sich verschieden Formen der Kartenabfrage an:

Die einfache Kartenabfrage

☐ Ablauf:
Sie formulieren eine Frage zum Thema (»Welche Ursachen sehen Sie für den Mitgliederschwund in der Kirche?«) und stimmen sie mit der Gruppe ab (»Ist die Frage so präzise gestellt?« »Ist es das, was Sie weiterbringt?«). Dann schreiben die Teilnehmenden Karten, der Moderator sammelt sie ein, mischt sie kurz durch, liest dann jede einzelne Karte vor und pinnt sie an. Doppelte Karten nicht aussortieren. Dann präsentiert er die Wand zusammenhängend. Dann die Frage: »Haben Sie Fragen oder Anmerkungen zu den Karten?« Daraufhin können ovale Ergänzungskarten angeheftet oder Blitze bei Widerspruch gesetzt werden.
☐ Ziel:
Möglichst viele Ideen aus der Gruppe entwickeln lassen.
☐ Häufige Fehler:
Die angepinnten Karten gelten nicht als Gruppenergebnis, sondern man versucht, die Autorenschaft herauszubekommen. (»Wer hat das geschrieben? Der soll das mal erklären.«) Folglich gibt es bei den Schüchternen nicht nur Rede-, sondern auch Schreibhemmungen. Statt dessen hilft folgende Aufforderung weiter: »Lassen Sie uns mal gemeinsam überlegen, was derjenige wohl mit dieser Karte gemeint haben könnte.« »Derjenige« wird erstaunt sein, wie viele Ideen die Gruppe zu »seiner« Karte produziert. Selbstverständlich darf der/die AutorIn sich zu Wort melden und erklären, wie die Karte gemeint ist.

Zuruffrage

☐ Ablauf:
Wie oben, einfache Kartenabfrage, mit einem Unterschied: Der/die ModeratorIn läßt die Teilnehmenden keine Karten schreiben, sondern bittet sie, ihm/r die Antworten zuzurufen (z.B. beim Festlegen der Tagesordnung in Mitarbeiterbesprechungen: »Was sind unser Themen für die heutige Sitzung?«). Er/sie schreibt die Antworten jeweils auf eine Karte und heftet sie an. Das weiter Vorgehen, wenn es paßt, clustern oder Prioritäten setzen lassen.

- Ziel:
z.B. Tagesordnung aufstellen, Kommentare zu einem Beitrag einfangen o.a.
- Häufige Fehler:
Das Verfahren bringt noch Ungeübte leicht in Streß, denn während Sie schreiben, entstehen Pausen, der Prozeß scheint zu stocken, es geht zu langsam. Füllen Sie diese Pausen mit Nachfragen, und lassen Sie jemanden seinen Beitrag etwas mehr erklären: »Warum, meinen Sie, sollte das heute besprochen werden?« oder bei einer anderen Thematik: »Können Sie uns ein Beispiel geben?« »Was genau meinen Sie damit?« o.ä.

Die strukturierte Kartenabfrage

- Ablauf:
Wie oben, einfache Kartenabfrage oder Zuruffrage, aber die Moderatorin bittet die Gruppe, während sie die Karten anpinnt, deren räumliche Zuordnung zu bestimmen: »Welche Karten gehören inhaltlich zusammen?« Wenn Uneinigkeit über die Zuordnung besteht, werden Karten gedoppelt (Karte noch mal schreiben und an die gewünschten Stellen hängen). Durch die räumliche Zuordnung von Karten bilden Sie Cluster. Sind alle Karten an der Wand, fragen, ob alle Karten verständlich sind. Dann wird gemeinsam überprüft, ob die Zuordnung so gelungen ist, gegebenenfalls umsortieren. Dann die Wand präsentieren. Dann umrahmen Sie jeden Cluster mit einem Trainerstift und bitten die Gruppe, pro Cluster eine Überschrift zu finden. Diese schreiben Sie auf eine große Scheibe und heften sie an den Cluster. Abschließend noch einmal präsentieren.
- Ziel:
Ein komplexes Thema strukturieren.
- Häufige Fehler:
Karten werden nicht gedoppelt, und man ergeht sich in einem Meinungsstreit über die richtige Zuordnung. Es wird vorm Clustern vergessen nachzufragen, ob alle die Karten verstanden haben. Das muß dann mühsam bei der Zuordnung nachgeholt werden.

Folgende Kombination aus ist geläufig: Man führt erst eine einfache Karten- oder Zurufabfrage durch. Nachdem alle Karten geklärt sind, werden sie gemeinsam geclustert.

Übrigens können Sie diese Technik in Abwandlung gut zur Vorbereitung von Predigten, Vorträgen, Texten, zur Konzeption von Aufsätzen, Zeitungen u.a. verwenden, auch allein: Sie schreiben einfach alles, was Ihnen zum Thema einfällt, auf Karten (beachten Sie die Regeln für Brainstorming!). Wenn Ihnen nichts mehr einfällt, strukturieren Sie die Karten und finden Sie Überschriften für die einzelnen Cluster. So erschließen Sie sich die Struktur Ihres Themas. Wenn Sie die Überschriften in eine Reihenfolge bringen, haben Sie Ihre Gliederung.

Themen-, Problem- und Fragenspeicher

Dieses Verfahren basiert auf der einfachen Kartenabfrage oder Zuruffrage, kombiniert mit Ergänzungen, die sich möglicherweise aus der Tagesordnung einer Sitzung ergeben.

- Ablauf:
Man sammelt zu einer Frage die Nennungen an der Pinwand (Beispiel: »Welche Fragen sind noch offen?« oder »Womit wollen wir uns heute beschäftigen?«). Anschließend wird eine Punktabfrage zur Prioritätenbildung (s.u.) durchgeführt.
- Ziel:
Erstellen der Tagesordnung, festlegen des weiteren Vorgehens.

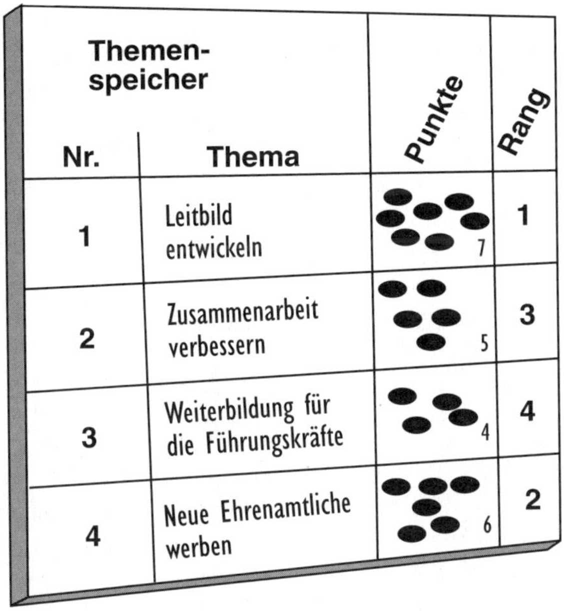

Themenspeicher			
Nr.	Thema	Punkte	Rang
1	Leitbild entwickeln	7	1
2	Zusammenarbeit verbessern	5	3
3	Weiterbildung für die Führungskräfte	4	4
4	Neue Ehrenamtliche werben	6	2

Abbildung 9 (in Anlehnung an Seifert 1994, 115)

Verfahren zum Auswählen und Entscheiden

Sie sind nun mitten im Moderationsprozeß und haben eine Fülle von Material, das Sie unmöglich so weiter bearbeiten können. Sie müssen die Gruppe also entscheiden lassen, worauf sie sich im Folgenden konzentrieren will. Hierfür steht in der Moderation die sogenannte Punktabfrage zur Verfügung. Während die Einpunktfrage Thesentechnik [S. 120] oder Stimmungsbarometer [S. 127]) eine eindeutige Frage und eine Bewertungsskala voraussetzt, brauchen wir für die Mehrpunktfrage Material, das verschiedene Wahlmöglichkeiten zuläßt.

Mehrpunktfrage

☐ Ablauf:
Die Teilnehmenden setzen Prioritäten mit Hilfe mehrerer Klebepunkte bzw. Striche per Moderationsstift. Material zur Auswahl haben Sie z.B. aufgrund einer Kartenabfrage, einer Zuruffrage und nach dem Clustern gewonnen (dann aber die Punkte nur auf die Überschriftenscheiben setzen lassen!). Lassen Sie immer mehrere Optionen zu, normalerweise mindestens drei Punkte pro Person (bei sehr vielen Alternativen auch fünf). Die Punkte dürfen u.U. auch kumuliert werden, aber Sie sollten bei drei Punkten darauf achten, daß wenigstens ein Punkt einzeln gesetzt wird.
Verbinden Sie die Aufforderung zur Wertung mit einer zielorientierten Fragestellung, z.B.: »Was ist uns davon besonders wichtig?« »Woran können wir am ehesten etwas ändern?« »Mit welchen Themen/Fragen wollen wir weiterarbeiten?«
☐ Ziel:
Entscheidungsfindung, Prioritäten setzen, Komplexität reduzieren
☐ Häufige Fehler:
Die moderierende Person läßt sich auf eine Diskussion um die Anzahl der Punkte ein und läßt das Verfahren anzweifeln. Unbedingt Gruppe auffordern, das Verfahren zu Ende zu führen. Meist erübrigt sich dann eine weitere Diskussion, oder Sie haben Unterstützung aus der Gruppe.

Reduzierende Zuruffrage

Um aus einer Fülle gesammelter Karten auszuwählen, können Sie auch wiederum eine Zurufabfrage durchführen:
☐ Ablauf:
Zum Abschluß einer offenen Diskussion mit oder ohne begleitende Visualisierung stellen Sie der Gruppe die Frage: »Was sind die wichtigsten sieben Punkte der Diskussion?« Die Nennungen notieren Sie nicht auf Aussagekarten, sondern auf ein übergeordnetes Format. Begrenzen Sie die Nennungen (sieben ist eine angemessene Größe), bei einer, maximal zwei weiteren Nennungen sollten Sie aber nicht kleinlich sein. Hängen Sie die Karten an eine neue Moderationswand. Dann können Sie z.B. wieder Prioritäten setzen lassen (punkten).
☐ Ziel:
Prioritätenbildung
☐ Häufige Fehler:
Sie begrenzen die Nennungen nicht. Damit laufen Sie Gefahr, daß die zuvor produzierte Wand mehr oder weniger komplett abgelesen wird.
Immer wenn Sie eine Entscheidung hergestellt und Prioritäten gebildet haben, müssen diese Arbeitsergebnisse z.B. in einer Liste auf eine neue Moderationswand übertragen werden. Das Thema oder Problem, das am höchsten gepunktet wurde, kommt dann auf Platz eins. Das hält leider auf, und es ist gut, wenn Sie hierfür eine assistierende Person zur Verfügung haben, dann können Sie nämlich bereits mit der nächsten Frage weiterarbeiten, um das gewünschte Thema zu vertiefen. Prüfen Sie, ob sich andernfalls hier eine Pause für die Teilnehmenden anbietet.

Verfahren zum Bearbeiten von Themen und Problemen

Sie können nun mit dem »Fragentrichter« weiterarbeiten (S. 115). Sie können auch verschiedene Aspekte in Arbeitsgruppen geben und hier unterschiedliche Arbeitstechniken einführen: offenes Gespräch zu bestimmten Fragen mit anschließender Visualisierung der Ergebnisse fürs Plenum; kreative Problemlösemethoden (S. 153ff.); Brainstorming (S. 94f.); Moderationstechnik – was auch immer der Aufgabenstellung dienen mag. Die Moderationstechnik bietet mit Hilfe der Zwei- und Vierfeldertechnik ein Verfahren, mit dem mehrere Aspekte eines Problems gleichzeitig bearbeitet werden können. Die Gruppen brauchen dafür eine moderierende Person.

Vierfeldertechnik

☐ Ablauf:
Teilen Sie eine Moderationswand in vier Quadranten auf. Markieren Sie in jedem Quadranten einen Aspekt des Problems. Lassen Sie das Problem diskutieren. Dabei darf die Diskussion zwischen den einzelnen Feldern hin- und herspringen, denn die Moderatorin visualisiert auf Karten mit und ordnet die Karten in Übereinstimmung mit der Gruppe in die Quadranten. Eine andere Möglichkeit, die den Einstieg in die Problembearbeitung erleichtert: Kartenabfrage zu den Aspekten, die Grup-

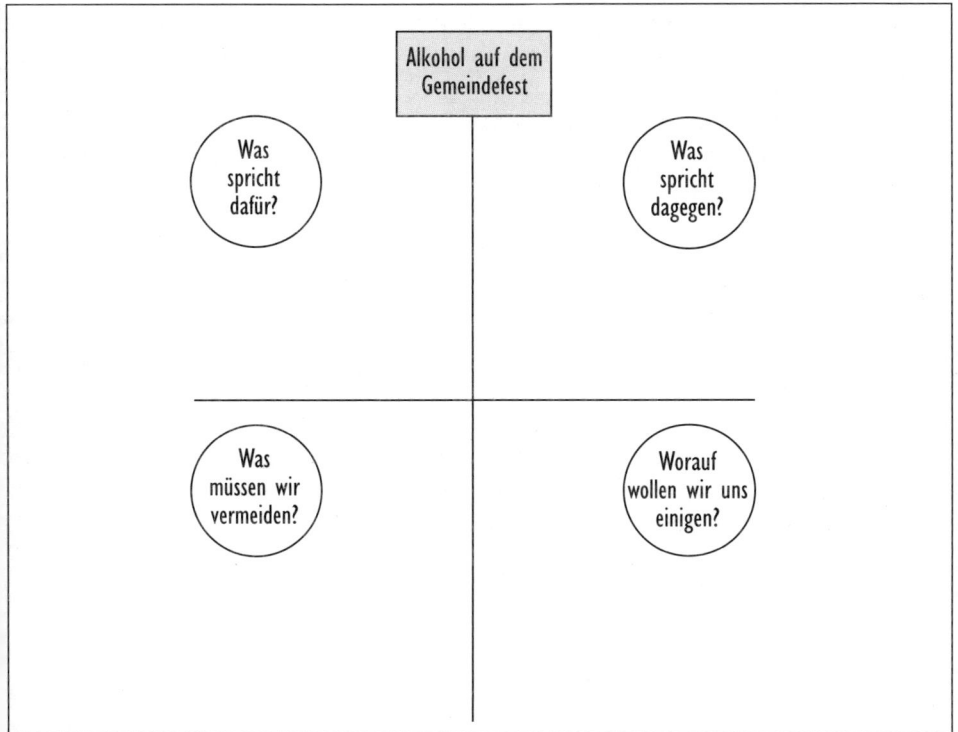

Abbildung 10: Beispiel für Vierfeldertechnik

penmitglieder füllen die Quadranten mit ihren Ideen. Anschließend Karten präsentieren, klären, eventuell ergänzen, diskutieren, blitzen usw.
- Ziel:
Problemvertiefung
- Häufige Fehler:
Die Felder sind zu klein. Dann entweder pro Feld eine Wand verwenden oder in Kleingruppenarbeit direkt auf das Packpapier schreiben. Alternativ: Vier Flipchartbögen zur Verfügung stellen.

Pro- und Contra-Diskussion

Bei starker Kontroversität bietet sich an, eine Pro- und Contradiskussion zu moderieren.
- Ablauf:
Die/die ModeratorIn teilt die Moderationswand in zwei Felder auf, schreibt die Argumente aus der Diskussion auf Karten und ordnet sie der Pro- oder Contraseite zu. Dasselbe läßt sich einfacher auch als Kartenabfrage inszenieren. Anschließend können die Argumente diskutiert und bewertet werden. Eine weiterführende Frage kann z.B. sein: »Mit welchen Contra-Argumenten müssen wir uns besonders auseinandersetzen?«
- Ziel:
Problemvertiefung, Verdeutlichen der Argumentationslinie, Auseinandersetzung mit Gegenargumenten, Würdigung aller Argumente, um Feindseligkeit zu reduzieren.
- Häufige Fehler:
Die Phase des Sammelns von Argumenten wird nicht von der Beurteilung getrennt. Die Moderatorin muß auf fairen Umgang und die gleichwertige Berücksichtigung aller Argumente achten.

Planungsverfahren und Evaluation

Wir verweisen hier auf das sogenannte W-Planungsraster (S. 90). In der Moderation wird es als Tabelle auf eine Wand übertragen und durch Karten ergänzt. Damit und in den vorherigen Arbeitsschritten haben Sie Ergebnisse erzielt. Schwierige Entscheidungen wurden gefällt, die Gruppe hat sich trotz starker Kontroversität geeinigt. Zum Abschluß werten Sie gemeinsam die Arbeitssitzung aus. Sie können dies mit Hilfe von Einpunktfragen sehr schnell und einprägsam durchführen.

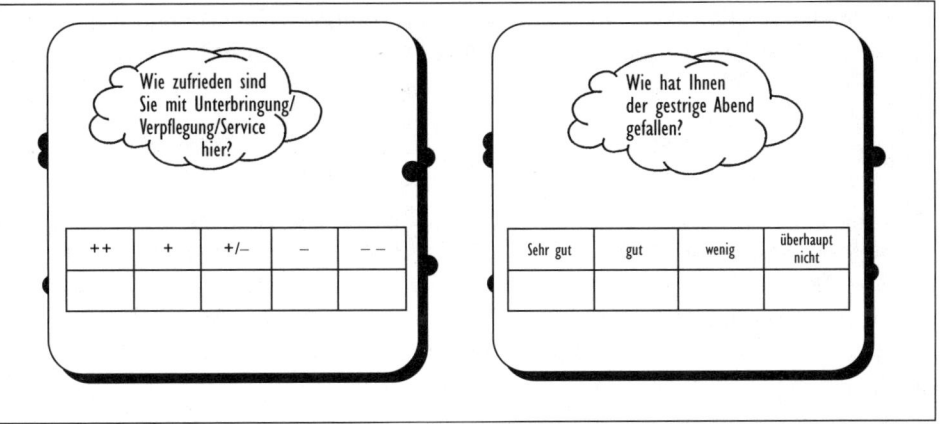

Abbildung 11
(aus: K. Klebert/Einhard Schrader/Walter Straub: ModerationsMethode. Gestaltung der Meinungs- und Willensbildung in Gruppen, die miteinander lernen und leben, arbeiten und spielen, 7. Aufl. 1998, © Windmühle Hamburg, 84)

Großgruppenmoderation

Können Sie sich eine moderierte Synode vorstellen? Auch das ist möglich und wurde z.T. schon praktiziert. Selbst Großgruppen ab zwanzig bis zu einigen hundert Teilnehmern, sogar Messen lassen sich mit Hilfe der Moderationsmethode auflockern und effektiver gestalten. Das ist auf zwei Wegen möglich:

☐ Vergrößerung der Elemente
Man muß gewährleisten, daß die Schrift von allen gelesen werden kann. Deshalb müssen Sie für große Gruppen Trainerstifte oder dickere Edding-Stifte verwenden. Statt der Aussagekarte in Größe einer Drittel DIN-A-4-Seite nehmen Sie z.B. DIN-A-4-Blätter quer. Nach wie vor gilt die Regel: Sieben Wörter in drei Zeilen!

☐ Verkleinerung der Gruppe
Wenn Sie mit den bekannten Elementen arbeiten wollen, muß sich das große Plenum wenigstens phasenweise aufteilen. Das kann man über die Sitzordnung und die Gestaltung der gesamten Sequenz mit unterschiedlichen Arbeitsphasen steuern. Mehrere Personen müssen parallel moderieren. Verschiedene Settings sind denkbar:

Gruppenarbeit

Wenn jemand vor einem großen Auditorium eine Rede gehalten hat, wird üblicherweise anschließend das Mikrophon hineingestellt. Statt dessen oder statt einer Podiumsdiskussion wird aber nun das Plenum in moderierbare Gruppen aufgeteilt, die über das Referat, unterstützt von je zwei moderierenden Personen, diskutieren. Man sollte die Gruppendiskussionen nicht ohne zugeordnete Moderation laufen lassen, um die Ernsthaftigkeit zu unterstreichen und Effektivität zu gewährleisten und damit Ergebnisse über Visualisierung ins Plenum zurückführbar sind.

Tagungsbegleitende Moderation

Sie ist ein Parallelangebot zu Veranstaltungen. Dabei kalkuliert man ein, daß nicht alle Teilnehmerinnen die vorgesehenen Redebeiträge gleichzeitig mitbekommen. Interessierte treffen sich an schon vorbereiteten Diskussionsständen, wo jeweils Themen abgedeckt werden, die gerade nicht offiziell behandelt werden. Hier können die Beteiligten ihre Erfahrungen einbringen, denn an den Diskussionsständen gibt es keine Referate, sondern Moderation.

Diskussionsmarkt

Dieses Setting ist völlig offen (Open Space). Die Teilnehmenden verteilen sich nach freier Wahl auf Diskussionsstände, d.h. auf zur Verfügung stehende Moderationswände und -materialien. Hier kann jede bei einem Thema beginnen, dem sie das größte Interesse entgegenbringt. Das Ganze findet in einem klar strukturierten Rahmen statt, indem die Phasen für die Diskussionsstände begrenzt werden. Danach kann man direkt zu einer neuen Runde aufrufen oder kurz im Plenum zusammenkommen. Wegen der völligen Offenheit des Prozesses wird von den moderierenden Personen viel Erfahrung verlangt. Diskussionsmärkte eignen sich, wenn die Veranstalter erreichen wollen,
☐ daß die Teilnehmenden über Probleme ihrer eigenen Wahl diskutieren können,
☐ daß die Teilnehmenden ein gemeinsames Handlungskonzept finden,
☐ daß die Teilnehmenden spontan agieren können
☐ oder wenn die Veranstalter sich nicht intensiv inhaltlich vorbereiten konnten.
(vgl. Klebert/Schrader/Straub 1985, 181)

Informationsbörse

Im Gegensatz zum Diskussionsmarkt stehen in einer Informationsbörse bereits aufbereitete Informationen an Diskussionsständen zur Verfügung. Die Themen werden unter Mitwirkung der späteren Teilnehmer ausgewählt. Nach sorgsamer Aufbereitung durch die Moderatoren diskutieren Gruppen bis zu 20 Personen die Themen mit der Moderationsmethode. Am Tag kann jede teilnehmende Person bis zu drei Diskussionsstände besuchen, alles andere übersteigt ihre Aufnahmekapazität.
Eine moderierte Großveranstaltung ist sinnvoll, wenn der Wunsch nach Kommunikation zwischen den Teilnehmenden im Vordergrund stehen soll und wenn die erarbeiteten Ergebnisse eine Chance haben, realisiert zu werden. Entscheidend ist das Folgende:

Vorfragen zum Veranstaltungstyp

- ☐ Ist beabsichtigt, den Teilnehmenden Freiheit bei der inhaltlichen Gestaltung zu lassen?
- ☐ Ist beabsichtigt, die Informationen, die den Teilnehmenden präsentiert werden, von ihnen kritisch diskutieren zu lassen?
- ☐ Besteht die Offenheit, neue Ideen aus dem Teilnehmerkreis aufzugreifen?
- ☐ Besteht die Bereitschaft, Kritik der Teilnehmenden an Inhalten und Methode offenzulegen?
- ☐ Ist beabsichtigt, nach der Veranstaltung an den Problemen weiterzuarbeiten, eventuell in Projektgruppen?
- ☐ Besteht die Möglichkeit, daß die Teilnehmenden nach der Tagung an Themen ihrer Wahl weiterarbeiten können, und ist die Bereitschaft vorhanden, diese Interessierten an dem weiteren Prozeß zu beteiligen?

Dann bietet sich eine moderierte Großveranstaltung an.

- ☐ Soll erreicht werden, daß die Teilnehmenden über Probleme ihrer eigene Wahl sprechen?
- ☐ Fehlt Ihnen die Zeit für eine intensive Vorbereitung einzelner Themen?

Dann wählen Sie einen Diskussionsmarkt.

- ☐ Wollen Sie die Teilnehmenden mit bestimmten, vorher ausgewählten Themen konfrontieren?
- ☐ Besteht die Notwendigkeit, sie mit bestimmten Informationen zu versorgen?
- ☐ Sollen die Teilnehmenden zu den ihnen vermittelten Informationen Stellung nehmen?
- ☐ Haben Sie ausreichend Zeit und personelle Kapazität für die inhaltliche Vorbereitung der einzelnen Themen?
- ☐ Wünschen Sie, daß die Teilnehmenden aus der Information und Diskussion Konsequenzen für ihre tägliche Arbeit ziehen?

Dann wählen Sie eine Informationsbörse.

- ☐ Haben Sie ein Referat vorgesehen, auf dessen intensive Diskussion sie nicht verzichten können?

Dann wählen Sie Gruppenarbeit auf einer klassischen Veranstaltung.

- ☐ Wollen Sie Interessen und Bedürfnisse von BesucherInnen eines Kirchentages, einer Ausstellung, eines Kongresses, eines Gemeindefestes erfahren?
- ☐ Wünschen Sie, daß diese BesucherInnen einen intensiveren Kontakt untereinander erleben?

Dann wählen Sie am besten eine (Tagungs)begleitende Moderation.

Die verschiedenen Veranstaltungstypen sind auch phasenweise kombinierbar. Ein Beispiel: Man kann mit einem Referat beginnen, das in Gruppenarbeit diskutiert wird. Dann schließt sich eine themenorientierte Moderation in Form einer Informationsbörse an, dann beendet man die Veranstaltung mit einer Spontanrunde in Gestalt eines Diskussionsmarktes.

Wirksame Präsentation

Einführung

Zuvor war mehrfach die Rede davon, daß eine Pinwand präsentiert wird. Wir wollen nun erläutern, was wir unter Präsentation verstehen und wie sie noch genutzt werden kann.

»Die Präsentation ist der persönliche Vortrag einer strukturierten Folge von Gedanken, unterstützt durch visuelle Hilfsmittel, an ein überschaubares Publikum« (Hierhold 1994, 12). Vortrag und Präsentation werden hier als verschiedene Bezeichnungen ein und derselben Sache gebraucht, die sich von der Rede, verstanden als situative Ansprache, unterscheiden (Scheler 1995, 10). Besonderes Kennzeichen ist die Visualisierung, auf deren Vorteile wir zuvor hingewiesen haben. Anders gesehen, gibt es »kleine Unterschiede«:

»Ein Vortrag informiert oder vermittelt Wissen. Fakten und Sachverhalte stehen im Vordergrund. Präsentationen wollen beeindrucken, beeinflussen, überzeugen« (Will 1994, 10).

Nach diesem Verständnis kommt die Präsentation der Argumentation sehr nah. Wir verstehen Präsentation als einen mit visuellen Mitteln unterstützten Wortbeitrag, der sowohl Information als auch Argumentation enthalten kann und (wie jede Kommunikation) Appellcharakter hat. Je nach Zielsetzung dient die Präsentation der Information oder der Überzeugung. Eine Präsentation als bildgestützter Vortrag erfüllt Anforderungen an Kürze und audiovisuelle Darbietung. Im Unterschied zu einer klassischen Rede ist sie wegen der Merkmale Kürze, Prägnanz und Visualisierung besser verständlich und eingängiger.

Die klassische Rede hat zwar im kirchlichen Kontext, z.B. als Predigt eine große Bedeutung. Aber bei Fachvorträgen und im beruflichen Bereich wollen die Zuhörenden Zusammenhänge, Fakten und Beispiele sehen, um sie besser begreifen zu können. Dies war ja ein Argument für den Einsatz der Moderationsmethode. Visualisierung ist demnach ein Grundbestandteil jeder Präsentation, egal ob Sie einen Vortrag halten oder ein Kurzstatement abgeben. Nach Untersuchungen verkürzen visuelle Hilfsmittel die durchschnittliche Länge einer Konferenz um ein gutes Viertel der Zeit. Die Überzeugungskraft einer Argumentation erhöht sich bei ihrem Einsatz um fast die Hälfte (Hierhold 1994, 95).

Präsentationen sind bei vielen Anlässen hilfreich und sinnvoll:
☐ zur Unterstützung eines Statements in einer Sitzung
☐ als Überblick über einen Arbeitsbereich
☐ zur Einführung in ein Thema

- [ ] anstelle einer klassischen Rede
- [ ] zur Selbstdarstellung der Gemeinde, z.B. auf einer Synode oder einem Kirchentag
- [ ] u.a.

Nach wie vor ist das persönliche Auftreten von grundsätzlicher Bedeutung: Haltung, Gestik, Blick, Stimme, Sprache. Sicheres Auftreten ist eine notwendige Bedingung, aber nicht mehr allein ausreichend. Hinzu kommt die Übersetzung komplexer Inhalte in sichtbare Zusammenhänge, und das erfordert eine neue Art des Denkens und der Vorbereitung.

Vorbereitung einer Präsentation

Je kürzer der geplante Auftritt, desto gründlicher die Vorbereitung. Die optimale Zeit für eine Präsentation sind 15 bis 20 Minuten, auf 90 Minuten Präsentation kommen 15 Minuten Pause. Grundsätzlich gilt: Planen Sie für jede Vortragsminute 15 bis 30 Minuten Vorbereitung (Scheler 1995, 20). Natürlich variiert dieses Verhältnis abhängig von Ihrer Routine und dem Stellenwert der Veranstaltung. Für die Präsentation eines Beitrags von 20 Minuten müssen Sie nach obiger Faustregel (nach Hierhold 1994, 21) ungefähr zehn Stunden einplanen. Davon entfallen auf:

Vorentscheidung – 1 Stunde ☐ Welches Ziel hat die Präsentation? ☐ Wer sind die Teilnehmenden? ☐ Welche Medien eignen sich?	Produktion: Visualisieren – 4 Stunden ☐ Folien herstellen ☐ Infoposter anfertigen ☐ Flipchart vorbereiten
Konzeption – 3 Stunden ☐ Material sammeln ☐ Material auswählen ☐ Material strukturieren ☐ Visualisierung skizzieren	Persönliche Vorbereitung – 2 Stunden ☐ Probelauf ☐ Medientechnik

Sie können durch Delegation vor allem bei der Materialsammlung und -aufarbeitung und bei der Produktion der visuellen Hilfsmittel Zeit sparen. Keine Delegation ist möglich bei strategischen Vorentscheidungen (Zielsetzung), persönlicher Vorbereitung und Ausarbeiten der Interaktionsstrategie (Umgang mit Fragen und Einwänden). Die meiste Zeit sparen Sie durch Weglassen. Was bedeutet das für Ihre persönliche Vorbereitung?

- [ ] Finden Sie aufgrund der Analyse der Teilnehmenden Schnittstellen zwischen Ihren Informationen und dem Interesse des Publikums.
- [ ] Formulieren Sie ergebnisorientierte Ziele für Ihre Präsentation: »Ich will mit meinem Beitrag erreichen, daß ...«, und klären Sie Ihre »geheimen« persönlichen Ziele (hidden agenda): Welchen Eindruck möchten Sie machen?

- ☐ Bemühen Sie sich, schon im Stadium der Konzeption in Sequenzen von Bildern zu denken und lassen Sie die Frage, welche Medien Sie benutzen (Folie, Flipchart o.a.) noch offen.
- ☐ Berücksichtigen Sie bei der Entscheidung für die Medien die Analyse der Teilnehmenden (Welcher Qualitätsstandard wird erwartet?).
- ☐ Planen Sie ausreichend Zeit für die Umsetzung der Form. Gerade hier wird oft geschlampt, weil man meint, die gute Idee allein werde schon überzeugen. Aber es gehört zu den schlimmsten Momenten des Präsentierenden, wenn eine wertvolle Idee mangels Umsetzung nicht ankommt.

Persönliche Präsentationsziele und angemessenes Verhalten	
Welchen Eindruck wollen Sie machen?	Was sind mögliche Konsequenzen für die Vorbereitung Ihrer Präsentation?
kompetent	Bei der Vorstellung eigene einschlägige Erfahrungen möglichst früh bekannt machen; Beispiele wählen, bei denen Sie als Problemlöser vorkommen; exakte Daten verfügbar haben und zitieren; Verständnisfragen ausdrücklich jederzeit zulassen; komplexe Zusammenhänge spontan visualisieren (Flipchart, Tafel)
gründlich	Sitzordnung mit Namensschildern; Vorgehen nach sichtbarer Gliederung (Flipchart), abhaken der behandelten Punkte
gut organisiert	Weniger Punkte, aber diese vollständig behandeln (abhaken)
gut vorbereitet	Alle Medien voll einsatzbereit, störungsfreier Wechsel; Reservefolien in Extraschachtel aufbewahren
dynamisch	Das Gesprächsthema im ersten Satz ansprechen; verstärkt Fragen und Aufforderungen, weniger Behauptungen einsetzen; Ideen, Fragen und Aufforderungen aufgreifen und festhalten (Flipchart), aber nicht ablenken lassen; verschiedene Medien einsetzen, aber keine selbst bewegten (Video); vorbereitete Skizzen an Tafel oder Flipchart entwerfen oder vervollständigen
glaubwürdig	Informationsdichte reduzieren; Transparenz durch Zusammenfassungen verstärken; geplanten Vortragsinhalt bekanntgeben und zwischendurch abhaken; exakte Daten und genaue Quellenangaben; säuberliche Trennung von Tatsachen und Interpretationen

(nach Hierhold 1994, 56)

Neben Sachinformationen geben Sie stets auch einen persönlichen Eindruck ab. Planen Sie diesen bewußt!

Grundregeln für die Gestaltung

- ☐ Klarheit hat Vorrang vor Originalität.
- ☐ Ein schlechtes und schlecht sichtbares Hilfsmittel ist schlimmer als gar keines.
- ☐ Einfache Aussagen und Grafiken – wenig Details. (Die Details gehören in die mündliche Ausführung)
- ☐ Halten Sie ein einheitliches Qualitätsniveau bei Ihren Visualisaten.
- ☐ Lassen Sie optischen Raum für Ihren eigenen Vortrag.

Die Präsentation folgt derselben Grundstruktur wie die Argumentation: Einstieg, Hauptteil und Schluß.

1. Für den *Einstieg* verwendet man etwa 15 Prozent der Präsentations-Gesamtzeit. Eine lesbare Gliederung auf Flipchart oder Pinwand erleichtert Überblick und Einstieg.
2. Der *Hauptteil*, das eigentliche Thema, macht 75 Prozent der Gesamtzeit aus. Er besteht aus maximal fünf, besser drei unterscheidbaren Unterpunkten (vgl. Fünfsatz in der Argumentation), von dem jeder eine Minieinleitung und einen Minischluß braucht. Diese Punkte können verschiedene, visuell aufbereitete Informationen (z.B. Folien) sein oder auch Argumente.
3. Ein kluger *Vortragsabschluß* bleibt im Gedächtnis der Teilnehmenden haften. Er macht etwa 10 Prozent aus. Die präsentierende Person faßt die Hauptaussagen zusammen, greift den Einstiegsgedanken wieder auf und setzt einen Schlußakzent. Hierher gehört auch ein offener Appell.

Hinweis für die Präsentation selbst: Wenn Sie sich in der Zeit verkalkuliert haben, kürzen Sie im Hauptteil um einen oder mehrere Unterpunkte, niemals im Schluß oder in der Einleitung! Argumente oder Informationen des Hauptteils können Sie in der Diskussion immer noch nachliefern, ein gelungenes Finale nicht.

Visualisierungselemente

Eine Visualisierung ist nicht zum Mitlesen da, sondern erfüllt das Ziel, einen komplexen Inhalt auf wenige (grafische) Elemente zu reduzieren. Dies geht zwar zunächst auf Kosten einer gründlichen und vertiefenden Darstellung aller möglichen Zusammenhänge, aber erleichtert das Erfassen wesentlicher Aussagen und Bezüge, die als geistige Landkarte für eine folgende Vertiefung und eigene Erschließung der Thematik (aufgrund empfohlener Lektüre, in Arbeitsgruppen) ein hilfreiches Orientierungsinstrument sind. Für die Visualisierung gilt generell:

- ☐ Leicht erfaßbar und plakativ gestalten: Ein Visualisat muß deutlich erkennbar, kontrastreich und auf ein Thema beschränkt sein.
- ☐ Wenige Elemente verwenden: Angaben nicht wiederholen, Begrenzung auf das Wesentliche
- ☐ Einheitlichkeit: Das bezieht sich auf Hintergrundfarben, Bezugsgrößen und Wahl eines Logos.

Symbole

Symbole sind visuelle Kurzformen, die durch den Vortragenden einprägsame Bedeutung erhalten. In der Präsentation ist dasjenige ein geeignetes Symbol, das zunächst noch etwas unklar ist, aber mit Hilfe Ihrer Erklärung das Thema bzw. die Aussage bildhaft repräsentiert. Zuhörende sind symbolische und bildhafte Information gewohnt und nehmen sie gerne an.

Texte

Mit Text gestalterisch umzugehen, heißt, einen vorgegebenen Raum mit Wörtern zu füllen. Text zu visualisieren meint, Stichwörter zu gestalten. Die präsentierende Person spricht in ganzen Sätzen, die Visualisierung betont, hebt hervor, strukturiert oder erinnert an das Gesagte. Ganze Sätze sind unnötig und lenken vom gesprochenen Wort ab. Visualisierte Texte eignen sich als:
- Titel und Zwischentitel
- Zitate (selbstverständlich hier als ganze Sätze)
- Schlagwörter
- Listen- und Tabellentext

Achten Sie bei der Visualisierung von Texten auf Lesbarkeit, Übersichtlichkeit und Attraktivität. Texte sind Stichwortbringer – mehr nicht. Deshalb:
- Gebrauchen Sie einen Telegrammstil.
- ein Gedankengang pro Visualisat
- ein Gedanke pro Punkt
- maximal sechs Punkte pro Liste
- Richtwert: 25 Worte pro Visualisat
- mit Farbe gliedern und hervorheben

Verwenden Sie große und kleine Druckbuchstaben in ausreichender Größe.

Diagramme

Zur Abbildung von Zahlenverhältnissen und Zeitreihen eignen sich Diagramme. Sie sind in jedem Fall einleuchtender als Zahlen, doch Vorsicht: Jedes Diagramm ist Manipulation, weil es das Datenmaterial nur unvollständig wiedergibt. Die exakten Zahlen sollten Sie, wenn sie eine Rolle spielen, in Unterlagen zur Verfügung stellen. In der Visualisierung runden Sie die Zahlen auf oder ab.

Ein Präsentationsdiagramm muß einfach und leicht verständlich sein, Details gehören ebenfalls in schriftliche Unterlagen. Jedes Diagramm erhält einen Rahmen und selbstverständlich eine Überschrift (keine Erklärung!).

Als Abbildungen zeitunabhängiger Zahlen und Verhältnisse eignen sich Torten-, Balken- und Säulendiagramme. Zeitreihendiagramme, die Trends, Entwicklungen und Veränderungen veranschaulichen, sind z.B. Linien- und Kurvendiagramme, Säulenreihen u.a.

Strukturbilder

Die Abbildungen auf S. 77 und 115 in diesem Buch sind Strukturbilder. Sie erleichtern die Aufnahme von inhaltlichen Zusammenhängen und eignen sich, um abstrakte Begriffe und Zusammenhänge zu veranschaulichen. Zu ihrer Gestaltung braucht man nur drei Elemente: geometrische Formen (Kreise, Dreiecke u.a.), Text (zur Beschriftung) und Verbindungslinien (auch als Pfeile). Man erstellt ein Strukturbild, indem man
- alle Negativa eliminiert, denn sie können nicht abgebildet werden,
- den positiven Bestandteilen der Aussage geometrische Formen zuordnet,
- Gedanken in möglichst räumlichen Worten formuliert (daraus folgt; dagegen steht; im Zusammenhang damit; der übergeordnete Aspekt ...),
- die Elemente entsprechend ordnet und verbindet,
- das Bild in einen Rahmen setzt und ihm eine Überschrift zuordnet.

Erfahrungen in der Moderationsmethode sind außerordentlich hilfreich, zumal man hierbei schon über ein Repertoire an geometrischen Formen verfügt. Sie lassen sich unter Berücksichtigung bestimmter Kompositionsregeln direkt für Infoposter nutzen.

Farben

- Buntheit signalisiert Beliebigkeit, also verwenden Sie Farben sparlich. Mehr als drei Farben pro Visualisat sind in der Regel nicht empfehlenswert.
- Beachten Sie die Farbsymbolik.
- Verwenden Sie gelernte Farbcodes und respektieren Sie sie (Bsp: »rote« und »schwarze« Zahlen; blau = männlich, rot = weiblich).
- Halten Sie Ihre Farbcodes durch.

Medienwahl: Folien, Flipchart oder Infoposter

Wir beschränken uns nach einem Überblick über geeignete Medien im Folgenden auf die im kirchlichen Umfeld gebräuchlichsten Medien: Folien, Flipchart und Infoposter.

Medienwahl nach Präsentationstyp:			
Anlaß	Teilnehmerzahl	Tragendes Medium	Ergänzendes Medium
Arbeitssitzung	3-5	Flipchart, Folien, Pinwand	Flipchart, Wandtafel
Projektbesprechung	5-10	Folien, Pinwand, Flipchart	Flipchart
Formelle Präsentation (Bsp. Presbyterium)	5-20	Folien, Infoposter	Flipchart, Pinwand
Fachvortrag, Informationsveranstaltung (Bsp. Synode)	30-200	Dia, Folien (nur mit Starklichtprojektor)	Datenprojektion, Pinwände unter Bedingungen der Großgruppenmoderation

Gottesdienst (geeignete Visualisierungsfläche herstellen)	20-100	Dia, Infoposter, Folie (mit Starklichtprojektor)	Pinwand
Seminar / Unterricht	10-20	Folie, Dia, Video, Flipchart, Pinwand / Infoposter	Tafel, Whiteboard, Flipchart, Pinwand

Bei der Auswahl des richtigen Mediums spielen außerdem folgende Überlegungen eine Rolle:

- ☐ Wie viele Personen müssen etwas sehen und hören? An welche Standards sind sie gewöhnt? (Mit einer Multimediashow schrecken Sie in der alltäglichen kirchlichen Arbeit eher ab.)
- ☐ Welches persönliche Ziel wollen Sie erreichen? (Wenn Sie z.B. den Eindruck erwecken wollen, technisch auf dem neuesten Stand zu sein, sollten Sie keine Wandtafel einsetzen.)
- ☐ Wieviel Vorbereitungszeit steht mir zur Verfügung? (Folien am PC zu produzieren ist schneller als Infoposter anzufertigen.)

Folien

Folien sind ein beliebtes und weit verbreitetes Medium.

- ☐ *Vorteile der Tageslichtprojektion*: Folien sind preiswert und schnell herzustellen, die Teilnehmenden können sie als Kopien zur Nacharbeit ausgehändigt bekommen.
- ☐ *Nachteile*: Die Folie ist in der Präsentation ein flüchtiges Element, das gegenüber dauerhaften Visualisaten wie Infoposter und Pinwand an Einprägsamkeit verliert.

Was sollten Sie beim Einsatz von Folien beachten?

- ☐ Verwenden Sie möglichst ein Querformat, so können Sie eher gewährleisten, daß auch bei niedrigen Räumen alle Teilnehmer die Projektion sehen können und niemand sie mit dem Kopf verdeckt.
- ☐ Planen Sie Belebungstechnik ein, z.B. durch Hinzufügen von Elementen, Unterstreichungen, Überdecken u.a. Doch Vorsicht beim sog. Striptease, dem schrittweisen Enthüllen einer zuvor abgedeckten Folie. Die Teilnehmenden fühlen sich hierdurch bevormundet. Interessanter ist es, wenn Sie eine Grundfolie mit einer anderen überlegen oder umgekehrt eine andere von ihr wegnehmen.
- ☐ Wenn Sie Folien mit Hand zeichnen: Verwenden Sie dicke Striche, schreiben Sie mit wasserfesten Schreibern. Sie sollten sich auf die Hauptfarben beschränken (schwarz, rot, blau, grün, violett) und Flächen nie ausmalen.
- ☐ Wenn Sie Folien am PC produzieren, beachten Sie die Schriftgröße: mindestens 24 Punkt. Das entspricht einer Höhe der Großbuchstaben von ca. sechs Millimetern. Haben Sie Mut zu großen Schriften.
- ☐ Wählen Sie halbfette oder fette Schrift, niemals dünne. Verwenden Sie glatte Schriften ohne Serifen. Beschränken Sie sich auf nur eine Schriftart.
- ☐ Setzen Sie Farben ein – allerdings nicht zum Unterlegen der Schrift, das erschwert die Lesbarkeit wegen Kontrastreduktion.

☐ Entfernen Sie die Zwischenblätter von Folien, und verwenden Sie eine richtige Folienhülle oder Flip-Frames. Auf die Flappen können Sie sich Notizen machen, z.B. die Reihenfolge notieren oder auf Beispiele hinweisen, die Sie geben wollen.

Wie präsentieren Sie Folien am wirkungsvollsten?

Eine kleine Bewegung auf dem Projektor oder mit der Folie ist für die Zuschauenden eine große Bewegung auf der Projektionsfläche, also ruhige und sparsame Bewegungen ausführen. Zwar sind Sie dem Publikum zugewandt, aber deswegen müssen Sie noch keinen Blickkontakt haben. Daraus folgen ein paar Tips für den Umgang mit Folien:

☐ Verwenden Sie als Zeigeinstrument auf der Folie niemals die Hand, sondern einen Stift oder Folienzeiger, den Sie auf der Folie ablegen, um irritierende Bewegungen zu vermeiden.

☐ Vermeiden Sie schnelle Hin-und-Herbewegungen und Herumfuchteln auf der Folie.

☐ Lösen Sie Ihren Blick so oft wie möglich vom Projektor und nehmen Blickkontakt mit den Teilnehmenden auf.

☐ Lesen Sie niemals von der Projektionsfläche (Leinwand) mit dem Rücken zum Publikum ab!

☐ Berühren Sie die Leinwand bei der Präsentation nicht (bringt Wellenbewegungen).

☐ Stehen Sie rechts neben dem Projektor (von den Teilnehmenden aus betrachtet), beachten Sie, daß Sie dabei niemandem den Blick auf die Projektionsfläche verstellen.

Flipchart

Flipcharts sind hilfreich unterstützende Instrumente für beinahe jede Visualisierung.

☐ *Vorteile*: Ein Flipchart ist einfach und anspruchslos in bezug auf die Lichtverhältnisse. Technische Pannen sind kaum möglich. Es ist ein Vertrauen erweckendes Medium, man arbeitet an einem echten Bild, das – wenn das Chart an die Wand geheftet oder nicht umgeblättert wird, während der ganzen Präsentation präsent bleibt.

☐ *Nachteile*: Die Attraktivität ist in hohem Maße abhängig von der Handschrift und den visuellen Fähigkeiten des Produzenten.

Das Flipchart ist ein ideales Ergänzungsmedium für kleine Gruppen, immer bereit, um spontan Fragen aufzunehmen und neue Inhalte in Skizzen abzubilden. Als tragendes Medium eignet es sich insbesondere für folgende Anlässe: Für die Visualisierung

☐ der Kernfrage – des Themas
☐ der Tagesordnung
☐ der vereinbarten Kommunikationsregeln
☐ des Arbeitsauftrages für die Gruppe
☐ der Festlegung des Tätigkeits- und Maßnahmenkatalogs
☐ zur Anwendung des Brainstormings (S. 94f.)
☐ zum Festhalten wichtiger Beschlüsse
☐ zur Präsentation von Gruppenarbeitsergebnissen
☐ zur Unterstützung eines Vortrags

Sie können die Wirkung des Flipcharts als Hilfsmittel für einen Vortrag steigern, wenn Sie eine Grafik live vervollständigen oder einen Text ergänzen. Als Gedankenstütze helfen Ihnen dabei Anmerkungen mit Bleistift auf dem Flipchartblatt, die die Teilnehmenden nicht sehen können. Als Hilfsmittel für Vortragstechnik sollten Sie das Flipchart allerdings nicht überstrapazieren: Das permanente Umblättern irritiert die Teilnehmenden, zumal die visuell aufbereiteten Informationen auf diesem Wege immer wieder verschwinden. Beschränken Sie sich deshalb auf wenige Charts, die Sie gegebenenfalls im Raum aufhängen können.

Weil das Flipchart das ideale Begleitmedium für spontane Einfälle ist, glauben offenbar viele, es ohne jegliche Gestaltungsregeln erfolgreich einsetzen zu können. Auch hier können Sie damit die Wirkung Ihrer Botschaft schmälern. Deshalb ein paar Tips zur guten Gestaltung.

☐ Verwenden Sie die Moderationsschrift (S. 114) mit den entsprechenden Stiften.
☐ Verwenden Sie als Farben schwarz, rot, grün oder blau. Kontrastreiche Farben verwenden
☐ Lassen Sie um jedes Blatt einen Rand stehen (1 Kästchen bei kariertem Papier).
☐ Schaubilder groß, klar und vereinfacht zeichnen
☐ Schrift und grafische Darstellung müssen der Größe des Vortragsraumes angemessen sein.

Mit kariertem Flipchart-Papier können Sie das leichter realisieren. In Räumen mit etwa acht Metern Distanz zum entferntesten Teilnehmer (Gruppenarbeit) schreiben Sie die Überschriften in der Buchstabenhöhe über ca. zwei Kästchen, in der Breite über eins. Der Normaltext wird in einer Kästchenhöhe geschrieben.

Auch die Texte am Flipchart sollten Sie mit Symbolen beleben (Pfeile, Gesichter, Listenpunkte, Fragezeichen etc.) und mit Grafiken veranschaulichen.

Infoposter

Dieses Medium kommt aus der Moderationstechnik. Es handelt sich um ein auf Moderationsbögen (Packpapier in Pinwandformat) befestigtes Strukturbild aus Moderationselementen (Karten, Kreise, Streifen, Papierwolken).

☐ *Vorteil*: Das Medium ist während der gesamten Präsentation verfügbar. Es kann mit Moderationstechnik dialogisch weiterentwickelt werden.
☐ *Nachteil*: Es braucht viel Platz und ist schlecht zu transportieren. Die Gestaltung hängt in hohem Maße von der Beherrschung der Moderationstechnik ab.

Aus der Moderationstechnik ergeben sich auch die Gestaltungskriterien zur Anordnung der Elemente (die Sie u.a. auch für Strukturbilder nutzen können).
Es gibt zwei grundlegende Darstellungsmöglichkeiten:
a) Die gebundene Darstellung, deren bekannteste Strukturen sind: Liste, Tabelle, Netz und Baum. Dazu zählen ebenfalls Diagramme.
b) Die freie Darstellung oder Collagentechnik, die von der Anwendung der im Folgenden genannten Kompositionsregeln lebt (Schnelle-Cölln 1983, 32f.). Es gelten die folgenden Grundvoraussetzungen:
☐ In der optischen Darstellung hat jede Konstellation eine Bedeutung, nichts ist beliebig.

- ☐ In der Problemlösung sollen die Kompositionsformen offen angewandt werden, wir brauchen Freifläche, um zu erweitern und zu verändern.
- ☐ Alle Visualisate gelten als vorläufig und können während ihrer Präsentation ergänzt oder abgewandelt werden.
- ☐ Alle Infoposter der Moderation sollten nebeneinander zu einem überschaubaren Gesamtszenario aufgebaut werden.
- ☐ Jedes Gruppenmitglied soll freien Zugang zu den Tafeln haben.

Die folgenden Grundmuster der freien Darstellung gibt es:

- ☐ *Reihung*: Sie ist eine einfache Addition von Visualisierungselementen, die das Wiederauffinden von Informationen für das Auge erleichtert. Reihungen werden eingesetzt, um gleichrangige Aspekte darzustellen, bei denen noch keine Gewichtung erfolgt. Zu einer Reihung gehören mindestens drei und maximal zwölf Elemente. Die Elemente müssen im gleichen Abstand angeordnet sein, und man beachte die Richtung (horizontal, vertikal, diagonal oder kreisförmig).
- ☐ *Rhythmus*: Rhythmus setzt Reihung voraus. Die regelmäßige Anordnung ungleicher Elemente und auch die wechselnde Anordnung gleicher Elemente bezeichnen wir als Rhythmus. Er kann durch Farb- und Formwechsel oder auch durch Versetzung und Verschiebung erzeugt werden. Er macht lange Reihen lesbarer.
- ☐ *Betonung*: Sie lebt von der Seltenheit. Während in der Moderation generell der Grundsatz gilt »alles an die Pinnwand«, zwingt die Betonung dazu, Schwerpunkte zu schaffen. Sie läßt sich erzeugen durch die besondere Größe eines Elementes, die Unterlegung eines Feldes mit andersfarbigem Papier, eine starke Umrandung, ein völlig andersartiges Element (Wolke) oder einen Wechsel in Form oder Farbe des Elementes.
- ☐ *Symmetrie / Asymmetrie*: Anordnung der Elemente um Spiegelachsen.
- ☐ *Dynamik*: Sie kann alle zuvor genannten Gestaltungsregeln enthalten, erlaubt eine weitgehende Abkehr von Zwängen und beruht auf einer Abkehr von Regelmäßigkeit. Gerade hierdurch lassen sich Abhängigkeiten, Zusammenhänge und Konflikte darstellen.

Freiraum auf den Postern können Sie gezielt einsetzen, um eine Brücke zu den Teilnehmenden und in eine anschließende Diskussion zu bauen: Sie hängen in eine Liste am Ende ein / zwei leere Karten und bitten die anderen, sie gedanklich oder im Dialog zu füllen. Sie können das Infoposter – abgesehen z.B. von Überschriften – auch lebendig vor den Teilnehmenden entstehen lassen, indem Sie immer dann, wenn Sie den Inhalt eines Elementes vortragen, die entsprechende Karte an die Wand pinnen. Die Struktur und Reihenfolge ist Ihnen selbstverständlich präsent – es helfen Bleistiftskizzen auf dem Packpapier. Diese Präsentationsweise hat einen sehr nützlichen Nebeneffekt: Die Rückseite der Moderationskarten können Sie unauffällig als Spickzettel verwenden.

Wenn Sie das Poster präsentieren, stellen Sie sich links vom Zuschauenden aus neben die Pinnwand und zeigen Sie mit der geöffneten Hand (Handrücken zum Bild) auf die einzelnen Elemente. Eine Präsentation pro Poster darf niemals länger als fünf Minuten dauern!

Empfehlungen für den Ablauf der Präsentation

Das gelungene Zusammenspiel von präsentierender Person, Qualität und Struktur ihres Wortbeitrags, den verwendeten Medien und der visuellen Darstellung hebt die Präsentation von einem klassischen Vortrag ab. Eine zentrale Frage ist dabei, wie Sie die Aufmerksamkeit der Teilnehmenden steuern können. Folgendes ist zu beachten:

- Oft kommen die Zuhörenden unvorbereitet.
- Etwas präsentiert zu bekommen, ist ein fremdgesteuerter Vorgang; die Teilnehmenden selbst haben nur wenig Einfluß auf die Geschwindigkeit oder die Struktur.
- Das Wichtigste ist die präsentierende Person selbst – andernfalls brauchten Sie bloß einen Text zu verschicken.
- Sprache ist schwächer als Bilder. Mit Worten allein können Sie sich gegen die Kraft visueller Informationen nicht durchsetzen, dazu brauchen Sie Ihren Körper.
- Bewegung hat Priorität. Aufmerksamkeit läßt sich am besten durch absichtsvolle Bewegungen steuern.
- Für das Publikum ist meist alles neu und interessant, Ihnen selbst als Expertin sind die dargestellten Sachverhalte dagegen bekannt und selbstverständlich.
- Für das Publikum ist nichts selbstverständlich.
- Bilder ziehen Aufmerksamkeit an. Sie können demnach auch ablenken, wenn Sie damit nicht mehr präsentieren.

Präsentieren bedeutet nicht, ein Manuskript einfach abzulesen. Wenn Sie Medien einsetzen, stellen sich Fragen nach der richtigen Position zu ihnen, der geeigneten Haltung, dem richtigen Wechsel der einzelnen Visualisate usw. Gerade die Unsicherheit in bezug auf diese Details hält viele Menschen davon ab, ihren Vorträgen die Qualität einer Präsentation zu geben. Weil man nicht weiß, wie mit den Medien umzugehen ist, setzt man sie gar nicht erst ein, oder eine miserable Präsentation macht die Wirkung guter Argumente und wichtiger Informationen gar zunichte. Auf diese Weise reproduziert sich permanent ein anstrengender, rein auditiver Vermittlungsstil in kirchlichen Arbeitsfeldern. Arbeitstechniken aus anderen Berufsfeldern (Wirtschaft, Pädagogik) haben erst sehr spät hier Einzug gehalten und sind noch wenig verbreitet. Wie also präsentieren Sie richtig? Hierzu unsere Empfehlungen (vgl. Hierhold 1994, 139ff.):

- Besetzen Sie die zentrale Position im Raum, allerdings nicht zu Lasten der Sichtbarkeit Ihrer Visualisate.
- Stehen Sie, denn im Stehen kommt Ihre Persönlichkeit am besten zum Ausdruck (Ausnahme: Ihre Beziehung zu den Teilnehmenden ist informell und locker).
- Bilden Sie mit dem Bild eine visuelle Einheit, indem Sie die Entfernung zwischen sich und dem Bild gering halten (Zeigeabstand).
- Stand aus der Perspektive der Teilnehmenden links vom Bild ist immer richtig (Ausnahme Overheadfolie, wenn sie auf dem Projektor gezeigt wird).
- Behalten Sie Blickkontakt zu den Teilnehmenden, wann immer möglich.

☐ Führen Sie mit dem Körper, nicht mit Instrumenten (Zeigestock, Laserpointer), Ausnahme: Zeigen auf der Folie (S. 137). [1]

Bei der Präsentation jedes einzelnen Visualisates beachten Sie die folgenden fünf Schritte:

1. Ankündigen
   Ohne die Information schon vorwegzunehmen, stimmen Sie die Teilnehmenden auf das folgende Bild ein, bevor es schon aktiviert ist, z.B. durch eine rhetorische Frage oder eine Denkaufforderung: »Welche Gottesdienststatistik haben wir vorzuweisen?« »Stellen wir uns einmal eine ganz andere Sitzordnung im Gottesdienst vor.«
2. Zeigen
   Wenn Sie das Bild zeigen, machen Sie zunächst eine Pause, denn gegen ein neues Bild haben Ihre Worte doch keine Chance, sie stören den Wahrnehmungsprozeß bloß. Geben Sie den Teilnehmenden eine oder zwei Sekunden, um das Bild einfach aufzunehmen.
3. Das Bild klären
   Sie tun dies, indem Sie mit der Methode »Touch – Turn – Talk« die Teilnehmenden durch das Bild führen: Das Element zeigen (mit der Hand), sich zu ihm hindrehen, sich zum Publikum drehen und sprechen. Hierbei nicht sinngemäß wiedergeben, sondern wortgetreu (ablesen). Andernfalls überfordern Sie die Teilnehmenden, denn die überprüfen nun, ob Ihre freie Rede tatsächlich mit dem Text übereinstimmt. Das lenkt ab. Jedes einzelne Element auf diese Weise präsentieren!
4. Expansion
   Dieser Moment ist erreicht, wenn die Teilnehmer sich vom Bild weg Ihnen zuwenden mit der Erwartung, nun Ihre Erklärung zu erfahren: »Was willst du uns damit sagen?« Nun können Sie die Informationen des Visualisates erweitern, interpretieren und Schlußfolgerungen ziehen. Diese Informationen sind nicht auf dem Visualisat, sondern höchstens in Ihrem Manuskript oder auf einem Spickzettel.
5. Resümee
   Jetzt ist der Moment gekommen, sich von dem Gezeigten zu verabschieden. Sie tun das, indem Sie seine Elemente kurz zusammenfassen und »auf den Punkt bringen.« »Wie Sie gesehen haben, es geht im Gottesdienst auch ganz anders.«

Persönlicher Auftritt und Lampenfieber

Ebenso wie bei einem Statement oder Vortrag oder als moderierende Person stehen Sie mit Ihrer Persönlichkeit im Mittelpunkt der Präsentation. Folgende Verhaltensweisen signalisieren Sicherheit:

☐ Schwungvolle, aber nicht hektische Bewegungen (z.B. beim Aufstehen, beim Gang zur Pinwand, beim Zeigen)
☐ Schweigend Ordnung schaffen, erst sprechen, wenn alles bereit liegt
☐ Blicke sammeln

---

1. Hierzu gibt es in der Literatur auch andere Auffassungen. Barenberg (1994, 90) empfiehlt den Einsatz technischer Instrumente.

- ☐ Freier Stand
- ☐ Die Struktur des Vortrags bekanntgeben (Sie können es sich leisten, sich festzulegen).

Lampenfieber ist pure Energie, eine normale Streßreaktion im Körper, die nach Auflösung durch körperliche Aktivität verlangt. Dabei steht nicht eine wirkliche Bedrohung im Raum, sondern es sind Gedanken an mögliches Versagen, Prestigeverlust u.ä., die das Angstgeschehen auslösen. Sie können diese Energie für den Einstieg in Ihre Präsentation nutzen, wenn Sie folgende Tips beachten:

Umwandeln negativer Fluchtenergie in positive Überzeugungskraft

Hierfür ist ein sicherer Stand auf beiden Füßen das Entscheidende. Unterstützend sind bildhafte, große Gesten, eine laute Stimme und kontrollierte Ortsveränderungen (zur Moderationswand, zum Projektor o.a.).

Blick kontrollieren

Der schweifende Blick über alle ZuschauerInnen hinweg macht nervös und verhindert echten Kontakt. Suchen Sie sich zunächst eine/n freundliche/n GesprächspartnerIn und sprechen Sie zu dieser Person. Dann erweitern Sie Ihr Sichtfeld, indem Sie nach und nach auch andere in den Blick nehmen.

Visuelle Hilfsmittel als Lieferer von Stichwörtern nutzen

Diese Hilfsmittel nützen nicht nur den Teilnehmenden, sie sind ebenfalls Anker für die Informationen, die Sie als präsentierende Person parat haben müssen.

Sich Zeit nehmen – den anderen Zeit gönnen

Pausen beim Sprechen machen, wenn Sie ein neues Visualisat zeigen, wenn Sie mit Unterlagen oder Geräten hantieren oder etwas aufheben. Sich ruhig bewegen.
Gegen Lampenfieber wirkt eine gute Vorbereitung. Die ersten Sätze, z.B. die Begrüßung, auswendig zu lernen, erleichtert den Einstieg und die Kontaktaufnahme über Blickkontakt mit den Teilnehmenden. Es hilft ebenfalls, wenn Sie sich mit den Gegebenheiten des Raumes vorher bekannt machen können. Vertrauen Sie nicht darauf, daß alles gutgeht, es gibt immer Pannen. Schenken Sie daher auch der technischen Seite Ihrer Präsentation vorab Aufmerksamkeit.
Das beste Mittel gegen Lampenfieber ist letztlich die Übung. Nutzen Sie die sich bietenden Gelegenheiten für die optimalen Kurzpräsentationen von maximal 15 Minuten: Legen Sie eine Folie auf, entwerfen Sie eine Skizze am Flipchart, formulieren Sie Ihre Thesen spontan auf Karten – es gibt viele Möglichkeiten, mit einer einfachen Visualisierung Ihre Beiträge aufzuwerten und Schwung in eine ausschließlich auf Reden und Zuhören fixierte Sitzungskultur zu bringen. Die Teilnehmenden werden es Ihnen danken.

Konflikte aktiv angehen

Einführung

Zehn Thesen über den Sinn von Konflikten

Wie stehen Sie dazu?

Konflikte
- ☐ fördern Innovation,
- ☐ führen zu Selbsterkenntnissen,
- ☐ festigen Gruppen,
- ☐ stimulieren Kreativität,
- ☐ lösen Veränderungen aus,
- ☐ regen Interesse an,
- ☐ verhindern Stagnation,
- ☐ weisen auf Probleme hin,
- ☐ erfordern Kommunikation,
- ☐ verlangen nach Lösungen.

Die eigene Einstellung zu Konflikten prägt den Umgang mit ihnen. Sie ist von Bedeutung im Hinblick auf die Wahrnehmung des Konfliktes (ob ich ihn anerkenne oder verleugne), die Gefühlslage (Verunsicherung, Ängste) und das Verhalten (offenes, kooperatives oder verdecktes, konkurrentes Vorgehen). Allerdings spielt hier die organisationale Umwelt eine entscheidende Rolle. In einer am Konsens orientierten »Gemeinschaft von Schwestern und Brüdern« fällt es schwer, den Konflikt als Normalfall in Organisationen anzuerkennen. Daß Streiten häßlich ist und Auseinandersetzungen verletzen, kennen die meisten von uns schon aus der Kindheit. Auf diese Weise haben wir eine Haltung der Konfliktabwehr und -verdrängung gelernt, viel weniger aber den friedlichen Umgang miteinander. Den Konflikt als schöpferische Kraft schätzen und nutzen zu lernen, steht im Widerspruch zu unseren Ängsten vorm Verlieren.

Definition

Vom gesellschaftlichen Standpunkt her sind Konflikte aber »... als ein Faktor im allgegenwärtigen Prozeß des sozialen Wandels (...) zutiefst notwendig. Wo sie fehlen, auch unterdrückt oder scheinbar gelöst werden, wird der Wandel verlangsamt und aufgehalten. Wo Konflikte anerkannt und geregelt werden, bleibt der Prozeß des Wandels als allmähliche Entwicklung erhalten. Immer aber liegt im Konflikt eine hervorragende schöpferische Kraft von Gesellschaften. Gerade weil sie über bestehende Zustände hinausweisen, sind Konflikte ein Lebenselement der Gesell-

schaft – wie möglicherweise Konflikt überhaupt ein Element des Lebens ist« (Dahrendorf 1961, 125).
Konflikte sind ebenfalls notwendiger Bestandteil des Wandels in Organisationen, und wir können davon ausgehen, daß in Zeiten der Veränderung kirchlicher Strukturen das sogenannte Konfliktmanagement zum Alltagsgeschäft von Leitungskräften gehören wird.

Fragen Sie sich:

> Wie häufig kommt es
> ☐ in welchen Situationen
> ☐ zu welchen Zeiten
> ☐ bei welchen Beteiligten
> ☐ zu welchen Konfliktfällen?
> ☐ Gibt es Zeiten/Umstände, in denen die Zahl der Konflikte eher gering / eher hoch ist?
> ☐ Welche Erklärung geben die Beteiligten hierfür?
> (Beck / Schwarz 1995, 78)

Konflikte im kirchlichen Kontext

Wir können uns keinen kirchlichen Arbeitsbereich vorstellen, in dem es nicht auch zu Konflikten kommen kann, allerdings haben wir eine gewisse Konfliktscheu festgestellt, die sich in dem gut gemeinten Bemühen von Leitungskräften zeigt, niemandem weh zu tun, keine klare, vielleicht schmerzhafte Entscheidung zu fällen und es allen Seiten recht machen zu wollen. Dem entspricht dann auf seiten der hauptamtlichen Mitarbeiter nicht selten eine frustrierte und sogar zynische Grundhaltung gegenüber ihrem Arbeitgeber oder anderen Kolleginnen und Kollegen und besonders in größeren Einrichtungen die Erfahrung von Isolation und Vereinsamung. Konflikte schwelen als latente im Untergrund oder institutionell begründete verschieben sich in den persönlichen Bereich. Die Gründe hierfür sind vielfältig und bedürfen einer genaueren Analyse, um ein effektives Konfliktmanagement einführen zu können:

☐ Der »Output« der Organisation (Kirche d.A.) ist schwer zu beschreiben und noch schwerer zu qualifizieren; was ist eine gute Leistung, was nicht?
☐ Die »Kontrollmechanismen« sind weich – im wesentlichen bestehen sie in den Selbstregularisierungsmechanismen der einzelnen Professionellen.
☐ Zuständigkeits- und Verantwortlichkeitsbereiche sind vielfach unklar und überschneiden einander.
☐ Wohlwollende Nachsicht dominiert das Leitungsverhalten; Entschiedenheit gilt als verpönt.
☐ Das vorherrschende Harmonieideal beschönigt Konfliktlagen; statt Maßnahmen erfolgen persönliche Ermahnungen.
☐ Konflikthandhabung als Managementqualifikation wird nicht oder zu wenig trainiert.

☐ Das Grundelement Seelsorge wird vorschnell auf Leitungsinterventionen übertragen.
(vgl. Schmidt / Berg 1995, 319)
In jeder Organisation gibt es Normen und Regeln für den Umgang mit Konflikten. Der größte Teil davon ist nicht formal geregelt, sondern mehr oder weniger informell mitgeteilt und implizit in Fakten enthalten. Das erwünschte Verhalten läßt sich von den Betroffenen aus der Geschichte der Organisation und aus Geschichten in der Organisation ableiten, die sie im Hinblick auf eine eigene Handlungsorientierung interpretieren. Höchst bedeutsam ist es, zu wissen, wie andere einen Konflikt mit der Vorgesetzten ausgetragen haben, welche Strategien in welchen Fällen erwünscht sind oder sanktioniert werden, welche Abwehrmechanismen gewahrt werden müssen, wer oder welche Information geschützt werden muß usw..

Fragen zur Einschätzung des Vorgehens bei Konflikten

☐ Welche Streitpunkte und Kontroversen dürfen in der Organisation (Kirche / Gemeinde) wo angesprochen und sichtbar gemacht werden?
☐ Welchen Preis werde ich dafür bezahlen müssen, wenn ich diese Dinge anspreche? Was habe ich zu erwarten?
☐ Was bin ich bereit, dafür zu investieren oder zu riskieren (Zeit, Geld, Ansehen ...)?
☐ Bin ich überhaupt in der Lage, das anzupacken? Traue ich mir das zu?
☐ Wo halte ich mich besser zurück? Was sollte ich zu meinem eigenen Vorteil ignorieren?

Konfliktanalyse

Konflikte sind Störungen, die den Handlungsablauf unterbrechen und zu (Neu)Orientierung zwingen. Sie sind gefühlsbeladen und haben die Tendenz zu eskalieren, denn in ihnen wirkt ein Lösungsdruck, der auf Beendigung und Entscheidung drängt, damit die Menschen wieder handlungsfähig werden.
Eine Meinungsverschiedenheit, ein Mißverständnis oder eine spannungsvolle Krise machen noch keinen Konflikt aus. Es handelt sich hierbei um Unvereinbarkeiten im kognitiven und/oder emotionalen Bereich zwischen wenigstens zwei Personen/Parteien. Um einen Konflikt zu beschreiben, kommt mindestens noch eine weitere Dimension hinzu, nämlich ein entsprechendes Handeln der Konfliktparteien, durch das sich mindestens eine der Seiten beeinträchtigt fühlt.
»Sozialer Konflikt ist eine Interaktion zwischen Aktoren (Individuen, Gruppen, Organisationen usw.), wobei wenigstens ein Aktor Unvereinbarkeit im Denken, Vorstellen, Wahrnehmen und/oder Fühlen und/oder Wollen mit dem anderen Aktor (anderen Aktoren) in der Art erlebt, daß im Realisieren eine Beeinträchtigung durch einen anderen Aktor (die anderen Aktoren) erfolgt« (Glasl 1990, 14/15).
Hinzu kommt das Erleben einer Spannungssituation und Gegnerschaft zwischen voneinander abhängigen bzw. aufeinander angewiesenen Konfliktparteien. Der Konflikt

ist ein Prozeß, der sich verändert bzw. durch steuernde Interventionen verändert werden kann. Er kann sich in Richtung Eskalation oder Deeskalation und Lösung entwickeln. Konflikte sind also nicht statisch zu sehen, sie sind Prozesse mit einer Vorgeschichte, Entwicklungsphase und Eskalationsdynamik.

Wir kennen das alle: Aus kleinen Anlässen können »plötzlich« Konflikte entstehen, wenn die Betroffenen, bewußt oder ungewollt, eine Eskalations- und Dramatisierungsstrategie verfolgen. So entwickeln sich aus anfänglichen Unstimmigkeiten Gegensätze, daraus Unvereinbarkeiten und dann Feindschaften. Ein solcher Prozeß der Konfliktverschärfung kann auf jeder Stufe angehalten und unterbrochen werden, vorausgesetzt, der Wille dazu und die entsprechende Kompetenz im Umgang mit Konflikten sind vorhanden bzw. können aktiviert werden. Für Konfliktanalyse und -bearbeitung ist es wichtig, anzuerkennen, daß Konflikte in einem Prozeß entstehen, dessen Rahmenbedingungen verändert und dessen Abläufe unterbrochen werden können.

Die folgende Typisierung von Konflikten verfolgt den Zweck, Ihre Wahrnehmung zu schärfen. In der Konfliktforschung unterscheidet man verschiedene Arten und Varianten von Konflikten, hier einige Beispiele (vgl. Beck / Schwarz 1995, 27-34):

- *Latenter versus manifester Konflikt:* Latente Konflikte sind zwar existent und jede beteiligte Person kennt sie, aber sie werden nicht offen ausgetragen. Aus ihnen können sich häufig manifeste Konflikte mit einem entsprechenden Konfliktverhalten der Beteiligten entwickeln.
- *Persönlicher Konflikt versus sachlicher Konflikt:* Persönlich ist ein Konflikt, wenn es sich um eine im Fühlen, Denken oder Wollen von Personen begründete Auseinandersetzung handelt, während der sachliche Konflikt im Kern sachbezogen ist, dennoch aber von Gefühlen begleitet sein kann.
- *Heißer versus kalter Konflikt:* Im heißen Konflikt herrscht eine Atmosphäre der Überempfindlichkeit und Überaktivität, wobei jede Seite davon überzeugt ist, im Recht zu sein, und die andere überzeugen will. Projektion, Stilisierung und Idealisierung der eigenen Ziele erschweren ein rationales Vorgehen. Entsprechend emotional aufgeladen ist das Klima. Im kalten Konflikt dagegen ist das Klima von Enttäuschungen, Desillusionierung und Frustrationen bestimmt. Die Kommunikation ist stockend und zynisch, bis sie letztlich ganz erlahmt. An die Stelle direkter Kommunikation treten Intrigen. Weder an die andere Seite noch an sich selbst stellen die Konfliktparteien noch irgendwelche Erwartungen. So kommt es zur sozialen Erosion (Glasl), Isolierung und Erstarrung.
- *Annäherungskonflikt versus Vermeidungskonflikt:* Ein Annäherungskonflikt besteht z.B., wenn eine Person zwischen zwei Zielen schwankt, die sie beide für gleich wertvoll hält, aber nicht gleichzeitig realisieren kann. Dagegen ist es ein Vermeidungskonflikt, wenn sie sich zwischen zwei Gegebenheiten entscheiden muß, die sie gleichermaßen als Übel ansieht.

Nach Konfliktgegenständen unterscheidet man
- *materielle Konflikte,* um begrenzte Mittel und knappe Güter (Verteilungskonflikte)
- *affektive Konflikte,* bei denen die Eigenschaften und Verhaltensweisen der Konfliktparteien im Mittelpunkt stehen (z.B. Mobbing als spezielles Konfliktgeschehen, s. Esser/Wolmerath 1998)

- *Interessen- oder Wertkonflikte* (z.B. um Öffentlichkeitsarbeit, Personalentwicklung o.a.)
- *Ziel- und Mittelkonflikte* (z.B. um Zuständigkeiten, Führungskonzepte, Leitlinien)

Im Grunde genommen kann jeder beliebige Gegenstand, jedes Thema Konfliktgegenstand sein oder werden.

Nach den beteiligten Subjekte zu unterscheidet man
- *Intra-personelle Konflikte* spielen sich in einer Person ab und können zu ambivalenten Gefühlen, widersprüchlichen Entscheidungen, inkonsequentem Verhalten u.ä. führen.
- *Inter-personelle Konflikte* sind solche zwischen Einzelpersonen in einer Zweierbeziehung.
- *Intra-Gruppen-Konflikte* sind gruppeninterne Konflikte, Auseinandersetzungen um Untergruppen, Normen, Vorgehensweisen (s. S. 83ff. Gruppendynamik).
- *Inter-Gruppen-Konflikte* sind Konflikte zwischen Gruppen und Organisationen.

Was ist, wenn Presbyter sich hassen, wenn hier unterschiedliche Charaktere mit unvereinbaren Handlungstendenzen, Meinungen und Vorstellungen aufeinander stoßen und in der Tendenz, die Gruppe jeweils von der eigenen Meinung über die Schlechtigkeit der Gegenseite überzeugen zu wollen, eine sachliche Zusammenarbeit torpedieren? Sie glauben, so etwas gibt es nicht? Vielleicht liegt dann in Ihrem Presbyterium kein affektiver, persönlicher Konflikt vor, der sich zu einem Intra-Gruppen-Konflikt ausweiten könnte. Möglicherweise konkurrieren die Streitparteien in einem immateriellen Verteilungskonflikt um die Anerkennung des/r Pfarrers/in oder der Gruppe/der Gemeinde. Oder ein latenter Wertkonflikt schwelt, weil verschiedene Fraktionen unvereinbare Auffassungen von Grundlagen oder Perspektiven der Gemeindearbeit haben. Wertkonflikte schwelen beinahe immer in Leitbildentwicklungsprozessen, und es fördert die Lösung, wenn es gelingt, den latenten Konflikt in einen manifesten umzuwandeln und der Bearbeitung zugänglich zu machen.

Kennen Sie einen Inter-Gruppenkonflikt zwischen Ehrenamtlichen und Hauptamtlichen in einer Ihrer Einrichtungen? Wissen Sie, wie ein intrapersoneller Vermeidungskonflikt sich anfühlt, wenn z.B. die betriebsbedingte Kündigung eines Küsters ansteht – auf Rollenkonflikte bei PfarrerInnen haben wir bereits hingewiesen. FrauenreferentInnen in Kirchenkreisen oder Frauenbeauftragte stehen von Amts wegen in einem institutionalisierten Konflikt mit Leitungsorganen. Wissen Sie mit dem Mobbing gegenüber dem einzigen Erzieher in der Kindertageseinrichtung umzugehen? Leben Sie mit dem alltäglichen Verteilungskonflikt, in dem Sie als PfarrerIn mit anderen um die Arbeitskapazität einer Gemeindesekretärin konkurrieren?

Die obigen Kategorisierungen von Konflikten helfen zwar, in der Analyse Konflikte genauer zu beschreiben, aber sie sind in gewisser Hinsicht auch unbefriedigend. Denn Konflikte sind etwas höchst Dynamisches, sie können ihre Erscheinungsform ändern und sich auf andere Inhalte oder Subjekte verschieben. Um Beispiele zu nennen: Die Ursache für die kalte Erscheinungsform eines Konfliktes kann in der Übermacht einer Konfliktpartei in einem heißen Konflikt der Vergangenheit, in schmerzlichen Erfahrungen mit einem zurückliegenden Konflikt begründet sein. Ein kalter Konflikt kann andererseits zwischen einzelnen Personen zwischenzeitlich die Form eines heißen Konfliktes haben. Aus einem Verteilungskonflikt zwischen zwei Gruppen entwickelt sich womöglich ein affektiver Konflikt zwischen zwei Wortführern. Und einer psychoanalytischen Betrachtungsweise fällt auf, daß in einem Intra-Gruppen-Konflikt zwei Fraktionen in der Gruppe den interpersonellen Konflikt eines Gruppenleiters ausagieren können, in dessen »Brust zwei Herzen schlagen«. Es ist also nicht immer leicht, das Konfliktgeschehen zu begreifen, um so mehr, wenn wir selbst in einen Konflikt involviert und emotional beansprucht sind.

In der Konfliktanalyse unterscheiden wir zwischen Vordergrund- und Hintergrundkonflikt. Im Vordergrund steht das manifeste Thema, der Inhalt des Konfliktes. Ein Beispiel: Zwei MitarbeiterInnen befinden sich wegen der Konzeption des Frauenbildungsbereiches in einem Konflikt. Die Konzeption der Frauenbildung steht im Vordergrund der Auseinandersetzungen. Im Hintergrund steht aber das eigentliche Thema, das aufgrund von Tabus, Ängsten und Befürchtungen nicht zur Sprache kommt: In einiger Zeit steht die Besetzung einer Pfarrstelle an, und dies scheint über die Profilierung der Betroffenen im Frauenbereich am ehesten realisierbar. Im Hintergrund geht es also um die Konkurrenz um einen Arbeitsbereich. Der vordergründige Sachkonflikt ist in dieser Phase hintergründig ein Verteilungskonflikt, bei dem strukturelle Bedingungen und Verknappung von Ressourcen eine große Rolle spielen. Das Verhalten der Konfliktparteien wird erst verständlich, wenn man den jeweiligen Hintergrund erhellt. Dann erst wird auch eine Bearbeitung möglich. Es ist denkbar, daß in einem weiteren Verlauf des o.g. Konfliktes andere Aspekte aus dem Hintergrund in den Vordergrund treten können, z.B. Kommunikationsprobleme, Informationsdefizite o.a. Ebenso ist denkbar, daß andere Bestandteile des Konfliktes den Beteiligten unwichtig werden, wenn das zentrale Anliegen des Hintergrundes geklärt ist.

Konfliktverläufe

Menschliches Konfliktverhalten folgt verschiedenen Strategien, die sich auf zwei Ebenen betrachten lassen: der Durchsetzung der eigenen Interessen und der Unterstützung der Bedürfnisse des anderen.

Im Entwicklungsprozeß eines Konfliktes kommen diese Strategien in einer bestimmten Abfolge zur Geltung (Glasl 1992, 215ff., dargestellt nach Schmidt/Berg 1995, 322ff.). Wir wissen alle, daß ein Konflikt in unterschiedlichen Phasen eine andere Qualität entwickeln kann. Folgt er dem Eskalationsmodell, entwickelt er sich von anfänglichen Kommunikationsstörungen bis hin zum Vernichtungsschlag, der das eigene Scheitern mit einbezieht.

In den folgenden Stufen eins bis drei orientieren sich die Betroffenen noch mehr oder weniger an dem »Gewinner-Gewinner«-Prinzip. Bei der Konfliktbearbeitung kann man durchaus noch auf interne »Selbstheilungskräfte« setzen. In der Regel mobilisieren weniger vom Konflikt betroffene Teile des Konfliktsystems Strategien gegen eine weitere Eskalation.

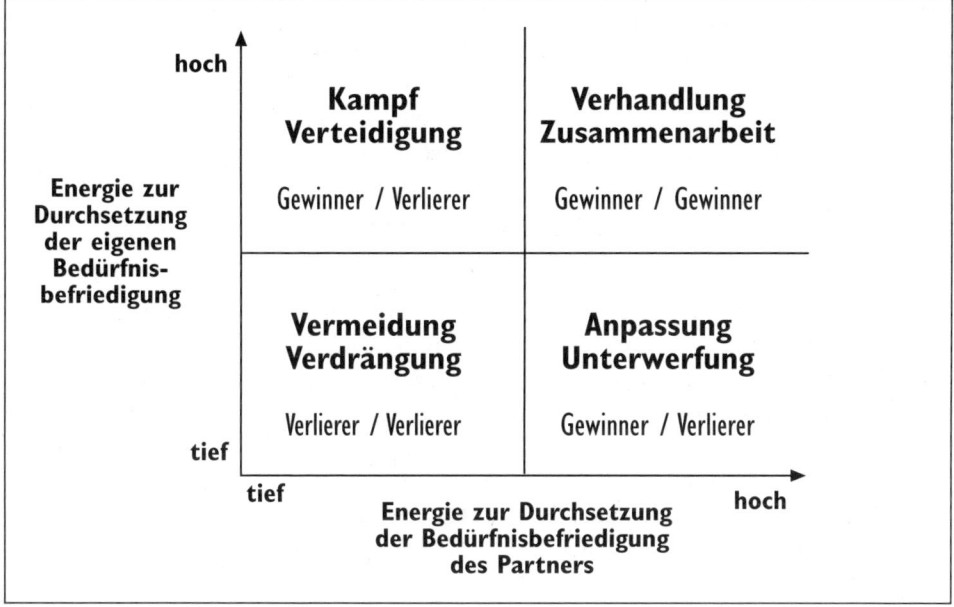

Abbildung 12
(aus: Klaus Doppler/Christoph Lautenburg, Change-Management. Den Unternehmenswandel gestalten, Campus Verlag Frankfurt a.M./New York, 1994)

1. Verhärtung
Es kommt zu zeitweiligen Kommunikationsstörungen, weil ein wachsendes Bewußtsein der bestehenden Spannung Verhärtungen im Gespräch erzeugt. Die Standpunkte prallen zuweilen aufeinander, doch es gibt noch keine starren Parteien oder Lager. Man ist überzeugt, daß Spannungen durch Gespräche lösbar sind.

2. Debatte
Es kommt zu Polarisierungen im Denken, Fühlen und Wollen. Man redet vor Dritten darüber, wie sich die andere Partei verhält, schafft also Öffentlichkeit, um für den eigenen Standpunkt Punkte zu sammeln. Es gibt eine Diskrepanz zwischen offiziellen »Obertönen« und den »zwischen den Zeilen« vermittelten Botschaften. Diese Strategie ist quasi-rational.

3. Taten
Es werden Fakten geschaffen, »weil Reden nichts mehr bringt«. Bei der stärker werdenden Diskrepanz zwischen verbalem und non-verbalem Verhalten dominiert das non-verbale, wodurch die Gefahr der Fehlinterpretation durch die andere Seite gegeben ist. Man unterstellt der anderen Seite überwiegend negative Absichten, das Klima ist von Mißtrauen geprägt. Empathie für die andere Seite droht verlorenzugehen.

Die nun folgenden Phasen vier bis sechs sind von einer Gewinner-Verlierer-Strategie geprägt. Die Konfliktparteien glauben nicht mehr an eine Einigung, sondern setzen auf Machtgewinn zu Lasten der anderen Seite. Externe Hilfe von Dritt-Parteien wird für die Konfliktlösung nun unverzichtbar.

Woran erkennt man eine Gewinner-Verlierer-Strategie?

- [ ] Jede Partei kann nur so viel gewinnen, wie die andere verliert.
- [ ] Jeder Gewinn der einen Seite ist mit einem Verlust auf der anderen Seite verbunden (Nullsummenspiel).
- [ ] Oft ist die Situation durch Konkurrenzdenken bestimmt.
- [ ] Es kommt zu Machtanwendung der Konfliktparteien oder zum Glätten der Gegensätze, wobei Differenzen heruntergespielt werden.

4. Koalition
Jede Konfliktpartei versucht, sich im besten Licht darzustellen, um sich für potentielle Bündnispartner attraktiv zu machen. Es werden Unbeteiligte in das Geschehen hineingezogen und zu Stellungnahmen gepreßt. Wechselseitige Provokationen bleiben also nicht aus. Die Konfliktparteien manövrieren sich jeweils wechselseitig in negative Rollen und bekämpfen sich.

5. Gesichtsverlust
Die Konfliktparteien wollen einander demaskieren und attackieren sich wechselseitig. »Gelungene« Angriffe bestätigen das Bild vom Gegner. Für Konfliktindifferente wird das Klima giftig und gefährlich. Das eigene Verhalten wird jeweils als Folge der Schlechtigkeit des Gegners dargestellt. Man glaubt, zum eigenen Vorgehen gezwungen zu sein, und »kann nicht mehr zurück«. Die eigene Identität ist potentiell bedroht.

6. Drohstrategien
Die Konfliktparteien haben nur noch wenig Hemmungen, offen zu drohen. Man spricht Ultimaten aus und bindet sich damit selbst, dadurch wird der eigene Handlungsspielraum dramatisch eingeschränkt. Die Wahrnehmung in bezug auf den Gegner ist verzerrt, er erscheint zunehmend weniger als Person denn als Kategorie. Noch bleibt es bei Drohungen in der vagen Hoffnung, das könnte die Eröffnung unkalkulierter Gewalthandlungen verhindern.

In den folgenden Stufen sieben bis neun herrscht die Verlierer-Verlierer-Konstellation vor. Es gibt scheinbar keine Realität mehr außerhalb des Konfliktes. Damit haben die Konfliktparteien die Fähigkeit verloren, Alternativen zum Konflikt zu denken. Der Zugang zu Konfliktlösungsressourcen ist blockiert. Regelungen kommen nur noch durch Machtinterventionen Dritter in Gang.

7. Begrenzte Vernichtungsschläge
Der Gegner wird verdinglicht und entstellt, man spricht ihm jegliche menschlichen Züge ab. Die pessimistischen Antizipationen des gegnerischen Verhaltens lassen dessen Drohungen größer erscheinen, als sie wirklich sind. Begrenzte Vernichtungsschläge gelten als »passende Antwort«. Es ist wichtiger, dem Gegner Schaden zuzufügen, als einen eigenen Vorteil zu erzielen. Die Konfliktparteien rechnen sich wechselseitig den Schaden auf, denn sie wissen, daß es nichts mehr zu gewinnen gibt.

8. Zersplitterung
Das »zentrale Nervensystem« des Gegners wird angegriffen mit dem Ziel der Vernichtung. Destruktive Einstellungen nehmen überhand, ausschließliches Ziel ist die Zerstörung des Gegners. Die Konfliktparteien sind zu großen Opfern bereit, sie glauben noch daran, selbst »zu überleben«.

9. Gemeinsam in den Abgrund

Die Konfliktparteien sind zum Selbstopfer bereit. Jeder Schritt zurück erscheint unmöglich, Gewalt ist total geworden.

Wer glaubt, solche Vernichtungsschläge existierten nur in kriegerischen Auseinandersetzungen, irrt. Die letzten Eskalationsstufen werden in Mobbing-Konflikten mit Psychoterror und bewußt in Kauf genommenen Rechtsbrüchen realisiert. Ziel ist auch hier die Eliminierung des »Opfers«, koste es, was es wolle (Leymann/Esser/Wolmerath 1998).

Auf früheren Eskalationsstufen kann eine Verlierer-Verlierer-Strategie im Rahmen von Verhandlungen zu einem konstruktiven Ergebnis führen, z.B. im Kompromiß.

Wie zeigt sich eine Verlierer-Verlierer-Strategie?

- ☐ Weder die eine noch die andere Seite erreicht, was sie erreichen will.
- ☐ Beide Parteien müssen sich mit einem Teil das Gewünschten begnügen.
- ☐ Beide Parteien willigen in den totalen Verlust / die totale Vernichtung ein.
- ☐ Rückzug und Kompromiß sind die üblichen Strategien (abgesehen vom gemeinsamen Weg in den Abgrund am Ende der Eskalationsspirale).
- ☐ Ein Kompromiß bedeutet, daß beide Seiten Zugeständnisse machen.
- ☐ Rückzug bedeutet, einer tatsächlichen oder potentiellen Auseinandersetzung auszuweichen.

Ein zwischenmenschlicher Konflikt beginnt immer in einer Person, und er findet auch hier wieder seinen Abschluß. Zunächst nimmt eine der beteiligten Personen wahr, daß sie durch eine andere bzw. deren Verhalten oder Ansichten in irgendeiner Weise behindert wird. Von dem Moment an, wo eine Seite den Konflikt feststellt, existiert er auch, und er verändert die Interaktion der Beteiligten im Sinne des oben dargestellten Eskalationsmodells. Ein Konflikt ist erst dann wirklich abgeschlossen, wenn jede der Parteien ihn auch innerlich verarbeitet hat.

Die Art der Konfliktbewältigung, die Tatsache, wie die Konfliktparteien miteinander und dem Konfliktgegenstand umgehen, ist dabei ein wesentlicher Teil des Problems. Hinderlich für die Konfliktbearbeitung wirken die folgenden Mechanismen.

- ☐ Verschiebung
  Der Konfliktgegenstand tritt in den Hintergrund, scheinbare Lappalien führen zur Auslösung des Konfliktes, das eigentliche Thema bleibt verborgen.
- ☐ Negativprojektion
  Das Negative wird auf den anderen projiziert, verstärkt dadurch, daß der andere auf eigene negative Verhaltensweisen wiederum negativ reagieren wird.
- ☐ Ignorieren
  Den Kopf in den Sand stecken, der Konflikt wird verleugnet.
- ☐ Konfliktausweitung
  Man bringt immer neue Themen, Einzelheiten und Probleme in den Konflikt ein, was Quantität und Komplexität des Konfliktes erhöht. Zugleich haben die Parteien die Neigung, den Konflikt aus ihrer Sicht zu vereinfachen und der anderen Seite eine Verdrehung und Übertreibung der Sache vorzuwerfen.

- Vereinfachung
  Subjektive Meinungen werden zu allgemeingültiger Objektivität generalisiert.
- Verstärkung
  Man versucht, dritte Personen oder Gruppen in den Konflikt hineinzuziehen.
- Drohgebärden
  Man provoziert sich wechselseitig mit Drohgebärden und schränkt dadurch auch den eigenen Verhaltensspielraum ein. Die Konfliktparteien manövrieren sich dadurch wechselseitig in eine Sackgasse hinein.
- Fixierung
  In der Beziehung zum anderen existiert nur noch die Realität des Konfliktes.
- Regredieren
  Rückfall in unreife Verhaltensweisen; Rückschritt hinter bereits getroffene Vereinbarungen
- Rationalisieren
  Rein kognitives Vorgehen
- Instrumentalisieren
  Den Konflikt für eigene Interessen nutzen

Problem- und Konfliktbewältigung

Auf jeder der oben dargestellten Konfliktstufen kann der Verlauf unterbrochen werden, wobei die Interventionen sich mit fortschreitender Eskalation verändern. Die konstruktive Selbstregulation der Konfliktparteien bzw. des Systems nimmt im Laufe der Eskalation ab, und Fremdinterventionen von Dritten, z.B. Vorgesetzten, werden notwendig. Auch dabei nimmt die Beteiligung der Konfliktparteien an der Lösung ab, bis schließlich die dritte Instanz eine Lösung mit Macht durchsetzt.

Alle Interventionen können vier Richtungen haben (Glasl 1992, 292):

	Deeskalierend	*Eskalierend*
Präventiv	Vereinbaren von Kommunikationsspielregeln Konflikttrainings	Sorgen, Ängste und Unterstellungen werden gezielt angesprochen (in Anwesenheit einer dritten Person). Konfrontationssitzungen, um zu verhindern, daß ein bestehender Konflikt kalt gemacht wird
Kurativ	Konfliktverlauf rekonstruieren und klären; Konfliktparteien klären ihre unterschiedliche Wahrnehmung des Konfliktes.	Bestehende kalte Konflikte dramatisieren; Ermutigung der Betroffenen, sich für ihre Interessen stark einzusetzen

Für Führungskräfte bedeutet das, daß sie in einen aktuellen Konfliktverlauf am Anfang nicht unbedingt selbst eingreifen müssen. Sie können die Konfliktbearbeitung in das betroffene System zurückdelegieren und auf dessen Selbstheilungskräfte bauen, sie bestätigen und mit einem konkreten Auftrag stärken. Das Ergebnis dieses Auftrages muß aber unbedingt kontrolliert werden, sonst wird das Vorgehen als Führungsschwäche ausgelegt. Erst wenn dieses Vorgehen scheitert, ist es erforderlich, sich als Vorgesetzte/r weiter zu engagieren, zunächst als ModeratorIn, dann als SchlichterIn (MediatorIn) und zuletzt mit einer klaren Machtentscheidung.

Probleme lösen

Ein notwendiger Schritt in der Konfliktbearbeitung ist es bereits, wenn die Beteiligten das Geschehen als gemeinsames Problem ansehen, denn zuerst nimmt jede Seite die Vorgänge als Fehlverhalten der jeweils anderen Seite wahr und fühlt sich in ihren eigenen angeblich guten Absichten blockiert.
Wenn ein Problembewußtsein da ist, erkennt man, daß man sich in einer schwierigen Situation befindet, für deren Bearbeitung die vorhandenen Denk- und Arbeitsmuster nicht ausreichen. Eine solche Situation erfordert eine neue Kombination oder Umorganisation der vorhandenen Wissensbestände und Verhaltensmuster. Im Konflikt, den wir als einen besonderem Problemfall verstehen wollen, kommt erschwerend hinzu, daß unvereinbare Handlungstendenzen im zwischenmenschlichen Bereich aufeinanderstoßen. Ein Problembewußtsein zu entwickeln heißt, die Wahrnehmung für andere Aspekte des Konfliktes zu erweitern, z.B. im Hinblick auf Wahrnehmung und Interpretation des Geschehens, Interessen, Werte, Kommunikationsprobleme. Konfliktfähigkeit bedeutet vor allem Erweiterung: der möglichen Optionen, der Denkmuster und Verhaltensweisen. Dies sind genauso Prinzipien des Problemlösens.
In unbearbeiteten Konflikten sind Verständigungsprozesse blockiert, das Denken ist fixiert auf die eine richtige, jeweils der eigenen Seite nützliche Lösung. Neue Ideen und Verhaltensmuster können sich nicht entwickeln. Mit Methoden des Problemlösens soll diese Verfestigung gelockert und durchbrochen werden, um kreative Zugänge zur Problemlösung zu entwickeln.

Der Problemlösungsprozeß

Der Problemlösungsprozeß bringt nicht blitzartig etwas Neues hervor, sondern durchläuft verschiedene Phasen:

1. Problematisieren
Das Problem wird erkannt, identifiziert und zunächst vorläufig formuliert.

2. Problemvertiefung
Nun wird das Problem unter verschiedenen Aspekten genauer analysiert, alle Informationen zum Problem werden zusammengetragen. Dabei scheinen bereits Lösungsvorschläge auf, die ebenfalls alle gesammelt werden. Aufgrund der erweiterten Informationslage ergibt sich nun meistens eine Neudefinition des Problems, die hilft, es auf den

Punkt zu bringen und zu einer gemeinsamen Problemdefinition der Beteiligten zu kommen. Hier wird deutlich, ob das Problem überhaupt kreativ bearbeitet werden kann oder ob, z.B. im Konflikt, die Beteiligten auf einer Stufe verharren (wollen), die das nicht zuläßt. Um eine ganzheitliche Sicht des Problems zu erlangen, muß es aus unterschiedlichen Standpunkten oder Perspektiven erfaßt werden. Konkret bedeutet das, sich in die unterschiedlichen Positionen und Standpunkte zum Thema hineinzudenken, »bzw. sich bewußt in die Schuhe der anderen Interessenten zu stellen« (Gomez / Probst 1995, 41).

3. Gedankliche Entfernung von einem Problem
Wenn das Problem greifbar definiert und als gemeinsames akzeptiert ist, fällt es leichter, sich gedanklich davon zu entfernen. Im Rahmen kreativer Problemlösetechniken stehen hierfür viele Vorgehensweisen zur Verfügung: Man beschäftigt sich mit Themen oder Gegenständen, die scheinbar nichts mit dem Thema zu tun haben (vgl. Beschäftigung mit beliebigem Bibeltext S. 157), man geht auf Umwegen auf das Problem zu, verneint es (S. Kopfstandmethode S. 155f.), löst es aus seinem Kontext, arbeitet mit Analogien, Bildern, Assoziationen (z.B. Beschreibung eines Bildes und anschließende Übertragung auf den Problemgegenstand). Dabei geht es nicht um die präzise Analyse der Elemente eines bestimmten Sachzusammenhangs, sondern es geht um die Aktivierung von Phantasie und Gefühlen. Gerade wenn Konflikte für die Beteiligten sehr bedrohlich sind, helfen solche »Umwege« über Bilder und Metaphern.

4. Auftauchen von Lösungsideen
Die vorausgehende Phase produziert, bildlich oder vorbewußt und ohne die üblichen gedanklichen Beschränkungen, das Material, aus dem Lösungsideen spontan aufscheinen. Dieses Erlebnis, eine Lösung »in Sicht zu haben«, wirkt oft erleichternd und entspannend.

5. Ausarbeiten einer Lösungsidee und Entscheidung
Die spontan erschienenen Lösungsideen beinhalten noch nicht den realisierbaren Vorschlag, es sind nur Lösungsbestandteile oder -umrisse, die nun systematisch bearbeitet werden. Kriterien zur Beurteilung sind Brauchbarkeit, Realisierbarkeit und Konsequenzen des Ergebnisses. Diese Kriterien helfen, zwischen verschiedenen Vorschlägen eine Entscheidung herbeizuführen. Oftmals können verschiedene Lösungsideen miteinander verbunden werden.
Kreativitätstechniken zur Problemlösung sind Gruppenarbeitstechniken.

Checkliste für den Problemlöseprozeß

- ☐ Ist das Problem klar und verständlich formuliert?
- ☐ Gibt es mehrere Definitionen des Problems?
- ☐ Sind die sachlichen und die persönlichen Aspekte des Problems berücksichtigt?
- ☐ Haben sich die Parteien Zeit genommen, alle notwendigen Informationen zu sammeln und auszutauschen?
- ☐ Sind die Zielvorstellungen der Parteien klar und verständlich?
- ☐ Sind die Parteien bereit, verschiedene Lösungswege zu erarbeiten?
- ☐ Sind die Parteien bereit, zäh und ausdauernd nach einer gemeinsamen, befriedigenden Lösung zu suchen?

- ☐ Herrscht Übereinstimmung über die Präferenz bei der Bewertung einer Lösung?
- ☐ Wird bei der Entscheidung für eine Lösung berücksichtigt, ob sie neuartig ist, Konzessionen enthält oder einen Kompromiß zuläßt?
- ☐ Sind alle Beteiligten bereit, die Entscheidung mitzutragen?

Kopfstandmethode: Wie wird unser Gemeindebrief interessanter?

Im Rahmen eines Pastoralkollegs setzt sich eine Gruppe mit dem Problem Gemeindebrief auseinander. Es ist bekannt, daß diese Organe eher langweilig daherkommen und von Kirchenfernen gar nicht erst gelesen werden. Die weitere Beschäftigung mit der Thematik führt zu der Frage: »Wie wird unser Gemeindebrief interessanter?« Damit innovative Ideen entstehen können, wendet die Gruppe die sog. Kopfstandmethode (vgl. Wack / Detlinger / Grothof 1993, 111ff.) an.

Das Problem wird als Frage formuliert, schließlich weiter präzisiert: »Was können wir tun, damit auch Kirchenferne den Gemeindebrief lesen?« Entscheidend ist, daß die Frage ein Subjekt hat (»wir«), das die Problemlösung umsetzen kann.

1. Die Frage wird so umformuliert (auf den Kopf gestellt), daß Ergebnisse genau das Gegenteil dessen, was gewollt ist, zur Folge haben: »Was können wir tun, damit niemand mehr den Gemeindebrief liest?«
2. Nun nimmt man einen Flipchartbogen, teilt ihn mit einem Moderationsstift längs in zwei Hälften, schreibt die Negativfrage auf die linke, die positive Ausgangsfrage auf die rechte Seite. Zuerst bearbeitet man die linke Seite. Dazu werden nach den Regeln kreativer Gruppenarbeit sämtliche Ideen und Einfälle zur Negativfrage in die linke Spalte geschrieben. Alles ist erlaubt, Zensur findet nicht statt. Die gefundenen Ideen müssen stichwortartig unbedingt so notiert werden, daß jede Formulierung ein Verb enthält.
3. Im nächsten Schritt nimmt man sich jede Idee der linken Seite nacheinander vor, egal wie abstrus sie erscheinen mag, und formuliert sie ins Positive derart um, daß sie die positive Ausgangsfrage beantworten hilft. Achtung: Die direkte grammatikalische Positivwendung ergibt logisch und sinngemäß nicht immer einen Lösungsvorschlag. In einem solchen Fall immer dem Sinn nach formulieren!
4. Im letzten Schritt wählt man aus der Fülle der gefundenen Lösungsideen diejenigen aus, die o.g. Kriterien entsprechen, z.B. das, was am besten zu realisieren ist.

Erfahrungsgemäß setzt dieses Verfahren sehr viel kreative Energie frei, denn es macht geradezu Spaß, bei der Bearbeitung der linken Spalte »das destruktive Schwein« sein zu dürfen. Wenn diese Lust erschöpft ist, kann man entspannt und erheitert an die positive Wendung des Gefundenen gehen. Die zielführende Umkehrung ist sorgfältig zu bedenken.

Es gibt noch andere Wege, sich gedanklich erst einmal vom Problem zu lösen: Eine Pause einlegen, bewußt etwas anderes tun, eine Besinnung über eine Bibelstelle, ein Bild betrachten u.a. Der Volksmund lehrt uns, daß wir »erst einmal drüber schlafen« sollen. Bis jetzt wurde noch nicht ausprobiert, welchen Gewinn Bibeltexte beim kreativen Problemlösen bringen können, doch warum eigentlich nicht? Verfahren, die mit Texten arbeiten, sind die Lexikon-Methode, die Superposition und die Katalog-Me-

Kopfstandmethode: Wie wird unser Gemeindebrief interessanter?

Was können wir tun, damit niemand unseren Gemeindebrief liest?	Was können wir tun, damit auch Kirchenferne unseren Gemeindebrief lesen?
☐ Unverständliche Texte schreiben	☐ Texte lebendig und anschaulich formulieren (Journalismusschulung)
☐ Abstrakte Themen behandeln	☐ Geschichten von Menschen erzählen
☐ Standardpredigttexte runterschreiben	☐ Spritzige Auslegung, aktuelle Bezüge
☐ Hochtheologische Andacht auf die erste Seite bringen	☐ Einen kurzen Glaubensimpuls auf die letzte Seite drucken
☐ Ein kirchliches Amtsblatt herausgeben	☐ Ein Journal herausgeben / ein Dialogforum herausgeben, Einladung zum Kommentieren
☐ Moralisieren	☐ Konkrete Ansatzpunkte zur Praktizierung von Nächstenliebe aufzeichnen / Rubrik: *Hier können Sie helfen / mitmachen*
☐ Nur Kleingedrucktes ohne Bild drucken	☐ Professionelles Layout
☐ Mit der Hand schreiben	
☐ Fremdsprachliche Texte drucken	☐ Kein Fachchinesisch verwenden
☐ Nur chinesische Schriftzeichen verwenden	☐ Texte müssen leserlich sein; Schrift als Gestaltungselement wahrnehmen;
☐ Terminübersichten zur völligen Verwirrung gestalten	☐ Alle Termine in eine Kalenderübersicht drucken, die man aufhängen kann
☐ Unscharfe Amateurfotos verwenden	☐ Gute Fotos oder lieber Zeichnungen; mit der örtlichen Presse zusammenarbeiten (Fotoarchiv)
☐ Bleiwüste drucken	☐ Grafiken einstreuen, Leerraum lassen
☐ Nur der Pfarrer schreibt (predigt), und dessen Meinung kennt man schon	☐ Gastautoren zu Worte kommen lassen, z.B.: Wie nehmen andere (Nicht-Gemeindeglieder) die Kirche wahr; Leserbriefe erbeten und abdrucken
☐ Man schreibt, was vorher schon alle wissen	☐ Man schreibt (über) etwas, das niemand erwartet
☐ Man schreibt nur Kirchliches	☐ Man schreibt über Leben und Gesellschaft auf dem geografischen Boden der Gemeinde und auch Kirchliches
☐ Gemeindebrief verstecken	☐ Im Gottesdienst auf Gemeindebrief hinweisen; Bezug zwischen Predigt und Gemeindebrief herstellen, z.B. Kommentare als Leserbriefe abdrucken; Gemeindebrief in der Presse ankündigen
☐ Gemeindebrief nicht ankündigen	
☐ Kinder und Jugendliche als Leser ausschließen	☐ Den Gemeindebrief ins Internet stellen; Kinder- und Jugendseite einführen; Tips für Kids: Ausflüge, CDs; Themen für Kids: Liebe, Drogen etc.
☐ Frauen als Leserinnen ausschließen	☐ Inklusive Sprache verwenden; Kochrezepte drucken
☐ Alles selber machen	☐ Andere mitarbeiten lassen; Aufträge vergeben, z.B. für Seitenlayout oder Zeitschriftenentwicklung
☐ Gemeindebrief einsparen	☐ Sponsoren finden (Werbeanzeigen)
☐ An den Interessen der Leute völlig vorbei schreiben	☐ Nach den Interessen der Leute fragen / Marktforschung im Kleinen
☐ Zu vielen Spenden aufrufen	☐ Gezielt, projektorientiert zu Spenden aufrufen
☐ Nur in der Kirche auslegen	☐ Möglichst breit verteilen

thode (in Wack u.a. 1994, 74ff.). Hierbei werden einzelne Reizwörter oder bestimmte Textpassagen assoziativ auf das Problem bezogen[1].

Zum Beispiel könnte das Wort »Schiff«, auf das Problem Gemeindebrief bezogen, folgende Assoziationen auslösen: Transportmittel – transportiert gute Nachrichten / es gibt ein Ziel, auf das Kurs gehalten wird – Ziele für das Redaktionsbüro vereinbaren, Informationen beziehen sich auf die Ziele der Gemeinde / hat Umrisse und Konturen – Wiedererkennbarkeit / als Fähre erscheint es in einem bestimmten Turnus / monatliches Erscheinen / muß Signale und Zeichen beachten – nimmt gesellschaftliche Entwicklungen ernst / kann Schiffbrüchige retten – läßt die zu Wort kommen, die woanders keine Stimme haben / laute Schiffssirene – verschafft sich Gehör mit schrillen oder nachdrücklichen Nachrichten / Titanic, kann sinken – es ist immer ein Risiko, etwas Neues zu wagen / große, bunte Segel (Caravelle) – buntes, schönes Deckblatt / Steuermann und Mannschaft – es gibt eine Verantwortliche und viele Mitarbeiter – Frauen sind mit dabei / Passagiere – Gäste sind erwünscht als Autoren / usw. usw.

Auf einer assoziativen Ebene fällt es leichter, sich auf die Ideen anderer zu beziehen, ohne in Streit über die richtige Lösung oder das richtige Vorgehen zu geraten, denn man erlebt alle als Problem lösende, kreative Teile des Problems. Aus oben gefundenen Assoziationen können gut Lösungsvorschläge entwickelt werden.

Konflikte bearbeiten

Wir sprechen von Konfliktbearbeitung oder Konfliktbewältigung und nicht von Konfliktlösung. Denn das Wort »Lösung« hat den Anschein, als gebe es nur »gelöste« oder »ungelöste« Konflikte. »Konfliktbewältigung umfaßt alle Konzeptionen und Methoden, die die Beteiligten selbst oder eine dritte Partei (BeraterIn, VermittlerIn, SchlichterIn, Machtinstanz) in und mit einem Konflikt unternehmen, um allein oder gemeinsam (wieder) situationsgerecht erleben und zielorientiert handeln zu können« (Berkel 1997, 62).

Fragen, um Bewegung in festgefahrene Positionen zu bringen

- ☐ *Expanding the pie*: »Wie kann das knappe Gut (der »Kuchen«) vergrößert werden?
- ☐ *Logrolling*: Welche unterschiedlichen Prioritätensetzungen können miteinander verknüpft werden?
- ☐ *Nonspecific compensation*: Gibt es weitere, bisher nicht genannte Punkte, die wichtig sind und zur Verhandlungsmasse gezählt werden können?
- ☐ *Cost-cutting*: Wie kann man die Nachteile für eine Seite verringern?
- ☐ *Specific compensation*: Kann man die Wünsche/Ziele der einen oder anderen Seite mit anderen Mitteln erfüllen?

---

1. Wenn Sie tatsächlich Textstellen aus der Bibel einsetzen sollten, verwenden Sie Alltagswörter, keine religiös bedeutsamen Begriffe, weil sie im Kontext Kirche das Denken möglicherweise doch wieder blockieren könnten. Das freie Sprechen und Assoziieren über Zitate aus der Heiligen Schrift sind in unserem Kulturkreis leider oft ein gehemmtes Unterfangen.

☐ *Bridging:* Welche Hintergrundbedürfnisse spielen bei den offen geäußerten Konfliktpunkten eine Rolle? Wie können sie befriedigt werden?
(vgl. Redlich 1996, 67ff.)

Die zuvor genannten Verfahren unterstützen dabei, mögliche Lösungen zu finden, wobei es nicht um die einzig richtige Lösung geht, sondern um eine Annäherung an ein akzeptables Ergebnis. Ebenso gibt es nicht das einzig richtige Vorgehen im Konflikt. Es hängt vielmehr von der Eskalationsstufe, den Einstellungen und der Konfliktfähigkeit der Beteiligten und der Organisationskultur ab, welches Vorgehen dem genannten Ziel am ehesten gerecht wird. Bearbeitungen und Ergebnisse, die weniger Folgeprobleme entstehen lassen, sind dabei besser und konstruktiver als die, die das nicht leisten. Das Ergebnis und die Qualität einer Konfliktbearbeitung sollte daher immer an den möglichen Folgewirkungen gemessen werden und nicht an dem Maßstab der »einzig richtigen Lösung«.

Kriterien zur Beurteilung: Welche Strategie der Konfliktbearbeitung ist die bessere?

Beurteilung der Transaktionskosten für die Beteiligten hinsichtlich
☐ nervlicher Belastungen
☐ eingesetzter und vergeudeter Zeit
☐ Prestigeverlustes
☐ materieller und wirtschaftlicher Verluste
☐ verlorener Anerkennung und Wertschätzung

Zufriedenheit mit den Ergebnissen
☐ Wieviel Gelegenheit, sich zur Sache zu äußern, hatten die Konfliktparteien?
☐ Wie weit konnten sie über die Annahme oder Zurückweisung der Vereinbarung entscheiden?
☐ In welchem Umfang wurden sie in die Ausarbeitung der Konflikte einbezogen?

Auswirkung auf die zukünftigen Beziehungen
☐ Was sind die kurz-, mittel- und langfristigen Auswirkungen der Konfliktbewältigung auf die betroffenen Personen?
☐ Welche Auswirkungen auf die sonstigen Beziehungen in der Organisation sind gegeben?
☐ Beeinträchtigt die gewählte Konfliktlösungsstrategie die Bereitschaft der Parteien zu einer dauerhaften Kooperation?

Beilegung oder Neuauflage des Konfliktes
☐ Führt das Vorgehen zu dauerhaften Lösungen, oder ist es möglich, daß der Konflikt zwischen den Beteiligten später wieder neu ausbricht?

Kooperative Konfliktgespräche

Kooperative Konfliktgespräche zwischen den beteiligten Parteien versprechen wenigstens in den ersten Phasen des Konfliktverlaufes die besten Ergebnisse. Wie verläuft es im einzelnen (nach Berkel 1997, 77ff.)?
Der Konflikt beginnt in einer Person, die den Eindruck hat, von einer anderen Person oder Gruppe behindert oder beeinträchtigt zu sein. Darauf reagiert sie mit erhöhter Erregung. Der Prozeß der Konfliktbewältigung beginnt ebenfalls in der Person selbst, denn ihre erste Aufgabe im Hinblick auf eine konstruktive Konfliktbearbeitung ist es, die eigenen Gefühle zu regulieren und die Erregung unter Kontrolle zu bringen.
»Frieden ... beginnt ganz elementar bei der eigenen Fähigkeit, nicht jeden Zorn und Ärger umgehend am andern auszulassen.« (Berkel 1997, 82) Wir betrachten diese Fähigkeit als einen Bestandteil emotionaler Intelligenz (Goleman 1998).
Ein Zögern vor der Realisierung eines gefühlsgeleiteten Handlungsimpulses ist der Einstieg in eine konstruktive Konfliktbearbeitung. Was passiert genau in diesem Moment? Dem gefühlsbestimmten Impuls (z.B. Aggression) wird ein ebenfalls gefühlsbestimmtes Hemmnis gegenübergestellt: Der Impuls (z.B. den verhaßten Presbyter anzuschreien) wird gedämpft durch die Vorstellung, welche Konsequenzen ein solches Verhalten haben könnte. Wir halten das für Vernunft, aber gefühlsgeladene Impulse können nur durch gefühlsgeladene Gedanken gebremst werden, z.B. durch die Angst, entlassen zu werden.

Vertrauensbildende Maßnahmen

Die Beziehung zur anderen Konfliktpartei gerät in den Blick. Die Bereitschaft, sich als Partner mit einem gemeinsamen Problem anzusehen, setzt Vertrauen voraus. Vertrauen bedeutet eine das Risiko bewußt einbeziehende Entscheidung, denn Mißtrauen ist die nächste spontane Reaktion auf eine wahrgenommene Bedrohung oder Beeinträchtigung. Um aber Vertrauen aufzubauen, muß die Person es wagen, sich verletzbar zu zeigen. Eine Voraussetzung ist, daß sie Ängste und Zweifel über das Vorgehen des anderen nicht übermächtig macht und sich dadurch den Schritt nach vorn in eine konstruktive Beziehung zu ihm ermöglicht. Das setzt Selbstbewußtsein und Selbstklärung voraus. Vertrauen wird möglich, wenn

☐ eine Person sich persönlich riskiert, z.B. Betroffenheit, Wünsche, Befürchtungen, Ängste und Hoffnungen äußert;

☐ eine Person schonend reagiert, d.h. alles unterläßt, um die andere Seite zu provozieren, zu verletzen oder bloßzustellen, obwohl sie dazu in der Lage wäre.

Beim Aufbau von Vertrauen sind Selbstoffenbarung und Schonung die wichtigsten Elemente. Die sich abzeichnende Vertrauensbildung gilt es zu festigen, noch bevor sich die Konfliktparteien der eigentlichen Problemlösung zuwenden.

Offene Kommunikation

Das Vertrauen bedarf der ständigen Vergewisserung und Bestätigung. Dies geschieht durch eine offene Kommunikation. Gesprächsinhalte sind:

☐ Emotionen

Entscheidend ist hierbei nicht, welche Gefühle eine Person hat, sondern daß sie die Gefühle bewußt und angemessen zum Ausdruck bringt. Es gibt keine Gefühle, die der Konfliktbearbeitung eher förderlich sind als andere. Weder Aggressivität noch Friedfertigkeit verschaffen immer eindeutige Vorteile. Jedes Gefühl gehört zu der Person, ist für sie »objektive« Realität. Auch der Anlaß, mit dessen Hilfe sie das Gefühl entstehen ließ, soll mitgeteilt werde. Offene Kommunikation über Gefühle verleiht dem Handeln Transparenz und verhindert Täuschungsmanöver, wenngleich sie in Organisationen nicht üblich ist.

☐ Wahrnehmungen

Es ist wichtig herauszufinden, wie die Beteiligten den Konflikt sehen und auf welche Wahrnehmungen sie sich dabei berufen. Das Äußern von vagen Vermutungen und Andeutungen ist nicht hilfreich, beobachtete Fakten und nachprüfbare Ereignisse erleichtern das Vorgehen, wenn die Betroffenen Ich-Botschaften mitteilen und Schuldzuweisungen verhindern. Die strikte Trennung von Wahrnehmung und Interpretation ist zwingend erforderlich. Die o.g. Konfrontationsformel bietet ein sinnvolles Schema zum Vorgehen an (s. S. 51).

☐ Beziehungsdefinitionen

Hier geht es um die Einstellung zur anderen Seite. Sehe ich die anderen als Gegner an, als Konkurrenten oder als Partner bei der Problemlösung? Streitpunkte sind oft ohne Kenntnis der Beziehungen der Beteiligten zueinander nicht richtig zu verstehen. Aus der Beziehungsdefinition ergibt sich der Stil, das Vorgehen, das die Betroffenen wählen: kooperativ oder konkurrent. Die organisationale Umwelt wirkt mit, denn in einer Organisation, in der Konkurrenzdenken als ideal gilt, fällt es schwer, zu kooperieren. Wenn die Betroffenen sich dagegen eher als Gemeinschaft fühlen (die innere Realität ist hier entscheidend, nicht die Ideologie), ist ein kooperatives Vorgehen wahrscheinlicher.

☐ Problemdefinition

In jeder Problemdefinition sind stillschweigend schon Lösungen und Strategien enthalten.

Beispiel:

Problemdefinition	Mögliche Problemlösung
Einige Führungskräfte der Kirche sperren sich gegen Neuerungen.	Sie müssen ausgetauscht werden.
Die mittlere Führungsebene sperrt sich gegen Neuerungen.	Sie muß verschlankt werden, Entscheidungskompetenz an andere Stellen verlagert werden.
Die Strukturen der Kirche erschweren Neuerungen.	Neuorganisation der kirchlichen Strukturen ist erforderlich.

Die Gremien der Kirche erschweren Neuerungen.	Sie müssen reduziert oder nach anderen Kriterien gebildet werden, oder sie erhalten andere Arbeitsaufträge.
Der weit gefaßte, globale Auftrag der Kirche erschwert Neuerungen.	Zielvorgaben und Controlling sind erforderlich.
Die Ehrenamtlichen erschweren Neuerungen.	Sie müssen qualifiziert werden.
Der Presbyter X blockiert Neuerungen.	Er muß überzeugt werden.
Der Personalmangel verunmöglicht Neuerungen.	Es muß erst mehr Personal her. Es müssen neue Mittel erschlossen werden.
Das Selbstverständnis der Kirche erschwert Neuerungen.	Wir müssen ein neues Leitbild erarbeiten.

Deshalb ist es im konkreten Fall so schwer, die Problemdefinition von der Phase der Problemlösung zu trennen. In jedem Konflikt ist immer auch ein persönlicher Aspekt enthalten. Häufig tritt bei intensiver Beschäftigung mit dem Konflikt dieser Aspekt immer mehr in den Vordergrund, wobei die Beteiligten dann vergessen, daß es auch einen sachlichen Aspekt des Problems gibt. Es geht aber darum, ein Problem in seiner Vielschichtigkeit zu beschreiben und nicht nur herauszufinden, wer das Problem hat. Beide Aspekte müssen gewürdigt werden, die sachlichen und die persönlichen Seiten des Problems, um die Lösung vorzubereiten.

Grundhaltung

Nun sind die Voraussetzungen für eine gemeinsame Problemlösung gegeben: Die Grundhaltung findet sich in den »Acht Prinzipen für die Konfliktlösung«, die Mitarbeiter und Mitarbeiterinnen der Stiftung für Friedens- und Zukunfktsforschung in Schweden entwickelt haben:

Acht Prinzipen für die Konfliktbearbeitung

1. Interessen
   Regel: Beziehe dich auf die Interessen und nicht auf die Position.
2. Menschen
   Regel: Unterscheide zwischen Menschen und dem Problem.
3. Optionen
   Regel: Überlege dir viele Handlungsmöglichkeiten, bevor du dich entscheidest, was zu tun ist. Durchdenke nicht nur deinen eigenen Schritt, sondern eine Reihe von möglichen Schritten und Gegenbewegungen.
4. Kriterien
   Regel: Achte darauf, daß das Ergebnis allgemein verbindlichen Kriterien genügen soll.

5. Wahrheit
   Regel: Es gibt mehrere Wahrheiten: Deine, ihre/seine und vielleicht eine weitergehende.
6. Prämissen
   Regel: Beachte die Einheit von Mittel und Wert.
7. Prinzipien
   Regel: Halte dich an Prinzipien und baue darauf deine eigene Strategie auf. Verfolge nur solche Ziele, die sowohl für dich wie für die andere Seite gut sind, auch wenn die andere Seite sich nicht entsprechend verhält.
8. Macht
   Regel: Macht ist die Fähigkeit, die eigenen Ziele zu erreichen, nicht andere zu bestrafen.

(zit. in Besemer 1994, 33)

Lösungsvorschläge und Vereinbarungen

Nach der Konfliktbearbeitung müssen die Lösungen, auf die sich die Parteien einigen, abgesichert werden. Dies fällt um so leichter, wenn jede Seite ihre Absichten wenigstens teilweise realisieren kann oder mindestens eine Seite ihre Befürchtungen als gegenstandslos betrachtet.

Fragen zur Beurteilung vorgeschlagener Lösungen

- ☐ Bewirkt der Vorschlag das angestrebte Ziel überhaupt?
- ☐ Welchen Aufwand erfordert der Vorschlag?
- ☐ Welche positiven oder negativen Nebeneffekte treten auf?

Lösungsvorschläge können sich auf folgendes beziehen:
- ☐ Die Vorstellungen und Wünsche einer Seite
  Es ist um so leichter, sie durchzusetzen, wenn die andere Seite dafür Kompensationen erhält: Zwar kann in der Konkurrenz zweier MitarbeiterInnen nur eine/r die Pfarrstelle bekommen, aber die/der andere erhält einen neuen, interessanten Aufgabenbereich. Zu beachten ist, daß die andere Seite ihr Gesicht nicht verliert. (Die neuen Aufgaben dürfen keine Degradierung zur Folge haben.) Entscheidend ist dabei, wie die gefundene Lösung von allen Betroffenen nach außen kommuniziert wird.
- ☐ Neue Lösungen
  Sie sind um so wahrscheinlicher, je weniger Zwänge und Blockaden bei der Problembearbeitung existieren und je mehr Arbeitstechniken zur kreativen Problembearbeitung zur Anwendung kommen.
- ☐ Wechselseitige Konzessionen
  Bei sehr komplexen Problemen kann es günstig sein, sie in einzelne Aspekte zu zerlegen, um herauszufinden, wie wichtig den einzelnen die verschiedenen Bestandteile der Lösung sind. Jede Partei setzt Prioritäten, so daß eine Lösung zustande kommt, bei der die eine Seite auf gewisse, weniger wichtige Aspekte ver-

zichtet und die andere ebenfalls auf diejenigen, die ihr eher unwichtig, der anderen aber wichtig sind.

Checkliste zur Vereinbarung von Regelungen

Vereinbarungen werden eher eingehalten, wenn Sie folgendes berücksichtigen:
- ☐ Sie sind nicht gegen zentrale Interessen oder grundlegende Vorstellungen einer Partei gerichtet.
- ☐ Zwischen den Konfliktparteien besteht ein gewisses Maß an Vertrauen.
- ☐ Die Vereinbarungen sind klar, eindeutig und widerspruchsfrei formuliert.
- ☐ Die Vereinbarungen sind auch anderen bekannt.
- ☐ Sie legen fest, was jede Seite zu tun oder zu lassen hat.
- ☐ Werden die Vereinbarungen nicht eingehalten, ist mit Sanktionen zu rechnen.
- ☐ Die Beachtung der Regeln belohnt durch eine ungehinderte und störungsfreie Arbeitsbeziehung.

(aus: Karl Berkel, Konflikttraining. Konflikte verstehen, analysieren, bewältigen, Sauer Verlag, Heidelberg 1997, 101)

Die normative Festlegung oder Vereinbarung schließt die Konfliktbearbeitung auf der interpersonalen, sozialen Ebene ab. Die Konfliktbewältigung ist dann wirklich abgeschlossen, wenn jede Partei sie auch innerlich verarbeitet hat.

Prävention

Die häufigsten Ursachen für Konflikte in Organisationen finden sich auf der Ebene zwischenmenschlicher Beziehungen und kommen in der Interaktion ihrer Mitglieder zum Ausdruck. Folgende Konfliktursachen werden am häufigsten als Konfliktursache genannt / nach Häufigkeit sortiert:
1. Unzureichende Kommunikation
2. Gegenseitige Abhängigkeit
3. Gefühl, ungerecht behandelt zu werden
4. (Rollen)Mehrdeutigkeit aufgrund der Verantwortung
5. Wenig Gebrauch von konstruktiver Kritik
6. Mißtrauen
7. Unvereinbare Persönlichkeiten und Einstellungen
8. Kämpfe um Macht und Einfluß
9. Groll, Ärger, Empfindlichkeit
10. Mitgliedschaft in unterschiedlichen Einheiten
11. Auseinandersetzung über die Zuständigkeiten
12. Belohnungssysteme
13. Gesichtsverlust
14. Wettbewerb um knappe Ressourcen

(Regnet zit. in Berkel 1997, a.a.O. 38)

Die meisten Konfliktursachen fallen demnach in die Führungsverantwortung von Vorgesetzten, gefolgt von persönlichen Faktoren, und an letzter Stelle schlagen strukturelle Bedingungen durch. Dies ist unsererseits als Appell an Führungskräfte zu verstehen, Konfliktprophylaxe zu betreiben. Die eigene Rolle und Zuständigkeit in diesem Bereich zu klären, ist eine Voraussetzung dafür, daß die Führungskraft überhaupt als Mediatorin fähig ist. Konfliktprophylaxe ist eine der wichtigsten Aufgaben von Führung und kann nicht an andere Stellen (Landeskirchenamt, Personalverwaltung, Gremien) delegiert werden. Ein wesentlicher Beitrag ist die Ausrichtung des eigenen Führungshandelns an folgenden Dimensionen der Führung von Gruppen:
- ☐ Verpflichtung auf gemeinsame Ziele (Identifikation)
- ☐ Erreichung der vereinbarten Ziele (Lokomotion)
- ☐ Zusammenhalt der Gruppe (Kohäsion)

Die folgenden Maßnahmen tragen außerdem dazu bei, Konflikte weniger wahrscheinlich zu machen, nicht aber sie gänzlich zu verhindern. Das wäre wegen der Konflikten innewohnenden positiven Funktionen auch nicht wünschenswert.

Konfliktart in Organisationen	Konflikt reduzierende Maßnahmen
Wertkonflikte	☐ Eine überzeugende Vision und klare Mission vertreten, mit der sich die Menschen identifizieren können ☐ Wertvorstellungen und Spielregeln klären, die für alle verbindlich sind ☐ Mitarbeiter in die Entwicklung gemeinsamer Zielperspektiven und Strategien einbinden ☐ Kritische Loyalität fordern und fördern
Sachkonflikte	☐ Klare und überprüfbare Ziele vereinbaren ☐ Wo dies nicht möglich oder ratsam ist: Grenzen und Bewegungsspielräume verbindlich abstecken ☐ Besprechungen so führen, daß Kontroversen kreativ stimulierend und bereichernd erlebt werden ☐ Den horizontalen und vertikalen Informationsaustausch verstärken ☐ Regelmäßige Treffen festlegen, um Probleme und Spannungen schon im Vorfeld zu entdecken, zu klären und gemeinsam anzugehen
Beziehungskonflikte	☐ Offenheit und Vertrauen fördern, am besten durch eigenes Beispiel vorangehen ☐ Konflikte und Unstimmigkeiten aufgreifen und zur Sprache bringen ☐ Klare Kompetenz- und Verantwortungsbereiche schaffen ☐ Rückmeldung über Ergebnisse, Leistung und Verhalten rechtzeitig und begründet geben ☐ Kritikrunden arrangieren

Verteilungskonflikte	☐ Durch Anreize den sportlichen Ehrgeiz wecken, nicht durch Drohungen die Aktivitäten gegeneinander richten ☐ Spielregeln festlegen, die konkurrierende Aktivitäten regeln und binden ☐ Prinzipen der Gerechtigkeit und Fairneß verdeutlichen und einfordern
Entscheidungskonflikte	☐ MitarbeiterInnen nach Kriterien auswählen und (be)fördern, die die gemeinsamen Werte aktiv mittragen ☐ Mut und Risikobereitschaft belohnen, die die Organisation ihrer Vision näher bringen ☐ Intelligente Fehler tolerieren, aus denen alle lernen können
Rollenkonflikte	☐ Rollenklärung und Standortbestimmung fördern ☐ Selbstreflexion unterstützen, gegebenfalls als externe Unterstützung zulassen ☐ Gestaltungsspielraum der Aufgabenbewältigung ermöglichen

(nach Karl Berkel, Konflikttraining. Konflikte verstehen, analysieren, bewältigen, Sauer Verlag, Heidelberg 1997, 75)

Fragen Sie sich im Hinblick auf
☐ Sachkonflikte
Ist die Aufgabe allen bekannt? Sind Abeitsanweisungen eindeutig und präzise oder interpretationsbedürftig und unklar? Ist die Aufgabe leistbar und sinnvoll?
☐ Zielkonflikte
Werden Zielkonflikte erkannt und in integrierten Lösungen entschärft? Hat sich die Leitung auf verbindliche Werte geeinigt und sind sie in Führungsrichtlinien niedergelegt? Existiert überhaupt eine gemeinsame Vision?
☐ Beziehungskonflikte
Welche Formen der Zusammenarbeit sind von der Sachlage her notwendig: Nebeneinander, Miteinander oder Gegeneinander? Wird die Zusammenarbeit regelmäßig auf ihre potentiellen Konflikte überprüft? Gilt Kontrolle als Mißtrauen oder als Unterstützung? Gibt es transparente Leistungsbewertungen? Sind die Zuständigkeiten und Kompetenzen geklärt?
☐ Verteilungskonflikte
Werden in Zielvereinbarungen die erforderlichen Rahmenbedingungen mit ausgehandelt? Verfügen die Mitarbeitenden über ein eigenes Budget? Gibt es ein transparentes System der Ressourcenzuteilung?
☐ Persönliche Konflikte
Passen die Beschäftigten aufgrund ihrer Persönlichkeit und ihres Charakters in die Organisation, auch unter den Bedingungen des organisationalen Wandels? Wird bei der Einstellung darauf geachtet, daß die Personen eine gewünschte Werthaltung mitbringen? Sind die Mitglieder konfliktfähig?
Eine Besonderheit an kirchlichen Arbeitsplätzen ist außer einer schwach entwickelten Leitung die unklare Bewertung von Leistung.

»Es ist nicht ganz eindeutig, ob man zur Arbeit geht, um zu arbeiten oder um nett miteinander zu sein und am Arbeitsplatz auch Kirchliches miteinander zu praktizieren. Einerseits versteht sich die Kirche als Gegenpol zur Leistungsgesellschaft und Hort christlicher, mitmenschlicher Werte. Andererseits wird oft stillschweigend erwartet, daß Mitarbeiterinnen und Mitarbeiter rund um die Uhr verfügbar sind. In einer Arbeitssituation ohne klare Leistungsvorgaben zu stehen, ist desorientierend und ermüdend. Oft müssen Mitarbeiter und Mitarbeiterinnen selbst interpretieren, was von ihnen erwartet wird.« (Böhmer 1995, 289)

Es liegt auf der Hand, daß diese Wahrnehmung eine Begründung für Ziel-, Sach- und Beziehungskonflikte abgibt. Dennoch ist die Loyalität der Beschäftigten groß, Trennungen werden selten in Erwägung gezogen.

»Man denkt böse Sachen und hat dabei aber doch Schuldgefühle. Anspruch und Wirklichkeit klaffen auseinander.« (Böhmer 1995, 303)

In den meisten Organisationen hat sich ein verschlossenes und defensives Kommunikationsmuster etabliert, weil Gefühlsäußerungen in der Arbeitswelt als unangemessen gelten. So haben die Organisationsmitglieder in der Regel keine Gelegenheit, die emotionale und fundamentale Seite eines Konfliktes ebenso auszuloten wie die sachliche. Dabei gehen nicht nur wichtige Selbsterkenntnisse verloren, auch die für eine Konfliktbewältigung notwendige offene Kommunikation ist blockiert. Wir erwarten zwar von dem Angebot der Supervision in manchen sozialen und kirchlichen Arbeitsfeldern einen Beitrag zur Anerkennung des emotionalen Gehaltes von Konflikten. Dieser bleibt aber rudimentär, solange die Kultur der Organisation weiterhin defensives und verschlossenes Verhalten belohnt und die Vorgesetzten keinen Beitrag für ein gutes Konfliktmanagement bringen.

Eine konflikt- und lernfähige Organisation ist dagegen gekennzeichnet durch
- eine offene Kommunikation,
- gegensätzliche Positionen in Sachfragen,
- einen offenen und fairen Austausch von Argumenten,
- Konfliktaustragung nach bestimmten, verbindlichen Regeln,
- einen sauberen Abschluß der Konfrontation mit einem für alle nachvollziehbaren Ergebnis,
- keine Nachteile für eine der beteiligten Konfliktparteien.

Führungskräfte als Mediatoren

Konfliktbearbeitung ist eine Führungsaufgabe. Wir nehmen an, daß PfarrerInnen, die sie ernst nehmen, zunehmend als Mediatoren, als SchlichterInnen beansprucht sind. Die Grundhaltung der Moderation, die wir zuvor beschrieben haben, beinhaltet, daß die Lösung für ein Problem in der Gruppe vorhanden ist und die moderierende Person lediglich eine Art Geburtshilfe zu leisten hat, um die Lösung mit der Gruppe gemeinsam ans Licht zu befördern. Eine solche Haltung wird ab einer bestimmten

Eskalationsstufe des Konfliktes nicht mehr ausreichen. Deutlichere Interventionen, eine autoritäre Steuerung der Kommunikation im Klärungsgespräch mit präzisen Regeln und ein Vorgehen, das über eine Lenkung mit Hilfe von Fragefolgen hinausgeht, sind dann angezeigt.

Wenn es zu Konflikten unter den MitarbeiterInnen und Ehrenamtlichen des eigenen Führungsbereiches kommt und sie entweder nicht willens oder nicht fähig sind, diese abzuschließen, dann sind Pfarrer und Pfarrerinnen und andere Leitungskräfte zunächst als Mediatoren gefordert. Sie übernehmen hier die Rolle der dritten Partei, deren Aufgabe es nicht ist, eigene Ideen den Beteiligten aufzudrängen oder geschickt zu »verkaufen«, sondern Rahmenbedingungen und Gesprächsstrukturen dafür zu schaffen, innerhalb derer die Beteiligten ihren Konflikt fair beenden können.

Vorab muß sich der Mediator allerdings einen Schlichtungsauftrag von der Gruppe bestätigen lassen: »Sie sind hier zusammengekommen, um einen Konflikt zu bereinigen. Ich werde (als Vorgesetzter) darauf achten, daß dies fair vor sich geht.«

Zehn Regeln für die Konfliktmoderation:

1. Versuchen, sich in die Lage der Konfliktbeteiligten zu versetzen
2. Jeweils Offenheit und Aufgeschlossenheit für die andere Seite bei den Beteiligten fördern
3. Darauf achten, daß alle gemeinsam an der Aufgabe arbeiten
4. Daran denken, daß Konflikte nur bei Zufriedenheit aller Betroffenen konstruktiv gelöst werden können
5. Keine Schuldzuweisungen, keine Suche nach Sündenböcken zulassen
6. Keine Interpretation der Aussagen, sondern konkretes Nachfragen
7. Emotionen nicht unterdrücken, sondern zulassen
8. Aufmerksames Zuhören und Feedback
9. Konflikte als normalen Bestandteil der Zusammenarbeit mit anderen akzeptieren
10. Konflikte nach dem Prinzip »Gewinner-Gewinner« schlichten

Wenn der letzte Punkt nicht zu realisieren ist, weil eine der betroffenen Parteien dazu nicht bereit ist, gibt es Handlungsalternativen:

1. Verabreden Sie einen Lösungsaufschub.
2. Suchen Sie eine bessere neue Lösung, bei der die Wünsche beider Seiten erfüllt werden.
3. Suchen Sie nach einem Kompromiß, bei dem beide Seiten nicht verlieren.
4. Suchen Sie einen Kompromiß, bei dem beide Seiten gleich viel verlieren.
5. Suchen Sie nach einer Trennungsmöglichkeit.
6. Bieten Sie einen fairen Kampf (Redestreit) an, bei dem letztlich die eine Seite sich durchsetzen und die andere unterliegen wird (Regeln vereinbaren, Bedingungen gemeinsam festlegen). Sie entscheiden abschließend als Vorgesetzte, welcher Seite Sie Recht geben werden. Hierbei kann nur eine Seite gewinnen.

Dieses Vorgehen können Sie u.U. bereits zu Beginn der Mediation ansprechen: »In dem Fall, daß Sie sich nicht einigen können oder nicht einigen wollen, werde ich (als

Vorgesetzter) eine Entscheidung fällen, an die sich beide Seiten zu halten haben, auch die, die dabei unterliegt.«

Vorgesetzte haben die folgenden Aufgaben:
1. die Konfliktsituationen diagnostizieren
2. Rahmenbedingungen für die Aussprache festlegen
3. in der Aussprache als Konfliktregler fungieren
4. die Vereinbarung verbindlich machen

Konfliktdiagnose

Streitpunkte: Worum geht es?
- Was bringen die Konfliktparteien vor? Was ärgert, stört, irritiert sie?
- Sehen das beide Parteien gleich, ähnlich oder verschieden? Woher wissen sie das?
- Beziehen sich die Streitpunkte auf objektive Sachverhalte oder persönliche Ansichten?
- Könnte der Konflikt aus einem anderen Bereich hierher verschoben worden sein?
- Wie erleben sie die Streitpunkte persönlich? Wie wichtig sind ihnen diese Punkte?
- Was ist der »springende Punkt«, auf den sich beide Seiten versteifen? Worum geht es ihnen?

Die Parteien: Wer steht im Konflikt gegenüber?
- Sind die Parteien Personen, organisierte Einheiten oder formlose Kollektive?
- Was sind die (drei) größten Stärken und Schwächen jeder Konfliktpartei?
- Fühlt sich eine Seite der andern seelisch überlegen, unterlegen oder gleichwertig?
- Wie definieren sie ihre Beziehungen zueinander? Was erwarten sie voneinander?
- Sind sie organisatorisch einander zugeordnet: über-, untergeordnet? Gleichrangig nebeneinander? Im Arbeitsablauf voneinander abhängig?
- Wie erleben die Parteien die von der Organisationsstruktur bzw. dem Arbeitsablauf gegebenen Abhängigkeiten? Wie gehen sie mit ihnen um? (Nutzen? Ausweichen? Mißbrauchen? Ablehnen?)
- Welche Forderung kann eine Partei aufgrund ihrer Position an die andere stellen?
- Stehen die Parteien allein? Haben sie Verbündete? Gibt es am Konflikt interessierte Dritte?

Die Form: Wie äußert sich der Konflikt?
- Läßt sich der Konflikt als Sachkonflikt, Beziehungskonflikt, Wertkonflikt oder Verteilungskonflikt definieren?
- Ist der Konflikt klar abgrenzbar oder diffus vermischt?
- Ist der Konflikt für die Parteien unvermeidbar oder vermeidbar? Sind sie überzeugt, daß sie zu einer Übereinstimmung kommen können?
- Ist es ein »heißer« oder »kalter« Konflikt?

Der Verlauf: Wie hat sich der Konflikt entwickelt?
- Was hat den Konflikt ausgelöst? Welche »kritischen« Ereignisse haben ihn verschärft?

- Debattieren die Parteien noch miteinander, regieren sie inzwischen aufeinander oder kämpfen sie schon gegeneinander?
- Welche Verhaltensmuster treten zwischen ihnen immer wieder auf?
- Wie sucht die eine Partei, die andere dazu zu bringen, auf ihre Anliegen einzugehen?
- Was hat jede Seite bisher getan, um die Erwartungen der anderen Seite zu unterlaufen?
- Was versprechen sich die Parteien von einer Fortsetzung des Konflikts? Was glauben sie zu verlieren, wenn sie sich mit der Gegenseite verständigen? Zu welchem Einsatz sind sie bereit?

Das Ergebnis: Was hat der Konflikt gebracht?
- Ist der Konflikt bewältigt, d.h. beendet? Dauerhaft oder nur vorläufig?
- Wo und wann könnte der Konflikt wieder aufflammen?
- Was unternimmt jede Partei, um mit dem Ergebnis konstruktiv zu leben?
- Welchen Nutzen oder Schaden hat der Konflikt den Parteien gebracht? Und der Organisation?

(aus: Karl Berkel, Konflikttraining. Konflikte verstehen, analysieren, bewältigen, Sauer Verlag, Heidelberg 1997, 40f.)

Die Führungskraft als Mediator legt Termin und Zeitraum der Aussprache fest. Die Konfliktparteien können sich darauf vorbereiten.
Sie achtet auf die Sitzordnung. Ein Kreis bei mehreren Gesprächspartnern betont Gleichheit. Wenn zwei Personen miteinander den Konflikt haben, nimmt die dritte Partei eine neutrale Position ein. Wenn eine der Konfliktparteien sich im Gesprächsverlauf als extrem geschwächt erweist, sich z.B. nicht artikulieren kann oder Angst hat, rückt die Mediatorin gegebenenfalls räumlich näher an ihre Seite, ohne jedoch inhaltlich die neutrale Position aufzugeben. Sie muß darauf achten, die räumliche Position in dem Augenblick wieder zu verändern, wenn ein Gleichgewicht in der Kommunikation zwischen den Konfliktparteien hergestellt ist. Sie nimmt dann räumlich wieder die Mittelposition ein bzw. rückt mit ihrem Stuhl näher an die Gegenseite heran, wenn diese geschwächt erscheint.
Teilnehmende an dem Konfliktgespräch sind immer nur die unmittelbar Beteiligten und die Drittpartei.
Ziel der Verhandlung ist, die Zusammenarbeit wieder herzustellen. Falls keine Vereinbarung zustande kommt, muß die Vorgesetze gegebenenfalls ein Machtwort sprechen.
Der Mediator sorgt für eine positive Atmosphäre.
Differenzierung geht vor Integration. Zunächst müssen die unterschiedlichen Standpunkte herauskristalliert werden, bevor die Suche nach Gemeinsamkeiten oder nach einer Einigung beginnt. Visualisierung unterstützt dieses Vorgehen ungemein.
Man beginnt in der Verhandlung des Konfliktes mit leichten Punkten, die eine rasche Einigung versprechen, um erste Erfolgserlebnisse zu produzieren. Dann fassen die Beteiligten eher Mut, sich an schwierigere Punkte heranzuwagen.
Die Diskussion assoziativ steuern und kleine, meist verdeckte Hinweise auf Zugeständnisse aufnehmen. Doch sollen die ersten Zugeständnisse einer Partei nicht ge-

nutzt werden, um sie festzunageln. Vielmehr werden sie gesammelt und am Ende im Zusammenhang mit anderen Lösungsvorschlägen diskutiert.

Gefühle sind erlaubt, sie gehören zu einem Konflikt wie das Salz in der Suppe. Der/die MediatorIn achtet allerdings darauf, daß die eine Seite die andere nicht herabsetzt oder verletzt.

Der Mediator achtet darauf, daß im Gespräch eine Balance entsteht zwischen
- der Schilderung von Einzelheiten und dem Blick auf das übergeordnete Ziel,
- dem Eingehen auf den strukturellen Hintergrund als Auslöser des Konfliktes und
- der persönlichen Verantwortung, die jede Partei zu übernehmen hat,
- den Unterschieden und Differenzen zwischen den Konfliktparteien einerseits
- und Respekt und Rücksichtnahme aufeinander andererseits.

Das Mediationsgespräch

Die Gesprächssituation ist klar strukturiert, die wichtigsten Schritte des Mediationsverfahrens sind:

Vorphase

Die Konfliktparteien an einen Tisch bekommen: alle Konfliktparteien ansprechen und zur Teilnahme motivieren. Der Mediator sammelt Informationen und überlegt sein Vorgehen.

Einleitung

Eine gute Atmosphäre schaffen, Ängste lindern, z.B. indem Regeln festgelegt, Befürchtungen und Wünsche der Beteiligten in bezug auf den Gesprächsverlauf und Einigungsprozeß visualisiert werden – das ist der erste Schritt. Der/die MediatorIn teilt den bisherigen Stand der Dinge mit, die Art der Kontaktaufnahme und seinen/ihren aktuellen Informationsstand. Dann erklärt er/sie den Mediationsprozeß hinsichtlich Struktur, Regeln und eigener Rolle und Aufgaben und läßt dies von den Teilnehmenden bestätigen bzw. klärt offene Fragen und bearbeitet Widerstände, indem er/sie sie ernst nimmt und berücksichtigt. Notwendig ist, die Bereitschaft der Beteiligten, sich auf das Vorgehen einzulassen, einzuholen. Dann werden eventuell anstehende Themen gesammelt und eine Tagesordnung, ein Vorgehen gemeinsam festgelegt.

Sichtweisen der einzelnen Konfliktparteien darstellen (lassen)

Die/die MediatorIn läßt Fakten und Gefühle erzählen, hört aktiv zu und faßt zusammen. Verständnisfragen von der anderen Seite sind jeweils erlaubt, mehr nicht. Wichtig ist, daß die Standpunkte beider Seiten zur Sprache kommen. Der/die MediatorIn hält Differenzen und Gemeinsamkeiten fest.

Konflikt erhellen, Hintergrundkonflikt klären

Die/der KonfliktschlichterIn befragt zu den einzelnen Problemen beide/alle Seiten im Wechsel. Dabei erfragt sie/er jeweils die Reaktion der anderen Seite, sie/er achtet darauf, daß Ich-Botschaften formuliert werden.

Problemlösung: sammeln und entwickeln von Lösungsmöglichkeiten

Hier bietet sich u.U. ein Brainstorming an (S. 94f.). Möglicherweise müssen zusätzliche Sachinformationen herangezogen werden.

Übereinkunft: fair, sachgerecht, effizient, stabil

Wir wissen, daß es nicht die einzige Lösung, sondern nur eine Annäherung an sie gibt. In der Übereinkunft legt man sich in diesem Sinne fest, klärt den Umgang mit künftigen Problemen, mit der Umsetzung und dem Controlling.

Umsetzungsphase

Sie beinhaltet Überprüfen und ggf. Korrektur der Entscheidung.
Der Gesprächsverlauf in der Mediation ist deutlich gesteuert. Anfangs verbietet der/die MediatorIn die direkte Kommunikation zwischen den Konfliktparteien, die Kommunikation läuft nur über ihn/sie. Der/die MediatorIn leistet Übersetzungshilfe für die jeweils andere Seite. Dabei fungiert er/sie als Modell, indem die Konfliktparteien wahrnehmen können, daß die dritte Person sachlich, konstruktiv und nicht affektgeleitet auf die Äußerungen der anderen reagiert, sondern sie vielmehr ruhig aufnimmt, zusammenfaßt, präzisiert und zur Konfrontation an die andere Seite weitergibt.
In einer nächsten Phase dürfen die Konfliktparteien direkt nachfragen, dann die Äußerungen der anderen Seite in eigenen Worten zusammenfassen, wobei der/die MediatorIn weiter Übersetzungshilfe leistet und bei der Präzisierung behilflich ist. Je mehr der Dialog zwischen den Konfliktparteien gelingt, desto mehr zieht sich der/die MediatorIn zurück und achtet nur noch auf das Einhalten zuvor vereinbarter Kommunikationsregeln bzw. darauf, daß keine Regression in einen schon überwundenen destruktiv-konkurrenten Diskussionstil passiert. Haben die Betroffenen eine angemessene Kommunikation realisiert, kann sich der/die ModeratorIn aus dem Prozeß (vorerst) verabschieden, nachdem die Vereinbarungen zuvor festgehalten worden sind. Führungskräfte sollten einen weiteren Termin mit den Beteiligten vereinbaren, um nach gewisser Zeit den Erfolg der getroffenen Vereinbarungen gemeinsam zu überprüfen und gegebenenfalls nachzubessern.

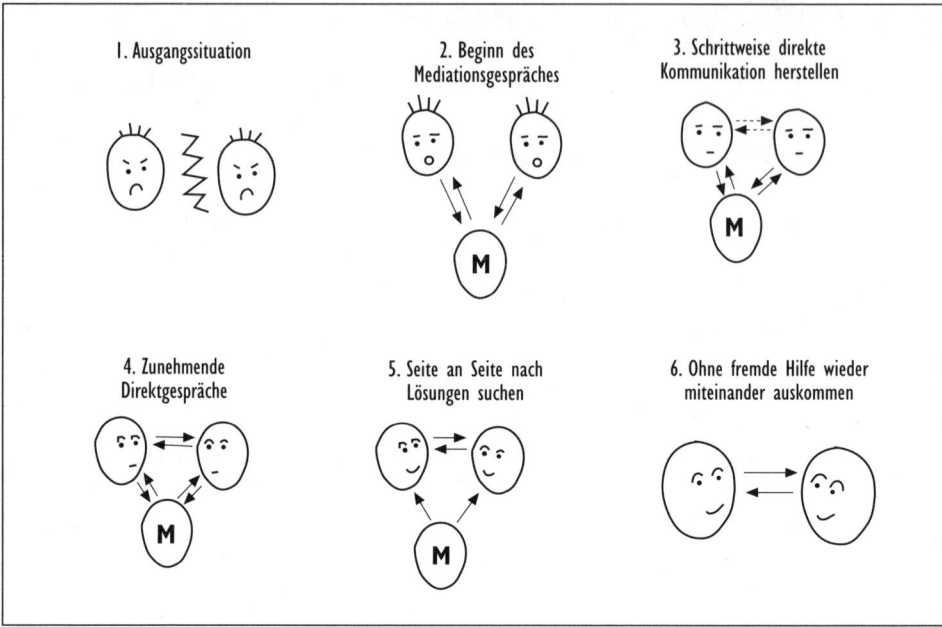

Abbildung 13
(aus: Besemer 1994, 59ff.)

MediatorInnen müssen in allen Phasen des Gespräches die Kontrolle über den Gesprächsablauf (nicht über den Inhalt des Gespräches) haben. Eine Notwendigkeit zum Eingreifen besteht in problematischen Situationen, z.B. wenn eine Seite zu lange redet und die andere nicht zu Wort kommt, wenn die Beteiligten sich unterbrechen oder gleichzeitig reden oder wenn sie die Kommunikationsregeln verletzen, Killerphrasen einsetzen und die andere Seite herabsetzen oder beleidigen. Welches Verhalten ist dann gefordert?

☐ Kurze chaotische Pausen aushalten
☐ Falls notwendig stark direktiv sein: einen Streit übertönen, auf den Tisch schlagen, aufstehen usw.
☐ Jede Person fragen, ob man weitermachen soll, und nur, wenn alle zustimmen, weitermachen
☐ Störende Personen zur Ordnung rufen und auf Grundregeln aufmerksam machen
☐ Unterbrechen, wenn die Person bereits genügend Zeit hatte, ihre Sicht darzustellen, oder wenn sie anderen ins Wort fällt
☐ Niemanden dominieren lassen, die Selbstoffenbarung des schwächeren Teils fördern und schützen
☐ Eine Pause machen und Einzelgespräche führen
☐ Die Mediation unterbrechen oder abbrechen

Leitbildentwicklung als Element der Organisationsentwicklung

Einführung

Sie treffen zwei Männer, die mit Hammer und Meißel Steine schlagen. Auf Ihre Frage, was sie tun, erhalten Sie vom einen die Antwort: »Ich schlage Steine«. Vom zweiten erfahren Sie, daß er mit dem Bau einer Kirche begonnen hat. Wen wundert es, wenn der »Steinhauer« um 16:30 Uhr sein Werkzeug zur Seite legt und nach Hause geht? Ebenso wenig sind Sie überrascht, daß der Kirchenbauer weiter meißelt, bis er nichts mehr sieht ...
Mit den nachfolgenden Ausführungen möchten wir Ihnen aufzeigen, wie Sie sich, bezogen auf den Bau Ihrer Organisation, optimale Rahmenbedingungen schaffen, bzw. an welchen Stellen Sie bei der Renovierung auf fundiertes Know-how, Kontakte und rasche externe Unterstützung zurückgreifen können. Die Situation kirchlicher Einrichtungen an der Jahrtausendwende ist gekennzeichnet durch steigende Anforderungen einerseits und knappe Ressourcen andererseits. Vor diesem Hintergrund gewinnen Diskussionen um Kirchenreform neue Aktualität. Im Gegensatz zu früheren Diskussionen geht es hierbei nicht mehr vorrangig um eine (auch politisch) induzierte, umfassende Reform des gesamten Kirchensystems, sondern eher um einen internen Wandelprozeß in kleinen Schritten, der mehr ist als eine bloße Reform oder Innovation. Dieser Wechsel soll zu mehr Kundenorientierung, Dienstleistungsqualität, zu mehr Effektivität und Effizienz führen. Es geht darum, die Leistungsfähigkeit und Attraktivität der Kirche für Gemeindeglieder, Beschäftigte, Ehrenamtliche und Kirchenferne systematisch zu steigern. Voraussetzung für die Umsetzung dieser Ziele ist ein zielführender Einsatz der knappen Ressourcen durch ein abgestimmtes Handeln aller Beteiligten. Dies ist nur möglich auf der Grundlage eines Konsenses über die Ziele und die für ihre Erreichung grundlegenden Verhaltensweisen. Leitbilder erhalten in diesem Kontext als Belege eines erreichten Konsenses und als Orientierungsraster für abgestimmtes Handeln eine zentrale Bedeutung. Als Leitidee für das neue Selbstverständnis und für die zukünftige Entwicklung der Kirche dienen sie zugleich der Legitimation ihrer Tätigkeit in ihrem gesellschaftlichen Umfeld.
Ein Leitbild dient somit als Transfermedium zwischen Absichten und Akzeptanz sowie zwischen Prinzipien und praktischem Alltagshandeln. Es ist ein realistisches Idealbild, ein Leitsystem, an dem sich alle Tätigkeiten in kirchlichen Einrichtungen orientieren. Die wichtigste Funktion von Leitbildern ist wohl die der Stabilisierung und der Orientierung. Um auch in Zukunft zielgerichtet und aktiv steuern zu können, stellen viele Landeskirchen, Kirchenkreise und Gemeinden die »Sinnfrage« neu. Gesucht werden für die Leitungsebene (Top-Management) wie für die Mitarbeiterinnen und Mitarbeiter Antworten auf die Frage, wohin das Schiff Kirche auf die Reise geht und wie der Zielhafen aussieht.

Leitbilder erscheinen hier als geeigneter Weg, einen Ausweg aus einer resignativen Zukunftshaltung und Überwindung von Krisenzuständen anzubieten. Sie geben Orientierung; denn in ihnen sind Aussagen enthalten, welche Ziele kirchliche Organisationen anstreben und was die Schritte sind, die diese Organisationen dabei gehen wollen.

Die Frage, ob eine Organisation ein Leitbild benötigt, ist nicht neu. Bereits 1989 verfügten 56% befragter Unternehmen über entsprechende Dokumente (Belzer 1995, 13ff.). Wir können davon ausgehen, daß inzwischen über 90% der Unternehmen über Leitbilder verfügen. Hierbei gilt das besondere Augenmerk der Organisationsberater dem Umsetzungsprozeß. Denn der ist dann wenig erfolgreich, wenn der Transfer in die Praxis nicht konsequent genug angegangen wurde. Die Folge ist Resignation bei den Organisationsmitgliedern und bei anhaltendem Umsetzungsvakuum ein Rückfall dieser Unternehmen in einen Zustand, der z.T. Jahre hinter dem Ausgangszustand der Leitbildentwicklung liegen kann.

Die Begründung von Leitbildern

Bedeutung

Leitbilder werden oft auch als das »Grundgesetz« einer Organisation bezeichnet oder als seine »Zehn Gebote«. Sie enthalten die langfristigen Ziele, die Mission (den Auftrag) des Unternehmens, die Richtlinien. Sie geben Auskunft über Werte und Normen und dienen den Organisationsmitgliedern als Orientierungsrahmen, der verbindlich gestaltet sein sollte. Leitbilder haben allerdings keinen Gesetzescharakter und sind nicht einklagbar. Sie sind auch nicht für die Ewigkeit zementiert. Das heißt natürlich nicht, daß der Leitbildprozeß bei jedem Wechsel in der Mitarbeiterschaft oder an der Organisationsspitze immer wieder komplett neu in Gang zu setzen ist. Das wäre Unsinn. Leitbilder müssen auch deswegen flexibel oder dynamisch gehalten werden, damit die Organisation ihre Lernfähigkeit behält und sich in ihrem Profil und den Angebotsfeldern auf veränderte interne und externe Bedingungen einstellen kann. Das steht letztendlich für einen erfolgreichen Auftritt in der Öffentlichkeit.

Leitbilder sprechen – wenn wir uns in einer Marketingsprache bewegen – sowohl den USP (unique selling point), die Einzigartigkeit, als auch den ESP (emotional selling point), die emotionalen Inhalte an. Nun ist uns bekannt, daß diese Begrifflichkeiten in kirchlichen Kontexten provokant klingen. Doch wenn wir uns von ihnen lösen und den dahinter liegenden Sinn ansprechen, wird deutlich, was einen Kern von Leitbildern in kirchlichen Kontexten ausmacht: Kirchliche Institutionen besinnen sich auf ihre Stärken, bedenken hierbei die Wurzeln der Vergangenheit, schauen in die Zukunft, konturieren ihr Profil mit kirchlichen Angeboten in theologisch-ethischer Hinsicht attraktiv für interne »Kunden« (Mitarbeiterinnen und Mitarbeiter, kirchliche Institutionen etc.) und versuchen zugleich, Kirchenferne für ihr Tun anzusprechen und zu motivieren, sich näher mit Kirche einzulassen.

Leitbilder sprechen gezielt Werte und Normen von MitarbeiterInnen und Externen an und sind damit sicherlich auch ein Teil des sogenannten normativen Managements. Dieses beschäftigt sich mit den langfristigen Zielen einer Organisation sowie den für sie gültigen Prinzipien, Normen und Spielregeln in der Organisation (Pümpin/Prange 1991 in: Belzer, 16). Im Mittelpunkt steht die Stabilisierung der Überlebensfähigkeit auf Dauer hin und die Lern- oder Entwicklungsfähigkeit des Unternehmens. In der Literatur wird zwar immer wieder gesagt, daß der Blick nicht auf kurz-, sondern auf langfristige Ziele gerichtet sein muß. Doch sind diese kleinen, schnellen »quick wins«, die kurzfristigen strategischen Ziele als Gewinnziele, ebenso wichtig, um die Motivation und Energie der MitarbeiterInnen für die Arbeit an den »großen und langfristigen Zielen« wachzuhalten.

Anlässe

Anlässe, Leitbilder zu initiieren, werden intern und extern evoziert. Primär handelt es sich um Push- und Pull-Komponenten, d.h. bei Kirchen einerseits die Tatsache von Kirchenaustritten, rücklaufendem Kirchensteueraufkommen, unscharfem Profil etc. andererseits von seiten der Mitarbeiterinnen und Mitarbeiter bedeutet dies ein Einfordern von Handeln für einen Arbeitsplatzerhalt, motivationalen Maßnahmen, Teamarbeit, stärkerer Eigenverantwortung – auch in Budgetfragen –, leistungsgerechter Bezahlung etc. In der näheren Betrachtungsweise heißt das allerdings auch, daß Leitbilder überwiegend in Krisenzuständen oder bei bevorstehenden Krisen in kirchlichen Institutionen entwickelt werden. Wünschenswert wäre es, daß diese Profilbildung, Handlungs- und Zielausrichtung, Verbindlichkeit im internen und externen Auftritt, Attraktivität als Arbeitgeber und Dienstleister etc. in Zeiten eines stabilen Zustandes begonnen wird, um die Stärken zu stärken und Schwächen zu schwächen.

Interne Anlässe für einen Leitbildentwicklungsprozeß beziehen sich, unabhängig von der Frage, ob es sich um eine Profit- oder Non-Profit-Organisation handelt, auf Aspekte der Führung, des Managements, der Leadership und Organisationsgestaltung. Aufgeblasene und unüberschaubare Organisationsstrukturen sind ein weiterer Anlaß, über Leitbildentwicklung Komplexität zu reduzieren, um Effizienz im Handeln und in der Führung zu erzielen. Und natürlich spielt es auch für kirchliche Betriebe eine Rolle, die Profitabilität, Partnerschaftlichkeit und Zielgruppenansprache zu optimieren. So werden Leitbilder auch entwickelt, um einen modifizierten Führungsstil zu etablieren oder um Konflikte zwischen Veränderungswilligen und Bedenkenträgern zu minimieren und die kirchliche Institution auf gemeinsame Ziele hin auszurichten. Leitbildentwicklungsprozesse haben auch eine Image fördernde Wirkung.

Allgemein feststellen läßt sich, daß in vielen Fällen eine Kombination aus internen und externen Anlässen den Kick off für einen Leitbildentwicklungsprozeß darstellte. Die Überprüfung des bisherigen Selbstverständnisses ist Bestandteil des Leitbildentwicklungsprozesses, da es oft in der traditionellen Form hinderlich für die Weiterentwicklung der Organisation gewesen wäre.

Ziele

Leitbilder werden primär initiiert, um das Selbstverständnis, die Selbstsicht, herauszuarbeiten und schriftlich zu fixieren. Dies wird als das Meta-Ziel des Leitbildes bezeichnet. Darunter existieren eine ganze Reihe anderer Ziele, die sich auf Gruppen, Personen, Inter- und Interaktionsmuster beziehen. (Hoffmann 1989 in Belzer, 18) unterscheidet drei Zielkategorien:

- ☐ Ziele, die sich auf das Unternehmen beziehen,
- ☐ Ziele, die sich auf die Unternehmensmitglieder richten,
- ☐ Ziele, die sich auf das Unternehmensumfeld beziehen.

Die Positionierung ist an einem Raster mit zwei Grobunterscheidungen orientiert. Dies ist die Positionierung der Organisation nach außen hin und nach innen. Nach außen wird ihr Zweck festgelegt. Ist die Organisation eine reine »Geldmaschine«, oder werden auch soziale und gesellschaftliche Ziele verfolgt? Will die Organisation in der Öffentlichkeit Verantwortung tragen? Nach innen soll das gelebte Menschenbild skizziert werden. Wie sollen Aufträge abgewickelt werden? Wie werden Konflikte gelöst? Welche Bedürfnisse sollen Mitarbeiter in der Organisation stillen können? Mit der Positionierung der Werthaltungen wird die Unternehmens- und Managementphilosophie transparent.

Organisationsbezogene Ziele und Funktionen

Die organisationsbezogenen Ziele konzentrieren sich z.B. auf Entwicklungs-, Lern- und Leistungsfähigkeit einer Organisation, ihre Effizienz, die Strukturen und policy, das meint das Geschehen auf der mikropolitischen Ebene. Wir können folgende Entwicklungen ausmachen:

- ☐ Unterstützung des change managements (Veränderungsmanagements)
- ☐ Dezentralisierung von Verantwortung und Kompetenzen
- ☐ Kreieren eines gemeinsamen Unternehmensentwurfs
- ☐ Wunsch nach der Ausrichtung als kirchlicher Dienstleister
- ☐ Steigerung der Lernfähigkeit und damit Veränderungskompetenz

Organisationsbezogene Funktionen	Inhalte
Orientierungsfunktion	Leitbilder zeigen die gewünschten normativen Ziele und Wege auf und sind daher Basis für Strategieentwicklung und Implementationsumsetzung (Aktionen).
Kohäsionsfunktion	Wegen zunehmender Dezentralisierung von Organisationen und Delegationsverlagerung von Entscheidungen und Verantwortung auf die einzelnen Mitarbeiter und Mitarbeiterinnen haben Leitbilder die Funktion, den Zusammenhalt in der Organisation zu festigen.
Koordinationsfunktion	Leitbilder bilden einen organisationsweiten Orientierungsrahmen und tragen dazu bei, daß dezentral oder in zeitlicher Folge gefällte Entscheidungen aufeinander abgestimmt sind.

Instrument zur Verfahrensvereinfachung	Entscheidungen können im Tagesgeschäft besser und schneller getroffen werden, wenn das Leitbild als Orientierungs- und Handlungsrahmen genutzt wird.
Stabilisierungsfunktion	Durch turbulente Umweltbedingungen, bei Neugründungen, Fusionen/Zusammenlegung von Einrichtungen oder bei ausgelagerten Dienstleistungen können Leitbilder dabei unterstützen, die Unternehmensstabilität zu festigen.

Auf der Ebene der MitarbeiterInnen heben die Leitbildfunktionen auf das Verhältnis der Menschen zum Unternehmen und das Verhalten der Menschen im Unternehmen ab:

Mitarbeiterbezogene Ziele und Funktionen

Die Ziele auf der Ebene der Organisationsmitglieder, ihrer Verhaltens- und Aktionsarten stellen den größten Anteil der benannten Ziele uns bekannter Leitbilder dar. Ein Beispiel: »Wir arbeiten vertrauensvoll zusammen und pflegen eine offene Kommunikationskultur.« Die Optimierung des Beziehungs- und Arbeitsklimas (Organisationskultur), des Führungsverhaltens, der Motivation und der Identifikation der MitarbeiterInnen mit der Organisation und die Zusammenarbeit der MitarbeiterInnen (Vertrauensklima; Konfliktkultur; Feedbackkultur) stehen hierbei im Vordergrund des Zielkatalogs:

- ☐ Motivation der MitarbeiterInnen für außergewöhnliches Engagement durch Zielvereinbarungen (siehe S. 37ff.);
- ☐ Konfliktmanagement zwischen Treibern und Getriebenen (Innovatoren und Beharrern);
- ☐ Optimierung der Identifikation, Schaffen eines »Wir-Gefühls«, Verantwortlichkeiten und Gemeinsamkeiten;
- ☐ aus dem Leitbild abzuleitende Führungsagenda für ein verändertes, mitarbeiterbezogenes Führungsverhalten, etc.

Mitarbeiterbezogene Funktionen	Inhalte
Identifikationsfunktion	Organisationsmitglieder sollen sich mit der Organisation, ihrem Selbstverständnis, Zielen und Strategien identifizieren können.
Motivationsfunktion	Leitbilder tragen dazu bei, daß ein stärkerer und verantwortlicherer Einsatz der Organisationsmitglieder für die Ziele des Unternehmens erfolgen kann.
Orientierungsfunktion	Ein durch das Leitbild vermittelter einheitlicher Grundkonsens kann in schwierigen oder neuen Situationen für das Rollenhandeln der Organisationsmitglieder (auch hierarchieübergreifend) eine handlungsleitende und richtungsangebende Bedeutung haben.

Organisationskulturelle Transformationsfunktion	Bedingt durch die kommunikative Interaktion verschiedener Organisationsgruppen (z.B.: Gemeinden, die in einer Synode vertreten sind, funktionale Dienste, Verwaltung etc.), kann ein diskursiv und partizipativ erstelltes Leitbild schrittweise Änderungen der Organisationskultur bewirken[1].

Ziele und Funktionen bezogen auf das Organisationsumfeld

Auf das Organisationsumfeld bezieht sich die dritte Kategorie der Ziele:
- ☐ Steigern der internen und externen Akzeptanz der Organisation;
- ☐ Optimieren des Bekanntheitsgrades;
- ☐ Ändern des Images bzw. der Attraktivität (Facetten der Selbstsicht der Wirkungsweise; Fremdsicht der Wirkungsweise; gewünschtes Wirkungsbild)

Abbildung 14

---

[1]. Dies haben wir u.a. sehr deutlich in der zunehmenden konstruktiven und transparenten Konfliktstruktur von Synoden feststellen können.

Zwei Leitbildfunktionen, die sich auf das Organisationsumfeld beziehen, sind:

Unternehmensumfeld-bezogene Funktionen	Inhalte
Rechtfertigungsfunktion	In der Frage der Legitimation wirtschaftlichen Handelns können Leitbilder unterstützend wirken, das unternehmerische Handeln zu legitimieren.
Kommunikationsfunktion	Leitbilder können öffentlichkeitswirksame Maßnahmen unterstützen und in der Außen- und Innendarstellung werbend den Auftritt begleiten.

Es gilt, im Leitbild Verhaltensweisen, Rahmenbedingungen und Leitplanken zu skizzieren, die sowohl Unternehmens- als auch Umweltentwicklungen berücksichtigen. Allerdings verfolgen nur 15% von befragten Unternehmen die Optimierung ihres Erscheinungsbildes und des Images als expliziten Leitbildprozeß (Hofmann 1989).

Die inhaltliche Dimension

Leitbilder von der »Stange« sind nicht denkbar; sie müssen individuell entwickelt werden, weil die internen und externen Bedingungen stets unterschiedlich gestaltet sind, wie auch die Zielperspektiven, die das Unternehmen angehen möchte. Der formale Rahmen besteht in den meisten Fällen aus einer Präambel, den Aussagen des Kernleitbildes, in dem die näheren Inhalte und Erläuterungen stehen, und einem Nachsatz.
Damit Leitbilder erfolgreich erstellt und umgesetzt werden können, sind einige Bedingungen hinsichtlich ihres Aufbaus und Inhaltes zu berücksichtigen (Bleicher 1992, Demuth 1993):
- Allgemeingültigkeit (nicht Einzel- oder Sonderaspekte)
- Beschränkung auf Kernaussagen (keine detaillierten Regeln oder Vorschriften)
- Längerfristige Gültigkeit
- Vollständigkeit; Aufzeigen der Zielerreichungen und der zielführenden Wege
- Authentizität und Wahrheit
- Realisierbarkeit
- Aufstellen von Zielkatalogen (um sich gegenseitig behindernde Ziele zu vermeiden)
- Individuelle Leitbilderstellung unter Beteiligung der Betroffenen
- Einfache und verständliche Leitbildinhalte
- Anschaulichkeit, Klarheit und Bildhaftigkeit, Verbindlichkeit

Zielgruppen sind die weiter o.g. internen und externen Personen, Gruppen, Organisationen, Bereiche etc.

Im Leitbild sollten beschrieben sein:

Thema	Beispiel
Organisationszweck	»Wir fühlen uns unserer Tradition verpflichtet und vollziehen den Wandel zu einer offenen und lernenden Organisation (Gemeinde, Kirche ...).«
Aussagen zu einzelnen Funktionsbereichen	(z.B. Produkte / Angebote / Dienstleistungen; Innovationstätigkeiten; Finanzbereich; Organisations- und Personalbereich, Beispiel: »Wir wollen das Engagement Ehrenamtlicher fördern ...«
Konkrete Zielvorgaben / Zielvereinbarungen	»Wir führen im Turnus von vier Jahren eine Gemeindegliederbefragung durch.«
Auf Organisationsmitglieder bezogene Aussagen	Anforderungen des Unternehmens an die Beschäftigten und deren Verhalten / Organisationsleistung ihnen gegenüber; Aussagen zur Beziehungsgestaltung zwischen Führungskräften und Beschäftigten: »Wir beschäftigen christlich engagierte Mitarbeiterinnen und Mitarbeiter: Arbeit soll eine Quelle persönlichen Wachstums darstellen ...« »Alle Mitarbeiter – Frauen und Männer – erhalten die gleichen Chancen für ihre individuelle berufliche Entwicklung ...« »Wir sorgen für eine kontinuierliche Weiterbildung und Qualifizierung unserer Mitarbeiter, indem wir selbst Qualifizierungsmaßnahmen anbieten oder die Teilnahme an externen Maßnahmen ermöglichen ...«
Kunden in den Blickpunkt der externen Ansprache auch in der Differenzierung bringen	Beispiel: »Das Gemeindeglied kommt zuerst. Unser Denken und Handeln fördert den Dialog mit den Menschen, die mit der Kirche in Kontakt stehen.« »Die Beziehungen, die unsere Gemeinde zu unseren Gemeindegliedern als Kunden pflegt werden von mehreren Überlegungen geleitet: Erstens sind wir der Überzeugung, daß der Zweck unserer Existenz ... Zweitens glauben wir, daß diese Bedürfnisse nur mit aktiver Mitarbeit und entschlossenem Engagement jedes einzelnen ...«
Legitimationsfunktion eines Leitbildes	Verantwortung der Organisation für die Gesellschaft; Achtung kultureller Besonderheiten etc.; Beispiel: »Wir wollen unsere soziale Verpflichtung in unserem Kirchenkreis erfüllen, indem wir soziale, geistige, theologische und wirtschaftliche Beiträge leisten ...«

Diese Formulierungen erscheinen vielleicht recht allgemein. Doch Leitbildpassagen sind nicht mit Zieldefinitionen für einzelne Beschäftigte zu verwechseln.
In den Aussagen an Externe werden zugleich Hinweise gegeben, wie sich die Organisation oder das Unternehmen und die einzelnen Organisationsmitglieder verhalten sollen, um die nach außen kommunizierten Selbstverpflichtungen erfüllen zu können. Sie dienen damit nicht allein Public Relation-Zwecken oder einem Marketing, son-

dern können als Werkzeug der Organisationsgestaltung genutzt werden. Darüber hinaus wird gesagt, mit welchen Leistungen oder Selbstverpflichtungen Externe rechnen können. Damit werden die Verläßlichkeit und Glaubwürdigkeit angesprochen. Die kommunizierten Aussagen können zur Qualitätssicherung der Leistungen oder Zusagen beitragen, wenn bestimmte Themen im Leitbild festgeschrieben werden. Wichtig zu wissen ist, daß durch die in dem Leitbild getroffenen Anforderungen auch ein SOLL-Profil an das Kompetenzvermögen der Mitarbeiterinnen und Mitarbeiter und der Führungskräfte aufgezeigt wird. Aus der Differenz zwischen IST-Potential (Kompetenzen, Fähigkeiten, Fertigkeiten etc.) zu den SOLL-Aussagen ergeben sich Indizien für notwendige Lern- bzw. Qualifizierungsmaßnahmen, die individuell ansetzen.

Zum Verfahren der Leitbildentwicklung

Bedeutsam für die Wirksamkeit, die ein Leitbild entfalten kann, ist nicht dessen ausformulierter Text. Vielmehr ist entscheidend der Prozeß, der zu der Entwicklung des Textes führt und die Frage, wie das ausformulierte Leitbild in die Praxis transferiert wird. Der Prozeßverlauf ist bestimmend dafür, ob die Mitarbeiterinnen und Mitarbeiter kirchlicher Institutionen sich mit dem Leitbild identifizieren und sich für dessen konsequente Umsetzung engagieren oder ob das Leitbild als aufgesetzt oder übergestülpt und damit fremdbestimmt empfunden wird. Bei einem partizipativen Entwicklungsprozeß werden die Mitarbeiterinnen und Mitarbeiter zugleich zum Sender und zum Empfänger der in dem Leitbild enthaltenen Botschaften und Missionen. Doch kann ein solcher Prozeß zumeist nicht ohne externe Unterstützung zum Erfolg führen, da sonst die ausgetretenen Routinewege kaum verlassen werden. Hierfür bietet sich die externe Moderation eines Prozesses zur Entwicklung und Umsetzung von Leitbildern an. Aufgabe dieser externen Beratung und Moderation ist es, den Dialog zwischen den Beteiligten zu initiieren, zu organisieren und Meinungen, Problemsichten und Ideen zu fördern. Zugleich ist ein solcher Prozeß auf aktive und breite Partizipation der Mitarbeiterinnen und Mitarbeiter und der Führungskräfte angelegt. Darüber hinaus sollten inhaltliche Impulse durch externe Berater gegeben werden.

Mit der Verabschiedung und Veröffentlichung eines Leitbildes durch eine Synode bzw. ein Presbyterium allein ist der Prozeß jedoch nicht abgeschlossen. Vielmehr muß der Transfer des Leitbildes aktiv und gezielt betrieben werden. Hierzu zählt natürlich die Information und Orientierung aller Beteiligten über das Ergebnis des Entwicklungsprozesses, unterstützt durch Maßnahmen der Öffentlichkeitsarbeit und durch Informationsseminare, Foren etc. Notwendig sind zudem Maßnahmen der Personalentwicklung und der Weiterentwicklung der Organisationsstrukturen zu Lernstrukturen. Denn hier liegen erhebliche Engpässe wie auch Potentiale für die erfolgreiche Umsetzung des Leitbildes.

Beim Leitbildentwicklungsprozeß werden u.a. unterschiedliche Methoden und Verfahrensschritte genutzt, wie z.B.:

- Befragungstechniken (Experteninterviews, Einzelinterviews, Gruppeninterviews etc.)
- Analyseverfahren (z.B. SWOT-Analysis: Stärken, Schwächen, Chancen, Risiken ...; Portfolio-Matrix: Kosten, Nutzen, Nachfrage, Angebotsfelder ...; Stärken- und Schwächenraster, Literatur- und Dokumentenanalyse, Selbstbefragungsinstrumente: z.B. Kienbaum-Selbstbefragungskatalog kirchlicher Profilentwicklung ...)
- Prognoseverfahren (z.B. Szenariotechniken: worst-case und best-case-Entwürfe unter Einbeziehung von Organisations- und Umfeldbedingungen; Zukunftswerkstätten (Jungk/Müllert 1989) oder Future Search Learning Workshops (Weisbord/Janoff)
- Moderations-, Problemlöse- und Kreativitätstechniken.

Selbstdiagnose in kirchlichen Organisationen

Es gibt inzwischen ein detailliertes Instrument zur Selbstbefragung für Kirchenkreise und Gemeinden.[2] Nach der Datenauswertung und der Aufbereitung notwendiger Ableitungen und Projektschritte werden die Ergebnisse im Rahmen einer weiteren Synode vorgestellt und in Workshops partizipativ bearbeitet. Diese Ergebnisse gehen dann erneut in die Steuergruppenarbeit und die Projektarbeit der Untergruppen zur Leitbilderstellung ein. Diese Selbstbefragung als Bestandsaufnahme des Handelns in kirchlichen Arbeitsfeldern greift zentrale Fragestellungen zu den Themen ab:
- Selbstverständnis des Kirchenkreises bzw. der Gemeinde
- Aufgaben, Ziele und Wege
- Strukturen (z.B.: Wo fallen wichtige Entscheidungen?)
- Menschen (z.B. Ehrenamtliche, Hauptamtliche, Konflikte, Kooperation), die Kirche ein Gesicht geben
- Leitungshandeln (z.B. Erwartungen an Führungskräfte; Leitung im Verhältnis zu anderen Anbietern; Kontrollfunktionen Synode, Presbyterium, KSV, Ausschüsse etc.)

Bei der Analyse in Steuergruppen können klare Überlegungen und notwendige Schritte zur Leitbildentwicklung erarbeitet werden. Es wird allen Beteiligten bewußt, in welchen Bereichen Veränderungen notwendig sind. Die Auswertung des Fragebogens wird zum einen in der Steuergruppenarbeit vorgenommen, zum anderen in den themenbezogenen Arbeitsgruppen, z.B. mit den Feldern (1) Leitung / Strukturen / Verwaltung / Finanzen; (2) Funktionale Dienste; (3) Gemeindeentwicklung, die allesamt aktiv und mit einem hohen Engagement den Leitbildentwicklungsprozeß begleiten und vorantreiben. Jede Arbeitsgruppe hat für sich Leitbildsätze formuliert, und diese wurden von der Steuergruppe zu einem gemeinsamen, konkret ausformulierten Leitsatz zusammengefaßt, der mit Beispielen und Aktionspaketen hinterlegt ist.

2. Kienbaum Instrument

Beispielhafte Ergebnisse

Folgende Ergebnisse beziehen sich auf die Kirchenkreisebene. Als besondere Stärken gelten:
- Grundhaltung und Idealismus der Mitarbeitenden
- Seelsorge und Beratung
- Gemeinschaftsorientiertes Handeln
- Diakonie
- Flächendeckende Strukturen
- Darüber hinaus noch weit mehr als 50 Stärken, die aufgelistet wurden, z.B. einzelne Handlungsfelder wie Kinderarbeit oder Altenbetreuung, aber auch Gemeinnützigkeit und Ehrenamtlichkeit

An der Spitze der Entwicklungsbereiche (Schwächen) standen:
- Zu starre Strukturen / lange Reaktionszeiten
- Image / Öffentlichkeitsarbeit

Als Ideen für künftige SOLL-Perspektiven wurden z.B. angeführt:
- Stärkung der Ehrenamtlichkeit
- Prioritäten setzen
- Verschlankung
- Vernetzung und Synergien
- Finanzierung: Sponsoring, Förderverein für Projekte, Spenden, Fundraising

Anregungen zur Leitbildentwicklung in der Praxis

Wir stellen Ihnen nachfolgend einige Ideen als Übung zur Leitbildentwicklung vor[3].

Ziele

Eine der wichtigsten Grundvoraussetzungen zur Entwicklung von Leitbildern ist Klarheit über die Arbeitsziele und Verfahrensweisen. Der Arbeitsauftrag der Organisation Kirche steht anfangs oft recht vage da. Das Team oder Gremium, das ein Leitbild partizipativ entwickelt, hat dann die Aufgabe, die Ziele zu operationalisieren. Oft stellt das Team fest, daß die Anfangsaufgabe bisweilen modifiziert werden muß, um überhaupt zu brauchbaren Ergebnissen zu kommen. Das heißt, daß das Team ein waches Bewußtsein von der eigenen Verantwortlichkeit entwickeln muß. Leitbildentwicklungsteams müssen permanent bereit sein, über die zentrale Aufgabe zu diskutieren und sie den – veränderten – Gegebenheiten anzupassen. Das bedeutet aber auch, die eigene Strategie in der Vorgehensweise und die Qualität der erarbeiteten Schritte permanent zu überprüfen. Inwieweit werden diese z.B. dem aktuellen Arbeitsziel gerecht? Insbesondere in der Startphase eines Leitbildentwicklungsprozesses ist es für jedes damit befaßte Pro-

---

3. Die Übung ist abgewandelt aus Vopel 1994, Themenzentriertes Teamtraining: Aufgaben und Projekte, Band 4, 58ff.

jektteam wichtig, Klarheit darüber herzustellen, worin konkret die Aufgabe der Projektgruppe besteht und welche Art von Ergebnissen als Ziele in einem festzulegenden Zeitraum (kurz-, mittel- und langfristig) erreicht werden sollen. Besonders in dieser Phase können die Teilnehmerinnen und Teilnehmer daran arbeiten, eine gemeinsame Vorstellung, ein realistisches Zukunftsbild ihres Auftrages »Leitbildentwicklung« zu entwickeln.

Aufgabe

Haben Sie sich schon einmal gefragt, was eigentlich ein Projektteam »Leitbildentwicklung« zusammenhält? Jedes Team, jede Projektgruppe, die einen derartigen Auftrag erarbeitet, kann in erster Linie nur von einer gemeinsam getragenen Idee oder Aufgabe zusammengehalten werden. Sie sollte im Idealfall bereits von einem Entscheidungsgremium genehmigt und von den Projektmitgliedern verstanden sein (Grundkonsens). Unklare Arbeitsaufträge frustrieren, kosten Geld und verschwenden Zeit.

Darum sollten Sie wissen, daß die gemeinsame Verständigung über die in der Projektgruppe zu lösende Aufgabe die Grundvoraussetzung dafür ist, daß Sie Erfolg mit dem Leitbildprozeß haben. Sie sollten sich auch darauf einrichten, daß dieser Arbeitsauftrag einer Leitbildentwicklung während Ihres gemeinsamen Weges modifiziert wird, ohne daß Sie oder andere heute bereits sagen könnten, wann dieser Zeitpunkt kommt oder was die veränderte Aufgabe sein wird. Wichtig ist daher, daß Sie zu einer klaren, verständlichen und in dem avisierten Zeitraum auch tatsächlich bearbeitbaren Definition der Arbeitsaufgabe kommen.

Anleitung

Übung zur Leitbildentwicklung

Schritt 1
In einem ersten Arbeitsschritt bitten wir Sie, individuelle Vorarbeit in Eigenregie zu leisten. Bitte beantworten Sie für sich selbst die Fragen des Leitbild-Fragenkatalogs (S. 185f.).

Schritt 2
Jetzt kommt die Projektteamarbeit. Der Moderator/die Beraterin gibt die Anleitung zur Zusammensetzung der Teams. Jetzt gehen Sie gemeinsam an die Umsetzung der Aufgabe. Stellen Sie sich dazu einen Menschen in ihrer Organisation vor, der die Bearbeitung der Leitbildentwicklung mit kritischen Augen sieht. Wählen Sie z.B. eine Führungskraft aus, oder ein kritisches Gremiumsmitglied, das am Sinn der Bearbeitung des Leitbildthemas und/oder der Einrichtung der Steuergruppe oder des Projektteams zweifelt. Vielleicht bestehen von dieser Seite aus auch Zweifel, ob die Aufgabenstellung überhaupt sinnvoll ist. Schreiben Sie nun für diesen »advocatus diaboli« – diese skeptische Person – ein Memorandum (ausführliche Denkschrift). Erklären und begründen Sie darin zwei Aspekte: (1) Ihre zentrale Aufgabe und (2) den Versuch, mit Hilfe dieses steuernden Teams das Leitbild als Arbeitsauftrag zu entwickeln.

- ☐ Beschreiben Sie, was sich verändern wird, wenn Sie Ihre zentrale Aufgabe gelöst haben.
- ☐ Skizzieren Sie locker, wie Sie zu Ihrem Ziel kommen können.
- ☐ Gehen Sie auf Ihren o.g. Kritiker dadurch ein, daß Sie ihm voraussehbare Hürden, Fußangeln, Fallstricke, Schwierigkeiten im Memorandum schildern.
- ☐ Deuten Sie auch an, was Sie angesichts dieser möglichen Probleme tun werden.
- ☐ Stellen Sie bitte sicher, daß der Text des Memorandums von allen Steuergruppenmitgliedern gebilligt wird (z.B. durch Unterschriftenliste).

Schritt 3
Auf Grundlage dieses gemeinsam verantworteten Memorandums können Sie nun zu Ihrer zentralen Aufgabe übergehen, so wie sie sich aus Sicht des heutigen Tages darstellt, noch etwas kürzer als (1) Leitbild-Aussage (Kerngedanke, Absichtserklärung, die wesentlichen Elemente auf den Punkt gebracht) formulieren. Stellen Sie sich bitte dazu einen Ihrer Klienten oder Kunden vor, der von Ihrer Arbeit und diesem Leitbild profitieren wird gegenüber bisherigen Aussagen oder Handlungsweisen. (2) Skizzieren Sie für diese Person Ihre Aufgabe (z.B. als Pressemeldung) und geben Sie eine Einschätzung auf der Werteskala (1-10) ab, wie lange der Kunde/Klient noch warten muß, bis er von Ihrer Arbeit und diesem Leitbild profitieren kann.

Fragenkatalog zur Leitbildentwicklung

- ☐ Wer sind wir? Wer ist der Kirchenkreis? Wer ist die Gemeinde?
- ☐ Worin besteht das »unternehmerische« Ziel Ihrer Einrichtung (oder der Gemeinde oder des Kirchenkreises etc.)?
- ☐ Wer sind die Kunden oder Klienten Ihrer Einrichtung?
- ☐ Was sind die Angebote (Produkte), die besonderen Dienste Ihrer Einrichtung?
- ☐ Welche besonderen Vorteile bieten Angebote, Dienstleistungen und Produkte Ihrer Einrichtung für die Kunden/Klienten? Was ist der besondere Wert?
- ☐ Auf welche Weise trägt Ihre Einrichtung dazu bei, daß das Leben Ihrer Kunden/Klienten befriedigender oder besser/erfolgreicher/zufriedener sein kann?
- ☐ Auf welchen Gebieten ist Ihre Einrichtung besonders gut oder anderen sogar überlegen (Stärken auflisten)?
- ☐ Auf welche Weise ist Ihre Einrichtung einmalig? Was zeichnet Sie aus?
- ☐ Worin besteht die zentrale Aufgabe Ihrer Einrichtung, die bei der Bearbeitung des Themas »Leitbildentwicklung« vor Augen sein muß?
- ☐ Welches Problem, welche Herausforderung oder welche Aufgabe soll durch die Einrichtung/Organisation als erstes gelöst werden (d.h. womit fangen wir an)?
- ☐ Für wen arbeitet die Einrichtung an dem Thema »Leitbildentwicklung«?
- ☐ Wer soll von den Arbeitsergebnissen der Einrichtung/Organisation profitieren?
- ☐ Was geschieht, wenn die Einrichtung erfolgreich ist (die Leitbildentwicklung tatsächlich geschafft wurde)?
- ☐ Was geschieht bei Mißerfolg? Welche Faktoren behindern die Zielerreichung Leitbildentwicklung? Wie können diese behindernden Faktoren ausgeräumt, bearbeitet und gelöst werden?

- ☐ Was ist die spezielle Attraktivität (Stärke) Ihrer Einrichtung/Organisation?
- ☐ Wer wird besonders zufrieden sein, wenn Ihre Einrichtung/Organisation Erfolg hat?
- ☐ Wer wird sich bei einem Mißerfolg des Prozesses die Hände reiben?
- ☐ Mit welchen (erreichbaren) Teilzielen oder Meilensteinen und Einzelschritten können Sie an die Lösung der zentralen Leitbildentwicklungsaufgabe herangehen?
- ☐ Wie deutlich wurde diese zentrale Aufgabe von den Auftraggebern (z.B. Synode) oder Gremien definiert? Was ist noch unklar? Wie können wir in diesen (undeutlichen) Aspekten Klarheit schaffen?
- ☐ Wie können wir während des Leitbildprozesses kontinuierlich sicherstellen, überprüfen und gegebenenfalls Kurskorrekturen einleiten, ob wir noch auf dem richtigen Weg sind? Ob wir noch das vereinbarte Ziel ansteuern? Ob die Ressourcen (Sach-, Personal-, Finanzmittel, aber auch das Zeitbudget) noch ausreichend vorhanden sind? Ob die Steuergruppenmitglieder noch alle das vereinbarte Ziel vor Augen haben und erfolgreich angehen?
- ☐ Woran können die Auftraggeber (und wir selbst) ablesen, ob die Qualität der geleisteten Arbeit erfolgreich ist?
- ☐ Welche Dinge halten die Leitbildentwicklung (nach Abschluß des Projektes) wach?
- ☐ Wie sieht die Situation im Idealfall aus, die Sie sich als Arbeitsergebnis (Ziel des Entwicklungsprozesses) wünschen?
- ☐ Welches sind die nächsten kleinen und erreichbaren Schritte, die Sie gehen müssen, um die Leitbildentwicklung auf den Weg zu bringen?
- ☐ Schritt 1 ...
- ☐ Schritt 2 ...
- ☐ Schritt 3 ...
- ☐ Was wird genau getan (Inhalte, Aktionen, Tätigkeiten)?
- ☐ Wann gehen wir die Aktionen an?
- ☐ Wie gehen wir sie an (z.B. Zeitaufwand, Projektstrukturplan, Zeitmanagement etc.)?
- ☐ Wo werden wir tätig (Sitzungsorte, Aktionsorte)?
- ☐ Wer kann uns hierbei helfen und unterstützen?
- ☐ Was kann die Zielerreichung verhindern?
- ☐ Wie können wir das Problem lösen?
- ☐ Welche ähnlichen Ziele haben wir uns in der Vergangenheit gesetzt? Wie sind wir sie angegangen? Welchen Erfolg stellten wir fest? Welche Rückschläge mußten wir verkraften?
- ☐ Was wollen wir heute besser, effektiver, anders machen?
- ☐ Welche Möglichkeiten (Ressourcen: Sachmittel, Finanzen, Personal, Zeit ...) haben wir heute?
- ☐ Wer (verantwortlich und namentlich) macht es?
- ☐ Wer hilft als Kooperationspartner?
- ☐ Wann liegen die Ergebnisse vor (auch Teilergebnisse)?
- ☐ Wem müssen wir reporten (berichten)? In welcher Form?
- ☐ Welche Informationen benötigen wir noch?

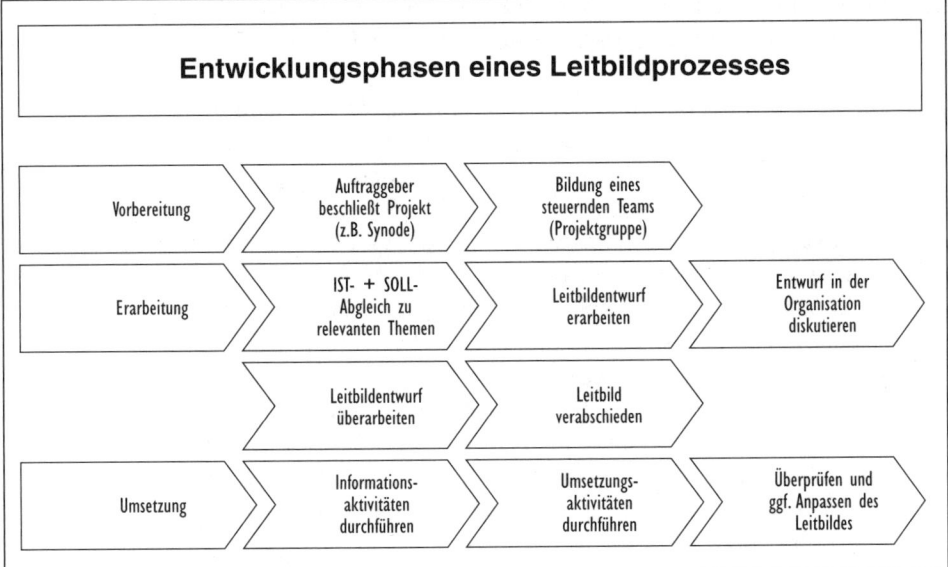

Abbildung 15

Erfahrungen mit Leitbildprozessen

Akzeptanz und Umsetzung von Leitbildern hängen unmittelbar mit der Intensität der Beteiligung der Organisationsmitglieder in dem Leitbildentwicklungsprozeß selbst zusammen. Wir haben in Beratungen zur Leitbildentwicklung auf der Ebene von Profit- und Non-Profit-Unternehmen die Erfahrung machen können, daß die überwiegende Zahl der im Wirtschaftsbereich entwickelten Leitbilder zumeist in einem Top-down-geprägten Vorgehen installiert wurde. Auf der Ebene der praktischen Umsetzung scheiterten sie dann in der Mehrzahl, wurden ignoriert, oder es wurden sogar »Nebenleitbilder« in Tochterunternehmen dieser Holdings oder auf Bereichsebene entwickelt. Die Beschäftigten fühlten sich von diesen Top-down-Leitbildern nicht oder nur wenig angesprochen. Die Bedeutung, der Sinn der Umsetzung auf ihrer Individual- bzw- Arbeitsplatzebene war unklar. Das »Wir-Gefühl« kam erst gar nicht auf und wurde dann vom Holding-Vorstand oft durch Repressalien, Zielvorgaben etc. mit Macht eingefordert, was zu Widerstand und »innerer Kündigung« führte. Der Nachsteuerungsaufwand zur Überarbeitung dieser Leitbilder war erheblich.

Häufige Fehler

Für eine erfolgreiche Leitbilderarbeitung sollte darauf geachtet werden, folgende Fehler zu vermeiden:
☐ Das Management der Organisation läßt das Leitbild komplett von außen erarbeiten.
☐ Die fehlende Mitarbeiterbeteiligung führt bei der Umsetzung zu Widerstand.

- Für die Einführung fehlen die organisatorischen Voraussetzungen.
- Das Management der Organisation selbst akzeptiert nicht die erstellten Grundsätze und lebt sie nicht vor.
- Die Beteiligten können sich nicht auf Formulierungen einigen und lassen diese schließlich in nichtssagenden, inhaltslosen Phrasen enden.
- Es fehlen Aktivitäten zur Verbreitung und Konsensbildung im Hinblick auf die neuen Grundsätze.
- Die bestehende Kultur und Tradition der Organisation werden vernachlässigt.

In kirchlichen Institutionen bietet es sich an, nach dem generellen Projektbeschluß für einen Leitbildentwicklungsprozeß das Interesse am Prozeß wachzuhalten, und zwar durch

- enge Kommunikation mit den verantwortlichen Gremien,
- das Erstellen von Entscheidungs- und Beschlußvorlagen,
- persönliche Gespräche und Einladungen in die Steuergruppensitzungen,
- permanente offene Kommunikation.

Auch Zwischenergebnisse müssen immer wieder kommuniziert werden. Sie können in den Gemeindesitzungen, den Synoden, oder in Gremien- und Ausschußarbeit vorgestellt und als »Markt der Möglichkeiten« auf Stellwänden visualisiert und um Informationen angereichert werden (z.B. durch eine Ideenbox zur Leitbildentwicklung als Zettelkasten, auch in elektronischer Form).

Erfolgsvoraussetzungen für den Entwicklungsprozeß

Aus von uns begleiteten Leitbildentwicklungs- und Umsetzungsprozessen lassen sich Erfolgsfaktoren für die Erstellung und Umsetzung ableiten. Diese Schlüsselfaktoren werden nachfolgend vorgestellt:

Dauerhaftes Engagement des Managements der Organisation

Ein Leitbildentwicklungsprozeß erfordert die permanente Begleitung durch das Top-Management. Den Beteiligten muß während des gesamten Prozesses glaubwürdig vermittelt werden, daß das Top-Management die Entwicklung und Umsetzung sichtbar mitträgt und unterstützt. Dieses sichtbare Engagement des Managementhandelns (z.B. durch Beteiligung des Superintendenten, des Verwaltungsdirektors, durch Vertreter des KSV, des Finanzausschußvorsitzenden etc.) muß strukturell abgesichert werden, z.B. durch Einrichtung einer »Arbeitsgruppe Organisationsentwicklung«, einer Steuergruppe oder eines steuernden Teams oder einer Lenkungsgruppe Leitbilderstellung. An diesen Planungs- und Koordinierungstreffen sollten Leitungsvertreter regelmäßig teilnehmen, u.a. auch um Entscheidungswege bei der Vorlagenerstellung für kirchliche Entscheidungsgremien zu verkürzen. Auf der anderen Seite sollte das Management der Organisation geeignete Auftritte und Gelegenheiten nutzen, um ihre Beteiligung und ihr aktives Engagement zu verdeutlichen (z.B. auch durch Öffentlichkeitsarbeit in Form von Litfaßsäulen, Pinboards, eMail-Einsatz, Infobriefe etc.).

Einsatz von Ressourcen

Eine Leitbildentwicklung ist für alle Beteiligten mit einem erheblichen Aufwand an Ressourcen (Zeit, Sachmittel, Personalmittel etc.) verbunden. Dies gilt ebenso für die Steuergruppe, die Arbeitskreissitzungen, die Unternehmensleitung etc. Zahlreiche Menschen sind in den Prozeß involviert, eine Arbeit, die in der Regel neben der Tagesarbeit geleistet wird. Es gibt einige wenige Ausnahmen in kirchlichen Zusammenhängen, in denen eine stundenmäßige Freistellung oder die Einrichtung einer halben Planstelle eines internen Organisationsbegleiters vorgesehen wird. Ein Leitbildentwicklungsprozeß sollte nur begonnen werden, wenn dieser Aufwand kalkulierbar und für die Dauer des Prozesses erfüllbar erscheint. Denn wenn ein derartiger Prozeß – wie es manchmal geschieht – ähnlich wie ein Projekt zwar angestoßen, dann aber nicht konsequent zu Ende geführt wird, wirkt sich dies nicht nur negativ auf die Motivation der Beteiligten aus. Vielmehr lehrt die Erfahrung, daß Organisationen aufgrund des Abbruches oder Scheiterns eines derartigen Prozesses z. T. um Jahre hinter den Zustand zurückfallen, den sie beim Start des Projektes hatten.

Transparenter Dialog

In der Regel sollte bereits zu Beginn des Prozesses für einen transparenten Informationsfluß und konstruktiven Dialog gesorgt werden, z.B. auch durch Einbeziehung der Mitarbeitervertretung, der Frauenbeauftragten etc. Fehlende Information führt ansonsten oft zur Verunsicherung und zu Konflikten.

Freiwillige und kontinuierliche Teilnahme

Allein freiwillige Mitglieder einer Steuergruppe werden die notwendige Kreativität und ein entsprechendes Engagement aufbringen. Dafür sollte durch motivierte Mitarbeiter geworben werden. Zwangsverpflichtungen machen an dieser Stelle wenig Sinn. Doch ebenso ist daran zu denken, bereits in dieser Phase nicht nur ewige »Ja-Sager« einzubeziehen, sondern den Kreis repräsentativ den Meinungsströmungen entsprechend einzurichten, um von Beginn an Bedenken einbeziehen und in Stärken verwandeln zu können. So lassen sich Widerstände und Blockaden frühzeitig ausräumen. Den potentiellen Steuergruppenmitgliedern muß von Start an verdeutlicht werden, daß es um eine Kontinuität der Teilnahme geht, um den Prozeßfluß nicht zu unterbrechen. Es sollte festgelegt werden, aus welchen kirchlichen Einrichtungen (funktionale Dienste), Gemeinden und kirchlichen Gremien sowie z.B. auch aus dem Kirchenamt Vertreter zu den Steuergruppentreffen eingeladen werden sollten. In Einzelfällen – wenn es um schwierige Sachverhalte geht, bei denen externes Know-how erforderlich ist – können themenbezogen für das Meeting weitere Experten hinzugezogen werden. Um eine kontinuierliche Arbeit zu ermöglichen, sollte an eine Stellvertreterregelung gedacht werden. Eine Mitgliederzahl von sieben bis 15 Personen (bei zwei Moderatoren) ist wünschenswert.

Themenbezogene Arbeitsgruppen und Workshops

Um die Arbeit der Steuergruppe kontinuierlich voranzubringen, bietet es sich in kirchlichen Leitbildprozessen an, parallel arbeitende Arbeitsgruppen unter der Ebene der Steuergruppe zu installieren. In diesen Arbeitsgruppen wird die konkrete Projektarbeit betrieben. Hier werden die Leitbildthemen im Detail abgearbeitet und die gemeinsame Formulierung von Leitsätzen vorangetrieben, die von der Steuergruppe zusammengetragen und formuliert werden. Solche Arbeitsgruppen können z.B. sein: (1) Leitung / Verwaltung / Finanzen / Strukturen; (2) Funktionale Dienste; (3) Gemeindeentwicklung etc. Der reibungslose und transparente Kommunikationsfluß zwischen den einzelnen Arbeitsgruppen und der Steuergruppe muß gewährleistet sein, indem in regelmäßigen Abständen Jour-fixe-Treffen der AG-Moderatoren stattfinden und diese Moderatoren zugleich auch Mitglieder der Steuergruppe sind.

Qualifizierung von Moderatoren und Moderatorinnen

Sie sollten externe Berater unterstützen, indem sie qualifiziert werden in change-Techniken, wie Methodenkompetenz (Moderation, Präsentation, Visualisierung, effiziente Sitzungssteuerung, Projektmanagement, Konfliktmanagement), und Zeitmanagement / Selbstführung etc.
Querdenken ist erforderlich, wobei es keine Tabus geben sollte.

Kundenperspektive

Die Perspektive der Zielgruppen, die Kundenperspektive, spielt gerade auch in kirchlichen Leitbildprozessen eine wesentliche Rolle. Es müssen Möglichkeiten ihrer Einbeziehung in den Prozeß vom Projektdesign her vorgesehen werden. Zu denken ist hier z.B. an interne und externe Kundenbefragungen, Kundenzufriedenheitsanalysen, Gemeindefragebögen u.v.m.

Externe Beratung

Ob Leitbildprozesse extern unterstützt werden oder nicht, hängt u.a. mit der Frage der Akzeptanz von internen Moderatoren und deren Methodenkompetenz aus ähnlichen Prozessen zusammen. Die Vorteile der externen Moderation heben auf diese Kompetenz und den unverfälschten Blick ab; außerdem können leichter unbequeme Fragen gestellt werden. Zudem können externe Beraterinnen Kompetenz aus anderen Leitbildprozessen einbringen und so ein best practice-Modell einführen, bei dem aus Erfahrungen in anderen Organisationen mit dem Leitbildprojekt und dessen Umsetzung gelernt werden kann. Der individuelle Transfer fällt dann um so leichter. Externe Berater besitzen auch eine neutrale Haltung, die in einem derartigen Prozeß nicht unterschätzt werden sollte; denn allzuoft werden Projekte in Unternehmen von einigen Organisationsmitgliedern als Chance zur persönlichen Profilierung gesehen. Der externe Berater kann in solchen Konfliktfällen vermitteln und schlichten. Er tritt als Mediator oder Konfliktmanager auf. Natürlich kann ein Leitbildprozeß auch intern initiiert werden, wenn eine auch teilweise Freistellung für einen internen Organisationsberater erfolgt, der als Motor oder Katalysator dieses Projekt vorantreibt. Er oder sie sollte über o.g. Kernkompetenzen verfügen. Es mag sich bei einigen Prozeßbestandteilen anbieten, teilweise auf externe Unterstützung zuzugehen.

Evaluation und Controlling der Implementation

Es nutzt das schönste Leitbild nichts, wenn es nicht von der Papierform in aktives gelebtes Handeln umgesetzt wird. Dafür ist ein Implementationscontrolling (im Sinne von Steuerung auf das Umsetzungsziel hin) erforderlich. Nach der formalen Beendigung des Projektes durch Kommunikation des Leitbildes ist dafür zu sorgen, daß bereits in der letzten Phase des Projektes eine derartige Implementationsgruppe installiert wird und sich der Aufgabe der Projektumsetzung annimmt. Dies können in kirchlichen Zusammenhängen vorhandene Gremien oder Ausschüsse sein, die als Motoren des Implementationsprozesses aktiv für die Umsetzung Sorge tragen. Für die Innen- und Außenkommunikation und Begleitung in dieser Phase ist es zwingend erforderlich, daß deutlich ein fester Ansprechpartner benannt wird, der auch Anregungen und Kritik im Rahmen eines Umsetzungsmanagements entgegennimmt und einbezieht.

Perspektive: PfarrerInnenleitbild

Neben organisationalen Leitbildern im kirchlichen Kontext möchten wir einen Impuls zur Entwicklung eines PfarrerInnenleitbildes zum Berufsverständnis geben.

Begründung

Es kann folgende Teilfunktionen haben:
- Ein Impuls, um die Wechselwirkungen des Berufes im größeren gesellschaftlichen Kontext aufzuzeigen und damit zur Mitgestaltung der Institution Kirche aufzurufen
- Eine Einladung zur lebendigen Auseinandersetzung innerhalb und außerhalb von Kirche, zur breiten Diskussion in der Öffentlichkeit
- Eine Antwort auf geäußerte Kritik, auf sachliche und unsachliche Auseinandersetzungen und Angriffe und damit eine Beschreibung, wie sich die Pfarrer und Pfarrerinnen selbst sehen, wie sie gesehen werden und wie sie gesehen werden möchten
- Eine Information für alle, die mit der Institution Kirche zu tun haben und/oder sich für diesen Bereich interessieren
- Ein Fundament, auf dessen Basis konkrete Problemlösungen für die dringenden Fragen der Kirche zu finden sind. Dies betrifft ebenso Aspekte der Theologie, der Kirchenpolitik, des Kirchenhandelns, der Erwartungen dritter Institutionen.

Inhalt

Im Unterschied zur Stellenbeschreibung erfüllt das PfarrerInnenleitbild Anforderungen an Leitbilder wie z.B.:
- ☐ Beschränkung der Aussagen auf die Kernkompetenzen
- ☐ Formulieren von Entwicklungszielen
- ☐ Hervorheben positiver Aspekte und Stärken
- ☐ Beteiligung der Betroffenen bei der Entwicklung
- ☐ Offene Kommunikation intern sowie nach außen gegenüber Kirchengliedern und Kirchenfernen.

Das Leitbild sollte Antworten auf folgende Fragen geben:
- ☐ Was ist das Selbstverständnis von Pfarrerinnen und Pfarrern? Wie verstehen sie im Kern ihre Aufgabe? Was ist das Selbstverständnis dieses Berufes?
- ☐ Was sind die zentalen Aufgaben dieses Berufes?
- ☐ Für wen arbeiten die Pfarrer und Pfarrerinnen?
- ☐ Wer sind ihre »Kunden«? Wer zieht einen Nutzen aus ihrer Tätigkeit?
- ☐ Wie arbeiten die Pfarrerinnen und Pfarrer? Wie arbeiten sie zusammen?
- ☐ Wie gestalten sie die Beziehungen zu ihren Zielgruppen?
- ☐ Welche Wechselwirkungen ergeben sich daraus für die Einstellung, das Verhalten, die Glaubensbereitschaft, den Umgang mit theologisch-ethischen Fragen etc. für die Zielgruppen und deren Vorbereitung/Unterstützung in der Anforderungserfüllung heutigen und künftigen gesellschaftlichen Lebens?
- ☐ Wozu verpflichten sich die Pfarrer und Pfarrerinnen (commitment)?
- ☐ Was sind ihre »Kernkompetenzen«, was können sie besonders gut? Was sind die Qualitätskriterien ihrer Arbeit, wofür stehen sie ein? Was ist ihr Leistungsversprechen?
- ☐ Was verlangen und fordern sie von den anderen?
- ☐ Welche Unterstützung erhalten Pfarrerinnen und Pfarrer, um ihren vielfältigen Aufgaben nachkommen zu können, um ihr Leistungsversprechen auch einhalten zu können?
- usw.

Ausblick:
Perspektiven der Personalentwicklung

Wer den Status quo in kirchlichen Einrichtungen mit Blick auf Zukunftsorientierung und Veränderungsnotwendigkeiten beschreibt, wird u.a. folgende Kernfelder sowohl auf der strukturell-strategischen (organisatorisch) wie auch der mitarbeiterbezogenen Ebene (individuell) ausmachen: Auf der strukturell-strategischen Ebene erfolgt eine Entwicklung in Richtung eines Abbaus von Hierarchieebenen, Gestaltung hocheffizienter Bereiche bzw. Abteilungen, z.T. mit »Profit-Center«-Verantwortung, wie z.B. im Jugendbereich, Seniorenbereich oder – wie heute schon – in der Diakonie. Dies bedingt zum Beispiel eine dezentrale Ressourcen- und Budgetverantwortung, ein Aufbrechen verkrusteter kameralistischer Prinzipien, eine Mittelfristplanung mit der Chance, auch Sparanreize zu schaffen, wie ebenso für einige Dienstleistungen auch innerbetriebliche Einnahmen zu ermöglichen. Denkbar wäre der letztgenannte Aspekt z.B. im Dienstleistungsverhältnis zwischen Kreiskirchenamt und Gemeinden, z.B. in der Bauunterhaltung/Planung, oder auch im EDV-Systemmanagement, z.B. zentrale Beihilfenerstellung etc. auch zwischen benachbarten Kirchenkreisen. Es wird hierbei notwendig sein, u.a. Werte, Ziele, Gemeinsamkeiten zu diskutieren, um zu verbindlichen Rahmenvereinbarungen zu gelangen. Auf der prozeßbezogenen Ebene des »Unternehmens Kirche« sollten Trainingsaktivitäten (z.B. Pastoralkollegs) nicht isoliert gehandhabt werden, sondern in einen stringenten Personalentwicklungsprozeß eingebunden sein, damit die individuelle MitarbeiterInnen-Entwicklung zielführend auch im organisationalen Kontext erfolgt, d.h. Passung von Kompetenzen mit erforderlichen Stellenprofilen.

Personalarbeit und Personalmanagement werden vor allem heute und zukünftig mit hoher Priorität Erfolgsfaktoren für den kirchlichen Organisationswandel sein. Analysen und Erfolgsfaktoren von erfolgreichen Unternehmungen zeigen die große Bedeutung des Human Resources Management auf und lassen Quervergleiche zur Organisation »Kirche als Unternehmen« zu. Als zuverlässige Indikatoren gelten z.B. Investitionen in die Aus- und Fortbildung und die Personalentwicklung aller Mitarbeitergruppen. Aus einem Vergleich zahlreicher kirchlicher Organisationen ergeben sich momentan folgende generelle Handlungs- und Veränderungsrichtungen:

Veränderungsfelder (Struktur / Strategie)	Themen
Flexibilisierung der Strukturen	Arbeitsverhältnisse, Personalkosten, Veränderungstempo, Prozeßorganisation
Steigerung der Handlungs-und Zielorientierung	Umsetzungsstau beheben, Entwicklung und Transport pragmatischer Strategien

Kundenbegeisterung aufbauen	Bewährte Kundenbindungs- und Kundenorientierungsprogramme weiterentwickeln; Aufbau von Einmaligkeit; dauerhafte und langfristige Kundenbindungen
Permanente Optimierungen	Erfolgsfaktor Service-Innovationen; Kundenzufriedenheitsanalyse
Kräftebündelung	Konzentration auf Kernkompetenzen, Besetzung klar definierter kirchlicher Handlungsfelder

Die Anforderungen an das kirchliche Personalmanagement lassen sich wie folgt skizzieren:

Veränderungsfelder (Personalmanagement)	Themen
Kundenorientierung	Programme zur Steigerung der Gemeindegliederansprache (Kundenansprache) und Kundenbetreuungs-Effizienz
Förderung der Erneuerungsprozesse	Kreativitätsprogramme und Selbstreflexion des Pfarrerhandelns
Knowledge Management (Umgang mit Wissen)	Sicherung der Kernkompetenzen; Entwicklung vom »Know-what« zum »Know-how«
Etablierung teamorientierter Arbeitsstrukturen	Abbau von Hierarchieebenen, vornehmlich im Mittelmanagement; projekt- und prozeßorientierter Organisationsaufbau
Personalumschichtungsprogramme	Karriereberatung, Zukunftsplanung, Outplacementberatung, Entwicklung zukunftsorientierter Anforderungsprofile etc.

Auf der Mitarbeiter- und Führungsebene sind neue und erweiterte Kompetenzen notwendig. Das veränderte Managementhandeln läßt sich z.B. als Zielmanagement beschreiben. Aus Organisationsleitbildern (die den verbindlichen Handlungsrahmen darstellen) sollten abgeleitete individuelle, pragmatisch ausgerichtete Leitbilder für Kirchenkreise, Gemeinden etc. entwickelt werden, die bis auf die Ebene der Mitarbeiterinnen und Mitarbeiter konkrete, realistisch erreichbare und meßbare (!) Ziele beschreiben. Dies sind z.B. Ziele, welche die gesamte Organisation betreffen oder eine einzelne Gemeinde, einen Bereich/Abteilung. Den kirchlichen Personalbereich dauerhaft zu etablieren und den kirchlichen Einrichtungen über professionelles Human Resources Management (mitarbeiterorientierte Personalentwicklung) deren Existenzbasis sichern zu helfen, braucht eine tragfähige Zielorientierung und strategische Ausrichtung neben einem die Berufsrolle bestimmenden theologisch-ethischen Diskurs. Die Diskussion reicht hier von der Rolle der Pfarrer und Pfarrerinnen als Führungskraft bis zur Rolle des Beraters, des Veränderungsmanagers (change agent), der Kollegen, Mitarbeiterinnen, Ehrenamtliche etc. darin unterstützt, Ziele gemeinsam zu erreichen. Diese Rollen sind jeweils formal verbunden mit einem unterschiedlichen

Selbst- und Fremdbild sowie Handlungsverständnis und auf der inhaltlichen Ebene mit wechselnden Dienstleistungsangeboten.
Zu dieser strategischen und sachbezogenen Seite gehört der »mental change«, der geistige Wandel. Denn Hauptamtliche in Kirchen müssen sich selbst zumeist erst auch als Führungskräfte begreifen und vorhandene Kompetenzen weiterentwickeln, z.B. auf der Fachebene (Managementwissen, Projektwissen, Mitarbeiterführung etc.), auf der Persönlichkeitsebene (Werte, Normen, Tatkraft und Dynamik, Leistung etc.) und auf der verhaltensbezogenen Ebene (Beziehungsmanagement, interne und externe Kunden- und Serviceorientierung, Konfliktmanagement etc.).
Die Handlungsorientierung kirchlicher Einrichtungen wird zunehmend durch neue Anforderungsprofile (competency-basierte Profile), Personalumbesetzungen, Projekt- und Prozeßmanagement und effiziente Zielvereinbarungsinstrumente gefördert. Pfarrkräfte werden zum Katalysator von Veränderungsprozessen (als change agents, Initiatoren, Moderatoren und Mediatoren). Es ergeben sich folgende Erfolgsindikatoren: Moderne Dienstleistungskriterien an Pfarrer und Pfarrerinnen sind Kundenorientierung, Flexibilität, Professionalität, Dynamik und Teamorientierung. Hauptamtliche im Kirchenbetrieb nehmen ebenso wie ihre theologische Aufgabe ihre aktive Rolle als Führungskräfte wahr, auch unter Zeitdruck. Personalentwicklung und Coaching (z.B. in dem Sinne, Mitarbeiterinnen und Mitarbeitern zu helfen, deren Ziele zu erreichen) sind eine glaubhaft gelebte Chefaufgabe. Formalismus wird abgebaut in Richtung von stärkerer Eigeninitiative und Selbstverantwortung der Mitarbeiter und Mitarbeiterinnen. Hierzu zählt natürlich auch die eigene Personalentwicklung. Es gibt klare Zielsetzungen, eine konkret-verbindliche Mitarbeitersteuerung und pragmatische Strategien, die neben kurzfristigen – und unter motivationalen Gesichtspunkten wichtigen – Erfolgen mittel- und langfristige Zielsetzungen erkennen und angehen lassen. Die Kirche muß sich zu einer »Lernenden Organisation« verändern, die Wissensmanagement als Chance begreift und permanente Veränderungsprozesse mit Blickrichtung auf den heutigen Kunden und den Kunden von morgen in dem Sinne betreibt, zu hinterfragen, ob die Dienstleistungen noch besser zu erfüllen sind. Das bedeutet, eine erhebliche Flexibilität in den Strukturen und inhaltlichen Themen zu dokumentieren und sichtbar zu leben. Pfarrer und Pfarrerinnen werden zu Trägern und Trägerinnen unternehmerischer Verantwortung. Sie betreiben aktiv im Managementsinn Strategieentwicklung und -umsetzung, sie sind »TreiberInnen« in der Erarbeitung einer »Unternehmensphilosophie«. Als Projektkoordinatoren beteiligen sie sich an Werteänderungsprozessen der gesamten Organisation. Sie können zu Prozeßbegleitern von Strukturveränderungen werden und damit zu internen Beratern mit interner und externer Kundenorientierung.
Entscheidender für eine Professionalisierung des Berufsbildes sind die konkreten Ableitungen, was einzelne Werte in drei bis fünf konkretisierenden Anforderungen/Verhaltensankern in der Funktion als Pfarrer und Pfarrerin bedeuten. Auf der Basis von dynamischen Stellenprofilen mit

☐ finalen Zielen der Position einschließlich quantitativer und qualitativer Meßkriterien,
☐ Kernaufgaben zur Zielerreichung

entstehen fachliche und überfachliche Anforderungskriterien, die z.B. in folgendem Modell dargestellt sind:

Kienbaum Kompetenz-Pyramide	
Ebenen	Themen
Fachkompetenzebene	Projektmanagement, Personalinstrumente kennen und anwenden, Psychologie, Verhandlungstechnik, Persönliche Arbeits- und Zeitmanagementtechnik; Führung der eigenen Person
Verhaltensebene	Überzeugungskraft, Einfühlungsvermögen, Konfliktbereitschaft, Teamorientierung, strategisches Denken und Handeln, Konzeptionelles Arbeiten
Persönlichkeitsebene	interne und externe Kundenorientierung, Handlungsorientierung, Kontaktfreude, Leistungsmotivation, unternehmerisches Denken, Kreativität, Veränderungsbereitschaft, Begeisterungsfähigkeit, Streßresistenz

Auf der Ebene der Mitarbeiter- und Führungskräfteentwicklung dominieren derzeit neue Beurteilungsverfahren (vgl. Jochmann 1994, 71ff.)[1]. Inzwischen halten Assessment-Center-Verfahren Einzug in Personalauswahlverfahren ebenso wie in Qualifizierungsverfahren bei kirchlichen Arbeitgebern. Vikare sind davon nicht ausgenommen, die einen Potentialcheck in ihren competencies durchlaufen (Fähigkeiten und Fertigkeiten, management skills, die einem erfolgreichen Rollenhandeln in der entsprechenden Position zugeschrieben werden), um eine Pfarrstelle zu erhalten.

Neben einem tiefenpsychologischen Interview, das zugleich auch Organisationsaspekte der Zukunftsorientierung, des strategischen Denkens und der Kundenorientierung abgreift, werden in den Verfahren (z.B. im Management Audit oder Assessment Center) situative Rollenübungen eingesetzt, die typische Alltagsherausforderungen für die unterschiedlichen kirchlichen Positionstypen darstellen: Mitarbeitergespräche, Konfliktgespräche, Beratungssituationen etc. Darüber hinaus setzen wir einen Managementfragebogen für die Selbstdiagnose[2] ein.

Wie könnte der »Manager im Talar« als Zukunftsentwurf aussehen? Eine (nicht ganz ernst gemeinte) Vision zeigt das ›Deutsche Allgemeine Sonntagsblatt‹ auf.

»Das Wichtigste zuerst: Er ist besser als die meisten seiner Brüder und Schwestern im Amte. Während diese zumeist dumpf und aus dem Bauch heraus vor sich hin seelsorgen, hat er, der Unternehmer im Talar, eine Analyse und ein klares Konzept. Spirituelle Dienstleistung am Nächsten ist angesagt, und zwar mit Power und auf

---

1. etwa das dynamische Assessment Center, das in vivo Einzel- oder Gruppen-Assessment, aus der Vorgesetzteneinschätzung generalisierte 360°-Beurteilungsprojekte und intelligente Coaching-Konzepte im Fach-Verhaltens-Mix
2. KMF / Kienbaum-Management-Fragebogen

einem gewissen Niveau! Der alte Gemeindeklüngel interessiert ihn nicht. Kerngemeinde? Schrecklich! Was für ein graues, gescheitertes Milieu! Distanzierte, sie sind der Kirchenmarkt der Zukunft! Mindestens die Hälfte aller Kontakte eines vernünftigen Managerpfarrers müssen Außenkontakte sein, das gehört doch zum kleinen Einmaleins des Kirchenmarketing! Zusammen mit Gleichgesinnten verbringt unser Mann viel Zeit auf Kongressen und Ausstellungen, schließlich muß er sicher sein, dass Faxgerät, Modem, ISDN-Anschluss auf dem neusten Stand sind, bevor er so einfach eine Begegnung mit den ihm anvertrauten Gemeindegliedern riskiert, denn unser Unternehmer im Talar weiß: Das Pfarramt von heute ist mit der Geschäftsführung eines mittelständischen Unternehmens vergleichbar. Mut zur Führung und zur Leistung! Von der Wirtschaft lernen heißt siegen lernen! Warum können ihm darin bloß so viele Kolleginnen und Kollegen nicht folgen? Ach, das große Heer der Neider! Wenn es nach ihm ginge, wäre mindestens der Hälfte derer, die heute die Kanzeln bevölkern, niemals das Gütesiegel »Ordination« verliehen worden. Warum befreit der Herr seine Kirche nicht von der Heuschreckenplage der Ökos, Müslis und Altachtundsechziger, die unentwegt über Partizipation, Sozialklimbim und Feminismus plaudern? Die abwechselnd auf der Klaviatur der Entrüstung und der Überzeugung spielen? Manchmal möchte der fromme Unternehmer schier verzweifeln. Warum hat er bloß damals die Angebote aus der freien Wirtschaft abgelehnt? Würde er dort jetzt das Zehnfache verdienen? Dann könnte er sich, statt im Seniorenkreis »Stern, auf den ich schaue« zu singen, endlich den Stern leisten, den er eigentlich verdiente hätte: den von Mercedes!«
Deutsches Allgemeines Sonntagsblatt, 25.09.98, Nr. 39/1998.

Schlagwortverzeichnis

Abschluß 90f.
Abwehrmechanismen 54, 89f., 151f.
Aktives Zuhören 49, 170
Alpen-Methode 79
Als-Ob-Strategie 43
Analyse 182
Appellieren 51
Arbeitsgruppe 190
Arbeitsorganisation 67
Argumentieren 52, **103ff.**
Assessment-Center 26, 36, 197
Atmung 66
Aufgabe 184

Beratung 190f.
Beratungsgespräch 44
Beschlußphase 90
Bewegung 66
Bienenkorb 94
Blickkontakt 107, 142
Blitzlicht 90
Brainstorming 94f.
Burnout **59ff.**
Burnoutzyklus 60

Change Agent 16
Change Management 6, 16, 27
Clustern 122
Controlling 39, 40, 191
Cost-cutting 157

Deeskalation 96, 152
Delegation 74, 77f.
Diagramme 134
Dialog 41, 43, 88, 95f., 189
Diskussionsmarkt 128
Distreß 62

Ehrenamt **29ff.**, 80, 108
Eigenschaftstheorie 26
Einarbeitung von Mitarbeitern 36
Einladung zu Sitzungen 87
Eisenhower-Prinzip 74, 77
Entlaßgespräch **53ff.**
Entscheiden 101f.
Entspannung 65f.
Erfolg 57

Eskalation 148ff.
Ethik, protestantische 70
Eustreß 62
Evaluation 90, 127f.
Expanding the Pie 157

Familienkompetenzen 26
Farben 135
Feedback 33, 43, **47ff.**
Fishbowl 94
Flipchart 136
Folien für OHP 137
Fördergespräch 43, s. Mitarbeitergespräch
Fragen 46, **91f.**, 106, 114, 185f., 192
Fragentrichter 115, 125
Frauen
 – Benachteiligung 28, 29, 30
 – als Führungskräfte **25ff.**
Führen 20
Führung 14, 17, 19, **21ff.**, 108
 – der eigenen Person **57ff.**
 – symbolische 21f.
 – durch Zielvereinbarung **39ff.**
Führungseigenschaften 22, 25f.
Führungskräfte 15f., **23ff.**
Führungshandeln 22, 35, 43
Führungsstil, weiblicher 27f.
Future Search Learning Workshop 182

Gemeindemanagement 21
Gefühle 51, 54ff., 101, 159, 166
Gesprächsabschluß 52
Gesprächserfolg 53
Gesprächsgestaltung 46
Gesprächsklima 49f.,
Gesprächskontakt 45
Gesprächsleitfaden 44
Gewinner-Prinzip 148
Gremien 80f., 108, 110
Großgruppen 127ff.
Gruppe 83ff., 93, 110
Gruppenarbeit **93ff.**, 110, **12ff.**
Gruppendynamik **83ff.**
Gruppenspiegel 118f.

Handlungsspielraum 62
Hermeneutik des Verdachts 29
Human Ressources Management 194f.

Identifikation 177
Infoposter 138ff.
Informationsbörse 128
Informieren 48, 89
Interessen 100

Johari-Fenster 47

Kartenabfrage **119ff.**
Kirche im Wandel 13
Kirchenordnung 80
Knowledge Management 194
Kohäsion 176
Koordination 176
Kommunikation 15, 26, 35
– geschlechtsspezifische 26f.
– offene 55, 160
Kompromiß 151
Kommunikationsregeln 81, 167
Konferenzzoo 84
Konflikte 15, 55, **143ff.**
Konfrontationsformel 51
Kontakt 45, 88, 95
Kontingentansatz 22
Kontrollierter Dialog 96, 101
Kooperation 19, 159
Kopfstandmethode 155f.
Körpersprache 107, 111, 131
Kreativität 94
Kritik 50
Kundenorientierung 23, 190, 194
Kündigung **53ff.**
– innere **60ff.**

Lampenfieber 141f.
Leadership 19ff.
Leistungskurve 76
Leitbildentwicklung 39, **173ff.**, 194
Leitbild 17, **173ff.**
Leitung 18f., **80ff.**, 88, 108
Lernen 57
Lernende Organisation 13f., 37
Logorolling 157

Macht 44, 81, 102
Management 18ff.
– by Objectives (MBO) 37
– kollaboratives 19
Mediation **166ff.**
Mehrpunktfrage 124
Mental Change 13, 195
Mitarbeitergespräch **43ff.**, 55
Mobbing 146f., 151
Moderationsmethode 15, **108ff.**

Moderationsregeln 122, 167
Moderatorenrolle 110ff.

Nachbereitung 75, 79, 91
Nonspecific Compensation 157

Open Space 94, 128
Organisationskultur 51, 53f., 144
Orientierung 176f.

Personalführung 23
Personalmarketing 35
Personal Mastery 57f., 79
Persönlichkeitsmanagement **57ff.**
PfarreInnenrolle **23ff.**, 60, 63
Positives Denken 65
Professionalität 57
Projektmanagement 15, 23
Pro-und-Contra-Diskussion 176f.
Prozeßorientierung 40

Qualität 16

Rolle 15f., **23ff.**
Rollendilemmata 25
Rollenkonflikte 59f.

Sinn in Organisationen 21f., 39
Selbstbefragungsinstrument z. Leitbildentwicklung 182
Selbstmanagement **57ff.**
Selbstverantwortung 65
Sitzungen **80ff.**, 93ff., 98ff.
Sitzordnung 90, 169
Specific Compensation 157
Stabilisierung 177
Statement 103
Stellenabbau 53
Steuergruppe 182, 184, 188f.
Stillarbeitszeit 76f.
Störungen 72, 82, 145
Streß **62ff.**, 142
Streßbewältigung **63ff.**
Streßgedanken 63
Streßreduktion 65ff., 68ff.
Strukturen 91
Strukturbild 135, 138
SWOT-Anaysis 182
Symbole 21, 34

Tagesbeginn 75
Tagesordnung 85
Tagespläne 73
Team 13, 83
Text 134
Themenspeicher 123

Themenzentrierte Interaktion 82, 98
Thesentechnik 120
Trennung / Trennungsphasen 54f.

Verhandeln **98ff.**
Verhandlungsstile 99
Verliererstrategie 131
Verständlichmacher 48
Verstehen 49
Vertrauen 159
Vierfeldertechnik 125f.
Vision 38f.
Visualisierung 109, 113, 130, **133ff.**
Vorbereitung 85, 116f., 131, 170

Warming-up 95f.
Weiblicher Sozialcharakter 26
Widerstand 79, 102f., 106, 187
W-Planungsraster 90

Zeit 70
Zeitdiebe 72
Zeitplanung 78
Zeitmanagement **70ff.**
Ziele 39f., 59, 73, 132, 176ff., 180, 183, 194
Zielvereinbarung 37ff.
Zukunft 13
Zukunftswerkstätten 182
Zuruffrage 121f., 124

Literatur

Assig, Dorothea / *Beck*, Andrea, Frauen revolutionieren die Arbeitswelt. Das Handbuch zur Chancengerechtigkeit, München, 1996.
August, Ursula / *Dröttboom*, Martina / *Höher*, Friederike / *Reihs*, Sigrid (Hrsg.), Der neue Man(n)ager. Überlegungen zu einer feministischen Ökonomie, Bochum, 1996.
Barenberg, Axel, Die überzeugende Präsentation, München, 1994.
Bauer, Annemarie / *Gröning*, Katharina, Institutionsgeschichten – Institutionsanalysen, edition diskord, 1995.
Bayerisches Staatsministerium für Arbeit und Sozialordnung, Familie, Frauen und Gesundheit, Familienkompetenzen in der betrieblichen Praxis – bei Personalentscheidungen, München, 1997.
Beck, Reinhild / *Schwarz*, Gotthart, Konfliktmanagement, Alling, 1995.
Belzer, Volker (Hrsg.), Sinn in Organisationen? Oder: Warum haben moderne Organisationen Leitbilder? München und Mering, 1995.
Bennis, W. G. / *Nanus*, B., Führungskräfte. Die vier Schlüsselstrategien erfolgreichen Führens, Frankfurt / New York, 1992.
Berkel, Karl, Konflikttraining. Konflikte verstehen, analysieren, bewältigen, Heidelberg, 1997.
Besemer, Christoph, Mediation. Vermittlung in Konflikten, Freiburg, 1994.
Bleicher, Knut, Leitbilder, Orientierungsrahmen für eine integrative Management-Philosophie, Stuttgart 1992, in: *Belzer*, Volker, Sinn in Organisationen? München und Mering, 1995.
Bobzien, Monika / *Stark*, Wolfgang / *Straus*, Florian, Qualitätsmanagement, Alling, 1996.
Böhmer, Annegret, Arbeitsplatz Evangelische Kirche, in: edition diskord, 1995, S. 281 – 305.
Bolman, L.G. / *Deal*, T.E.: Reframing Organizations. Artistry, Choice and Leadership, San Francisco, 1991.
Bungard, Walter / *Antoni*, Conny Herbert, Gruppenorientierte Interventionstechniken, in: *Schuler*, Heinz (Hrsg.), Lehrbuch der Organisationspsychologie, Göttingen / Toronto / Seattle, 1993, S. 377 – 403.
Brummer, Arnd / *Nethöfel*, Wolfgang (Hrsg.), Vom Klingelbeutel zum Profitcenter? Strategien und Modelle für das Unternehmen Kirche, DS – Das Sonntagsblatt, Hamburg, 1997.
Buchen, Herbert / *Horster*, Leonhard / *Rolff*, Hans-Günter, Schulleitung und Schulentwicklung. Erfahrungen, Konzepte, Strategien, Stuttgart, 1995, Loseblattsammlung.
Burisch, Matthias, Das Burnout-Syndrom. Theorie der inneren Erschöpfung, Berlin, Heidelberg, New York, 1994.
Demuth, Alexander, Ein-stimmig. Pr-magazin, o.O., 1993 (2), S. 13.
Dienel, Peter C., Die Planungszelle. Eine Alternative zur Establishment-Demokratie, Opladen, 1992.
Domay, Erhard (Hrsg.), Arbeitsbuch Leiten in der Gemeinde, Gütersloh, 1997.
Doppler, Klaus / *Lauterburg*, Christoph, Change-Management. Den Unternehmenswandel gestalten, Frankfurt / Main, New York, 1995.
Gafga, Hedwig / *Kopp*, Eduard / *Mawick*, Reinhard, Manager im Talar, Deutsches Allgemeines Sonntagsblatt, Nr. 39, 25. September 1998.
Dubs, Rolf, Die Führung einer Schule. Leadership und Management, Stuttgart, 1994.
Esser, Axel / *Wolmerath*, Martin, Mobbing. Der Ratgeber für Betroffene und ihre Interessenvertretungen, Frankfurt, 1998.
Evangelische Kirche von Westfalen, Gemeinschaft von Frauen und Männern in der Kirche, Arbeitsheft zum Schwerpunkt der Landessynode, Bielefeld, 1993.
Fisher, Roger / *Ury*, William, Das Harvard-Konzept. Sachgerecht verhandeln – erfolgreich verhandeln, Frankfurt, New York, 1984.
Fittkau-Garthe, H.: Fragebogen zur Vorgesetzten-Verhaltens-Beschreibung (FVVB), Göttingen, 1971.
Fleishman, E.a., Twenty years of Consideration and Structure, in: Fleishman, E.a. / Hunt, J. G. (Hrsg.), Current Developments in the Study of Leadership, Carbondeale, 1973.
Francis, Dave / *Young*, Don, Mehr Erfolg im Team, Hamburg, 1992.
Friedel-Howe, Heidrun, Frauen und Führung. Mythen und Fakten, in: *Rosenstiel*, Lutz von / *Regnet*, Erika / *Domsch*, Michel, Führung von Mitarbeitern. Handbuch für erfolgreiches Personalmanagement, Stuttgart, 1995.
Frey, D. / Graf *Hoyos* / *Stahlberg*, D. (Hrsg.), Angewandte Psychologie. Ein Lehrbuch, München, 1988.

Gehm, Theo, Kommunikation im Beruf. Hintergründe, Hilfen, Strategien, Weinheim, Basel, 1994.
Geißler, Karlheinz A., Zeit leben, Weinheim, Berlin, 1993.
Glasl, Friedrich, Konfliktmanagement. Ein Handbuch für Führungskräfte, Stuttgart, 1992.
Goleman, Daniel, Emotionale Intelligenz, München, 1998.
Gomez, Peter / *Probst*, Gilbert, Die Praxis des ganzheitlichen Problemlösens. Vernetzt denken, unternehmerisch handeln, persönlich überzeugen, Bern, Stuttgart, Wien, 1995.
Günther, Ullrich / *Sperber*, Wolfram, Handbuch für Kommunikations- und Verhaltenstrainer, München, Basel, 1993.
Hausmann, Gert / *Stürmer*, Harald, Zielwirksame Moderation. Der gemeinsame Weg zum Ergebnis, Renningen-Mahlsheim, 1994.
Haynes, Marion E., Persönliches Zeitmanagement. So entkommen Sie der Zeitfalle, Berlin.
Heeg, Franz-Josef, Projektmanagement. Grundlagen der Planung und Steuerung von betrieblichen Problemlöseprozessen, München, Wien, 1993.
Helgesen, Sally, Frauen führen anders. Vorteile eines neuen Führungsstils, Frankfurt, New York, 1992.
Hendriks, Jan, Gemeinde von morgen gestalten. Modell und Methode des Gemeindeaufbaus, Gütersloh, 1996.
Herrmann, Eckkhard, Zwischen Hirte und Aufseher. Beobachtungen aus der Praxis eines Gemeindepfarrers, in: *Domay*, Erhard (Hrsg.), Arbeitsbuch Leiten in der Gemeinde, Gütersloh, 1997.
Hierhold, Emil, Sicher präsentieren – wirksamer vortragen, Berlin, 1994.
Hoffmann, Friedrich, Unternehmens- und Führungsgrundsätze – Ergebnisse einer empirischen Untersuchung. Zeitschrift für betriebswirtschaftliche Forschung 41: 167-185, in: *Belzer*, Volker, Sinn in Organisationen?
Höher, Friederike / *Höher*, Peter, Visualisierungstechniken. Optische Rhetorik in OE-Moderationsprozessen, in: *Buchen*, Herbert / *Horster*, Leonhard / *Rolff*, Hans-Günter, Schulleitung und Schulentwicklung. Erfahrungen, Konzepte, Strategien, (D 2.3) Stuttgart, 1995 (Loseblattsammlung).
Höher, Peter / *Rolff*, Hans-Günter, Neue Herausforderungen an Schulleitungsrollen. Management – Führung – Moderation, in: *Rolf*, Hans-Günter / *Bauer*, Karl-Oswald / *Klemm*, Klaus / *Pfeiffer*, Hermann (Hrsg.), Jahrbuch der Schulentwicklung, Band 9, Weinheim und München, 1996.
Huber, Wolfgang, Kirche in der Zeitenwende. Gesellschaftlicher Wandel und Erneuerung der Kirche, Gütersloh, 1998.
Jaworski, Joseph, Mit der Zukunft in Kontakt sein – Führen in Zeiten des Wandels, in: Personalführung 2 / 99, Düsseldorf, S. 18-21.
Jochmann, Walter (Hrsg.), Innovationen im Assessment-Center. Entwicklungen, Alternativen und Einsatzmöglichkeiten im Change Management, Stuttgart, 1999.
Jochmann, Walter, Trends zur Optimierung und Veränderung von Beurteilungsinstrumenten für Führungskräfte, in: *Kienbaum*, Jochen (Hg.), Visionäres Personalmanagement, Stuttgart, 1994.
Jungk, Robert / *Müllert*, Norbert, Zukunftswerkstätten, München, 1989.
Kastner, Michael, Personalmanagement heute, Landsberg, 1990.
Kellner, Hedwig, Konferenzen, Sitzungen, Workshops effizient gestalten, München, Wien, 1995.
Kirchenordnung der Ev. Kirche von Westfalen, Bielefeld, 1971.
Kotter, John P., Leadership läßt sich lernen, in: Harvard Business Manager : Leadership, Harvard, o.J.
Krell, Gertraude / *Osterloh*, Margit (Hrsg.), Personalpolitik aus der Sicht von Frauen – Frauen aus der Sicht der Personalpolitik. Was kann die Personalforschung von der Frauenforschung lernen? München und Mering, 1993.
Kets de Vries, Manfred, Die menschliche Seite des Personalabbaus, in: Organisationsentwicklung (4), Düsseldorf, 1996.
Klebert, Karin / *Schrader*, Einhard / *Straub*, Walter, ModerationsMethode. Gestaltung der Meinungs- und Willensbildung in Gruppen, die miteinander lernen und leben, arbeiten und spielen, Hamburg, 1991.
Krystek, Ulrich / *Becherer*, Doris / *Deichelmann*, Karl-Heinz, Innere Kündigung. Ursachen, Wirkungen und Lösungsansätze auf Basis einer empirischen Untersuchung, Hochschulschriften zum Personalwesen, München und Mering, 1995.
Lapczuk, Gunda, Weiblichkeit als Sprungbrett zum Erfolg. Neue Perspektiven im Management, in: *Raml*, Eva-Maria (Hrsg.), Die Frau als Führungskraft. Eine Dokumentation, Linz, 1991.
Leymann, Heinz, Psychoterror am Arbeitsplatz und wie man sich dagegen wehren kann, Reinbek b. Hamburg, 1996.

Lindner, Herbert, Was heißt Führen heute? In: Unternehmen Kirche, Organisationshandbuch für Pfarrerinnen und Pfarrer. Marketing – Management – Finanzierung – Ökumene – Praxisbeispiele. Stadtbergen (Loseblattsammlung 8-2.2).

Lindner, Herbert: Leitbilder entwickeln und Ziele setzen – eine zentrale Führungsaufgabe, in: Unternehmen Kirche, Organisationshandbuch für Pfarrerinnen und Pfarrer. Marketing – Management – Finanzierung – Ökumene – Praxisbeispiele. Stadtbergen (Loseblattsammlung 8-2.2).

Lindner, Herbert, Führung hauptberuflicher Mitarbeiterinnen und Mitarbeiter, in: Unternehmen Kirche, Organisationshandbuch für Pfarrerinnen und Pfarrer. Marketing – Management – Finanzierung – Ökumene – Praxisbeispiele. Stadtbergen (Loseblattsammlung 8-2.2).

Lindner, Herbert: Führung ehernamtlicher Mitarbeiterinnen und Mitarbeiter, in: Unternehmen Kirche, Organisationshandbuch für Pfarrerinnen und Pfarrer. Marketing – Management – Finanzierung – Ökumene – Praxisbeispiele. Stadtbergen (Loseblattsammlung 8-2.3).

Lindner, Herbert, Die Führung von Kirchenvorstand / Pfarrgemeinderat, in: Unternehmen Kirche, Organisationshandbuch für Pfarrerinnen und Pfarrer. Marketing – Management – Finanzierung – Ökumene – Praxisbeispiele. Stadtbergen (Loseblattsammlung 8-2.4).

Linneweh, Klaus / *Hofmann*, Laila Maija, Persönlichkeitsmanagement, in: *Rosenstiel*, Lutz von / *Regnet*, Erika / Domsch, Michel, Führung von Mitarbeitern. Handbuch für erfolgreiches Personalmanagement, Stuttgart, 1995.

Lück, Wolfgang, Ein Presbyterium ist kein Aufsichtsrat. Leitung im Kirchenvorstand, in: *Domay*, Erhard (Hrsg.), Arbeitsbuch Leiten in der Gemeinde, Gütersloh, 1997.

Meinhold, Marianne, Qualitätssicherung und Qualitätsmanagement in der sozialen Arbeit, Freiburg, 1996.

Müller, Siegfried / *Rauschenbach*, Thomas, Das soziale Ehrenamt. Nützliche Arbeit zum Nulltarif, Weinheim und München, 1988.

Müller-Weißner, Uli, Von der Last und der Lust. Kontext und Leitlinien kirchlicher Führungs- und Leitungsverantwortung, in: *Domay*, Erhard (Hrsg.), Arbeitsbuch Leiten in der Gemeinde, Gütersloh, 1997.

Neuberger, Oswald, Miteinander arbeiten – miteinander reden, München, 1992.

Neuberger, Oswald, Führen und geführt werden, Stuttgart, 1994.

Neuland, Michele, Neuland-Moderation, Eichenzell, 1995.

Pfeffer, J.: Management as Symbolic Action. The Creation and Maintenance of Organizational Paradigms, in: *Cunnings*, L. / *Staw*, B. (Hrsg.), Research in Organizational Behavior. Grennwich, Conn. 1981 a.

Pfeffer, J., Power in Organizations, Massachusets, 1981 b.

Projektkommission zur Kirchenkreisreform im Sprengel Göttingen (Hrsg.), Empfehlungen für einen Kirchenkreis neuen Typs und für eine geographische Umstrukturierung der Kirchenkreise im Sprengel Göttingen (Bericht der Projektkommission), Göttingen, Mai 1998

Pümpin, Cuno / *Prange*, Jürgen, Management der Unternehmensentwicklung, Frankfurt/New York, 1991.

Raml, Eva-Maria (Hrsg.), Die Frau als Führungskraft. Eine Dokumentation, Linz, 1991.

Rastetter, Daniela, Soft skills – Chancen zur Humanisierung der Wirtschaft? In: *August*, Ursula / *Dröttboom*, Martina / *Höher*, Friederike / *Reihs*, Sigrid (Hrsg.), Der neue Man(n)ager. Überlegungen zu einer feministischen Ökonomie, Bochum, 1996.

Redlich, Alexander, Konfliktmoderation. Handlungsstrategien für alle, die mit Gruppen arbeiten, Hamburg, 1997.

Regnet, Erika, Streß und Möglichkeiten der Streßhandhabung, in: *Rosenstiel*, Lutz von / *Regnet*, Erika / Domsch, Michel, Führung von Mitarbeitern. Handbuch für erfolgreiches Personalmanagement, Stuttgart, 1995.

Reihs, Sigrid, Im Schatten von Freiheit und Erfüllung. Ehrenamtliche Arbeit in Bayern, Bochum, 1995.

Reihs, Sigrid, Ehrenamtliche Arbeit von Frauen in der Kirche, Vortrag zur Frühjahrskonferenz der Ev. Frauenhilfe Westfalen, 28.04.1992.

Rolff, Hans-Günter / *Bauer*, Karl-Oswald / *Klemm*, Klaus / *Pfeiffer*, Hermann (Hrsg.), Jahrbuch der Schulentwicklung Band 9. Daten, Beispiele und Perspektiven, Weinheim und München, 1996.

Rosenstiel, Lutz von, Kommunikation und Führung in Arbeitsgruppen, in: *Schuler*, Heinz (Hrsg.), Lehrbuch der Organisationspsychologie, Bern / Göttingen / Toronto / Seattle, 1993, S. 321 – 351.

Rosenstiel, Lutz von / *Regnet*, Erika / *Domsch*, Michel, Führung von Mitarbeitern. Handbuch für erfolgreiches Personalmanagement, Stuttgart, 1995.

Rühle, Hermann, Zeitmanagement, in: *Rosenstiel*, Lutz von / *Regnet*, Erika / *Domsch*, Michel, Führung von Mitarbeitern. Handbuch für erfolgreiches Personalmanagement, Stuttgart, 1995.

Saul, Sigmar, Führen durch Kommunikation. Gespräche mit Mitarbeiterinnen und Mitarbeitern, Weinheim und Basel, 1993.
Schein, Edgar H., Unternehmenskultur. Ein Handbuch für Führungskräfte, Frankfurt / New York, 1995.
Scheler, Uwe, Informationen präsentieren, Offenbach, 1995.
Schircks, Arnulf D., Management, Development und Führung, Göttingen, 1993.
Schmidt, Eva-Renate / *Berg*, Hans Georg, Beraten mit Kontakt. Handbuch für Gemeinde- und Organisationsberatung, Offenbach, 1995.
Schmidt, Eva-Renate, Ich arbeite umsonst. Ehrenamtliche in der Leitung, in: *Domay*, Erhard (Hrsg.), Arbeitsbuch Leiten in der Gemeinde, Gütersloh, 1997.
Schnelle-Cölln, Telse / *Schnelle*, Eberhard, Visualisieren in der Moderation. Eine praktische Anleitung für Gruppenarbeit und Präsentation, Hamburg, 1998.
Scholl, Wolfgang, Grundkonzepte der Organisation, in: *Schuler*, Heinz (Hrsg.), Lehrbuch der Organisationspsychologie, Bern / Göttingen / Toronto / Seattle, 1993.
Schuler, Heinz (Hrsg.), Lehrbuch der Organisationspsychologie, Bern / Göttingen / Toronto / Seattle, 1993.
Schulz / *Fritz* / *Schuppert* / *Seiwert* / *Walsh*, Outplacement. Personalfreisetzung und Karrierestrategie, Wiesbaden, 1989.
Schulz von Thun, Friedemann, Miteinander reden Bd.1. Störungen und Klärungen,
 Bd. 2. Stile, Werte und Persönlichkeitsentwicklung, Reinbek bei Hamburg, 1994.
Schwäbisch, Lutz / *Siems*, Martin, Anleitung zum sozialen Lernen für Paare, Gruppen und Erzieher. Kommunikations- und Verhaltenstraining, Reinbeck bei Hamburg, 1974.
Seiferlein, Alfred, Projektorientierter Gemeindeaufbau, Gütersloh, 1996.
Seifert, Josef W., Visualisieren, Präsentieren, Moderieren, Bremen, 1994.
Seiwert, Lothar J., Selbstmanagement, Offenbach, 1996.
Senge, Peter: Die fünfte Diszplin, Stuttgart, 1996.
Senge, Peter / *Kleiner*, Art / *Smith*, Bryan / *Roberts*, Charlotte / *Ross*, Richard: Das Fieldbook zur Fünften Disziplin, Stuttgart, 1997.
Sprenger, Reinhard K., Mythos Motivation. Wege aus einer Sackgasse, Frankfurt / New York, 1992.
Steffens, Hellmut, Die Kunst des Führens, in: Unternehmen Kirche, Organisationshandbuch für Pfarrerinnen und Pfarrer. Marketing – Management – Finanzierung – Ökumene – Praxisbeispiele, Stadtbergen (Loseblattsammlung 8-2.3).
Steffens, Hellmut, Hauptaufgaben bei der Führung von Kirchengemeinden, in: Unternehmen Kirche, Organisationshandbuch für Pfarrerinnen und Pfarrer. Marketing – Management – Finanzierung – Ökumene – Praxisbeispiele, Stadtbergen (Loseblattsammlung 8-2.3).
Stiegler, Barbara, Vom gesellschaftlichen Umgang mit der Qualifikation von Frauen, Gewerkschaft für Öffentliche Dienste, Transport und Verkehr, Stuttgart, 1992.
Stiegler, Barbara, Berufe brauchen kein Geschlecht. Zur Aufwertung sozialer Kompetenzen in Dienstleistungsberufen, Friedrich-Ebert-Stiftung Abt. Arbeits- und Sozialforschung, Bonn, 1994.
Streich, Richard K., Rollenprobleme von Führungskräften in der Berufs- und Privatsphäre, in: *Rosenstiel*, Lutz von / *Regnet*, Erika / *Domsch*, Michel, Führung von Mitarbeitern. Handbuch für erfolgreiches Personalmanagement, Stuttgart, 1995.
Tannen, Deborah, Job-Talk. Wie Frauen und Männer am Arbeitsplatz miteinander reden, Hamburg, 1995.
Timm, Paul R., Erfolgreiches Selbstmanagement, Wien, 1995.
Trömel-Plötz, Senta, Frauensprache. Sprache der Veränderung, Frankfurt a.M., 1992.
Udris, Ivars / *Frese*, Michael, Belastung, Streß, Beanspruchung und ihre Folgen, in: *Frey*, D. / *Graf* Hoyos / *Stahlberg*, D. (Hrsg.), Angewandte Psychologie. Ein Lehrbuch, München, 1988.
Unternehmen Kirche, Organisationshandbuch für Pfarrerinnen und Pfarrer. Marketing – Management – Finanzierung – Ökumene – Praxisbeispiele, Stadtbergen (Loseblattsammlung).
Vester, Frederic, Phänomen Streß, Stuttgart, 1976.
Vopel, Klaus W., Themenzentriertes Teamtraining. Aufgaben und Projekte, Band 4, S. 58 ff., Salzhausen, iskopress 1994.
Wack, Otto Georg / *Detlinger* / Georg, *Grothof*, Hildegard, Kreativ sein kann jeder. Kreativitätstechniken für Leiter von Projektgruppen, Arbeitsteams, Workshops und von Seminaren. Ein Handbuch zum Problemlösen, Hamburg, 1993.
Weber, Claudia, Die Zukunft des Clans. Überlegungen zum japanischen Organisationstyp und Managementstil, in: Krell, Gertraude / Osterloh, Margit (Hg.), Personalpolitik aus der Sicht von Frauen –

Frauen aus der Sicht der Personalpolitik. Was kann die Personalforschung von der Frauenforschung lernen? München und Mering, 1993.
Westerholt, Birgit, Frauen können führen. Mut zur Karriere. Fähigkeiten erkennen, Barrieren überwinden, Kompetenzen erweitern, Weinheim und Basel, 1998.
Wieselhuber & Partner: Handbuch Lernende Organisation. Unternehmens- und Mitarbeiterpotentiale erfolgreich erschließen, Wiesbaden, 1998.
Will, Hermann, Mini-Handbuch Vortrag und Präsentation, Weinheim und Basel, 1994.
Wimmer, Rudolf, Die Zukunft von Führung. Brauchen wir noch Vorgesetzte im herkömmlichen Sinn? in Organisationsentwicklung (4), Düsseldorf, 1996.

Trotz intensiver Bemühungen war es leider nicht bei allen Texten / Graphiken möglich, den Rechtsinhaber ausfindig zu machen. Für Hinweise sind wir dankbar. Rechtsansprüche bleiben gewahrt.

Die Autorin und der Autor

Friederike Höher, geb. 1955, Diplompädagogin, ist Bildungsreferentin beim Institut Kirche und Gesellschaft der Ev. Kirche von Westfalen und Trainerin für Human Resources Management; z. Z. wissenschaftliche Angestellte an der Universität Dortmund/Frauenstudien.

Peter Höher, geb. 1958, Diplompädagoge und Journalist, ist Seniorberater im Geschäftsfeld Human Resources Management der Kienbaum Management Consultants GmbH, Gummersbach.